SABEDORIA PROFUNDA EM GERENCIAMENTO

CIP-BRASIL. CATALOGAÇÃO NA PUBLICAÇÃO
SINDICATO NACIONAL DOS EDITORES DE LIVROS, RJ

S588s
Silveira, José Ricardo da
    Sabedoria profunda em gerenciamento: casos reais e orientações para uma boa gestão / José Ricardo da Silveira. São Paulo : Summus, 2014.
    il.

    Inclui bibliografia
    ISBN 978-85-323-0945-7

    1. Gerentes. 2. Capacidade executiva. I. Título.

14-13483   CDD: 658.42
                                          CDU: 65.012.2

www.summus.com.br

Compre em lugar de fotocopiar.
Cada real que você dá por um livro recompensa seus autores
e os convida a produzir mais sobre o tema;
incentiva seus editores a encomendar, traduzir e publicar
outras obras sobre o assunto;
e paga aos livreiros por estocar e levar até você livros
para a sua informação e o seu entretenimento.
Cada real que você dá pela fotocópia não autorizada de um livro
financia o crime e ajuda a matar a produção intelectual de seu país.

JOSÉ RICARDO DA SILVEIRA

SABEDORIA PROFUNDA EM GERENCIAMENTO

Casos reais e orientações para uma boa gestão

summus editorial

SABEDORIA PROFUNDA EM GERENCIAMENTO
Copyright © 2014 by José Ricardo da Silveira
Direitos desta edição reservados por Summus Editorial

Editora executiva: **Soraia Bini Cury**
Assistente editorial: **Michelle Neris**
Capa: **Alberto Mateus**
Projeto gráfico: **Crayon Editorial**
Diagramação: **Santana**
Impressão: **Sumago Gráfica Editorial**

Summus Editorial
Departamento editorial
Rua Itapicuru, 613 – 7º andar
05006-000 – São Paulo – SP
Fone: (11) 3872-3322
Fax: (11) 3872-7476
http://www.summus.com.br
e-mail: summus@summus.com.br

Atendimento ao consumidor
Summus Editorial
Fone: (11) 3865-9890

Vendas por atacado
Fone: (11) 3873-8638
Fax: (11) 3873-7085
e-mail: vendas@summus.com.br

Impresso no Brasil

■ SUMÁRIO

PREFÁCIO 11

INTRODUÇÃO 15

1. CONDIÇÃO PARA O SUCESSO: UM MODELO PARA PROCESSOS GERENCIAIS 21

    Compreendendo os domínios 22

    Casos reais de fracasso 25

2. VISÃO SISTÊMICA 35

    Introdução ao conhecimento sobre sistemas 35

    Por que é importante conhecer um pouco sobre sistemas? 36

    Como evitar que a tecnicidade perturbe o aprendizado sobre sistemas? 37

    O objetivo deste capítulo 38

    Uma boa saída para introduzir os gerentes no pensamento sistêmico 38

    Diagramas e outros elementos básicos 48

    Arquétipos 57

    Casos reais examinados à luz dos arquétipos sistêmicos 62

    O que se pode aprender com os arquétipos sistêmicos? 67

    A sabedoria popular e o raciocínio sistêmico 67

    Em resumo 69

3. ENTENDER A VARIABILIDADE PARA LIDAR COM O ERRO 70

Introdução 70

A variabilidade do universo existe sempre ou é eventual? 70

Expressões que demonstram o equívoco conceitual 72

Por que é importante saber conviver com o erro? 72

Estudos sobre o erro humano 72

O erro de representação mental 73

O erro de "estado alfa" 77

Erro causado por estresse 81

Erros no registro (anotação) de números 85

Erros em cálculos e trabalhos diversos com números 87

Outros tipos de erro qualitativo 88

Recomendações aos gerentes sobre variabilidade e erro 91

Em resumo 98

4. COMPREENDER AS PESSOAS E SABER LIDAR COM ELAS 99

Introdução 99

A realidade sobre as pessoas 99

A pirâmide de Maslow 100

Teoria da motivação de McGregor – Teoria X/Y 102

Motivação para o trabalho: visões e reflexões 103

Avaliação de desempenho 105

Recomendações para melhorar a comunicação 108

Entendendo seu papel de gerente/líder 109

Modelos organizacionais de liderança 112

Modelo de liderança: individual ou coletivo? 127

5. TRATAR DE GENTE: *HUMAN DYNAMICS* 129

Introdução 129

Um breve histórico da descoberta e a obra-chave 130

A fundamentação 131

Definições e princípios básicos 132

As dinâmicas de personalidade 133

Traços característicos das dinâmicas 139

Identificando as dinâmicas 141

As dinâmicas no mundo – Dados estatísticos 142

Imutabilidade e genética 144

Como aprender *Human Dynamics* 145

O desenvolvimento pessoal com base em *Human Dynamics* 146

Recomendação final 148

Sugestões para aprofundar o tema 150

6. APRENDER A APRENDER 151

Introdução 151

O que é aprender? 151

O que é "aprender a aprender"? 152

Modelos mentais 152

Quando não há um modelo mental: teoria e experimento 153

A importância das crenças 155

Quando um fato novo ocorre e não há um modelo mental 155

Modelos mentais coletivos – Os paradigmas 157

Casos reais nos quais os paradigmas tiveram papel exemplar 160

Educação, andragogia e as preocupações para os gerentes 161

Processos básicos de aprendizagem 162

Casos de uso misto dos dois ciclos 165

Resumo de algumas lições de Peter Senge 165

Outros conceitos de aprendizado 172

7. MODELO GERENCIAL INTEGRADO: ROTINA *VERSUS* INOVAÇÃO 178

8. PLANEJAMENTO ESTRATÉGICO COMPARTILHADO 184

Dois conceitos de planejamento 184

Definindo o PEC 185

As crenças e o PEC 186

Metodologia do PEC 186

O fator tempo 187

Etapa 1 – Intenção/crença 187

Etapa 2 – Fixação da missão da empresa 188

Etapa 3 – Estabelecimento da visão de futuro 188

Etapa 4 – Constituição do grupo especial do PEC 189

Etapa 5 – Análise de ambiente interno e externo 190

Etapa 6 – Escolha da estratégia para determinado período 193

Etapa 7 – Escolha das ações para o mesmo período 196

Etapa 8 – Medições e realimentação do sistema 197

Recomendação final 198

Informações complementares para o bom uso do PEC 198

9. AVALIAÇÃO DE DESEMPENHO PROFISSIONAL 202

Introdução 202

O sistema que proponho 202

Princípios básicos e justificativas 203

Fatores de avaliação comuns a todos os funcionários 207

Fatores de avaliação específicos para funções gerenciais e de supervisão 208

Observações finais 211

10. AVALIAÇÃO DE DESEMPENHO OPERACIONAL 213

Introdução 213

O sistema que proponho 213

Conceitos básicos 214

Princípios básicos 215

O sistema na prática 216

Exemplos de indicadores 217

Modelo de gráfico 233

11. GESTÃO PREVISIONAL: ORÇAMENTO E CONTROLE ORÇAMENTÁRIO 234

Introdução 234

Minha experiência pessoal 235

Conceitos e objetivo da gestão previsional 236

Orçamento e controle orçamentário 237

Recomendações práticas para implantar a gestão previsional 238

Etapas da implantação da gestão previsional 239

Regras úteis 246

Algumas definições operacionais sobre despesas 248

Regras especiais para o capital de giro 252

12. GERENCIAMENTO POR PROJETOS 256

Introdução 256

O sistema que proponho 257

Definição de projeto 258

Exame das condições estipuladas na definição 258

Intenções que não devem ser gerenciadas por projeto 258

Ações estratégicas que podem ser gerenciadas por projetos 259

A estrutura organizacional sugerida 260

O novo ambiente requerido 260

A nova metodologia recomendada 262

Casos reais 263

Objeções à metodologia 264

Equívocos comuns 265

Exemplo de caderno de encargos 265

13. ALGUMAS RECOMENDAÇÕES ORGANIZACIONAIS 275

Introdução 275

Sistema centro de documentação 275

Regras para os documentos internos 279

Regras práticas para documentos mestres 281

Sistema descrição de função 292

REFERÊNCIAS 298

Filmes 300

■ PREFÁCIO

AO SER CONVIDADO A escrever este Prefácio, refleti sobre as ideias tratadas no texto, sobre as experiências e leituras realizadas e sobre os ensinamentos que tive com o autor. Dessa reflexão, três questões foram norteadoras das considerações que apontarei a seguir.

Em primeiro lugar, gostaria de tratar do conceito de gerenciamento que permeia todo este livro. O assunto tem recebido grande atenção em diferentes contextos empresariais e pode ser definido como uma ciência – um conjunto de regras – enraizada nas práticas diárias. E, como ciência, tem caráter social, cultural e histórico, como mostra esta obra.

De acordo com Peter Drucker, a tarefa do gerenciamento é capacitar as pessoas para atuações conjuntas por meio de metas e valores comuns, de uma estrutura apropriada, de treinamento e desenvolvimento que permita que elas reajam e ajam em situações de mudança. O autor destaca alguns princípios que organizam este trabalho: envolver seres humanos, requisitar o comprometimento das pessoas com metas comuns e valores compartilhados, desenvolver nelas uma postura de ensino e aprendizagem em toda a organização, constituir sua cultura com base na comunicação intensa e na responsabilidade individual, medir o desempenho de cada um e acompanhar os resultados dentro e fora da empresa.

Como afirma Clemente Nóbrega, o ato de gerenciar também pode ser visto como uma forma de tornar os saberes produtivos, gerar inovação e organizar o ambiente para alcançar um propósito. Diferindo das perspectivas tayloristas, que requerem uma forma de prescrição alienada dos sujeitos, ou de uma imposição subjetiva, em que a flexibilidade e variabilidade são exigidas como a potência maior, Yves Clot sugere considerar o gerenciamento uma atividade dirigida com dimensões tanto subjetivas como coletivas, que envolve simultaneamente tarefas prescritas e a ação real dos envolvidos.

Nessa perspectiva, é preciso considerar a ação concreta dos gerentes e suas características, enfatizando principalmente o poder inerente à sua função. Esta exige que ele tome decisões que envolvem todo o grupo de trabalho. Tais decisões são tomadas por indivíduos e/ou grupos com habilidades, direitos e responsabilidades. Somente depois da publicação do livro *As funções do executivo* (1971), de Chester Barnard, ficou evidente o papel dos gerentes na "tomada de decisões" empresarial. E, com a obra *Comportamento administrativo* (1965), de Herbert Simon, essa ação foi considerada sua tarefa principal. Até que essa discussão se tornasse importante, a maioria das empresas americanas tinha um "dono" e todas as decisões eram normalmente tomadas por seus proprietários, cabendo aos gerentes desempenhar apenas as funções de vigilância e supervisão.

Para tomar decisões e assumir sua função de modo pleno, o gerente necessita desenvolver modos de agir nas atividades de seu dia a dia. Para isso, precisa ter capacidade de promover a renovação cultural e a participação ativa de sua equipe. Também deve ter uma visão aberta para o mundo e saber interpretar as novas dimensões de seu papel e de sua responsabilidade. Além disso, em uma proposta de gerenciamento que se pretenda democrática e participativa, cada pessoa assume um papel na organização, segundo capacidades e responsabilidades individuais e de ações coordenadas. Ao gerente cabe, assim, criar condições e oportunidades para o desenvolvimento profissional e pessoal dos funcionários.

Finalmente, gerenciar implica desenvolver habilidades para trabalhar com as tensões ligadas a padrões, normas, modos de agir e práticas concretas dos sujeitos em diferentes contextos. Essa característica é a base da discussão realizada neste livro e do segundo tema que desejo abordar aqui.

Este livro oferece aos leitores um panorama sobre o trabalho do gerente e suas principais características. Mostra o gerente como agente de transformação da empresa, uma vez que ele lida com ação, reflexão e aplicação. Assim, compreende-se como a formação de um gerente pode ocorrer por meio da experiência teórico-prática. Para explicar tais perspectivas, José Ricardo da Silveira desenvolve dois grupos de ideias.

O primeiro grupo discute o desenvolvimento do gerente ou líder a partir de importantes reflexões sobre a sua prática, que permitirão entender por que algumas ações funcionam e outras não; que atividades ele de fato desempenha e quais são esquecidas. Embora pareçam comuns na literatura da área, tais ideias, sagaz e refletidamente, enfocam cinco elementos essenciais que um gerente deve considerar para tomar decisões ou atitudes: condições para o sucesso, decorrentes do ambiente, do conceito e da metodologia empregados; visão sistêmica; variabilidade e erro; tratamento de pessoas e a importância do aprender a "aprender". A identificação desses elementos auxilia a estruturar uma organização e pode reduzir a sua desordem, permitindo alcançar um objetivo com menor esforço.

Já o segundo grupo de ideias apresenta metodologias para auxiliar a realização de atividades fundamentais ao papel do gerente. Entre elas, a administração do tempo e a diferenciação entre o que é urgente e o que é importante. Dessa forma, o profissional poderá desenvolver estratégias para deixar de ser apenas um "bombeiro", aquele que apaga fogo todos os dias, e se tornar um estrategista, responsável por pensar no futuro da organização.

José Ricardo também se refere a uma forma mais democrática de realizar o exercício de planejamento estratégico. Este deixa de ser feito apenas por um pequeno grupo da direção e passa a envolver um número maior de profissionais que compartilham suas ideias para definir o caminho da empresa nos próximos anos. O livro propõe ainda um modelo simples e prático para a avaliação de desempenho profissional. Tal modelo privilegia importantes tópicos a ser discutidos entre o líder e o liderado e pode ser aplicado por qualquer empresa. Na mesma linha, o autor expõe um sistema de avaliação do desempenho operacional da empresa que pode ser adaptado, dependendo do contexto operacional.

O livro discute ainda um tema muito abordado e pouco praticado pelas empresas: uma metodologia para o gerenciamento de projetos. Para isso, aborda importantes conceitos e propõe algo simples e eficaz que pode ser executado sem o auxílio de consultores externos. Além disso, disponibiliza um sistema para pesquisar a opinião do cliente. Por fim, faz algumas recomendações para que a empresa estruture suas normas, criando um nível de formalização que dê transparência a suas ações, o que se constitui em um centro de documentação e descrição de sua função.

Por último, quero ressaltar que este livro é fruto das experiências e dos estudos de um autor incansável, perseverante, bem-sucedido, criativo e reflexivo que, ao longo de 53 anos de carreira, não mediu esforços para desenvolver as bases para uma percepção de gerenciamento que se afastasse do senso comum e da ditadura de regras sobre como agir.

ANDRÉ RICARDO ABBADE LIBERALI
Mestre em Administração e diretor-geral da SGD Brasil

■ INTRODUÇÃO

EDWARD DEMING, AO LONGO de sua vida de extraordinário formador de gente, deixou como legado para o instituto americano que leva seu nome a expressão "sistema do saber profundo". Por ela, seus seguidores resumem a base do seu pensamento e, de modo especial, sintetizam seus excepcionais "14 princípios que permitem às pessoas trabalharem felizes" (1990, p. 80). São eles:

1. Criar constância de aperfeiçoamento do produto e serviço, a fim de torná-los competitivos, perpetuá-los no mercado e gerar empregos.

2. Adotar uma nova filosofia. Vivemos numa nova era econômica. A administração do mundo ocidental deve despertar para o desafio, conscientizar-se de suas responsabilidades e assumir a liderança em direção à transformação.

3. Acabar com a dependência de inspeção para a obtenção da qualidade. Eliminar a necessidade de inspeção em massa, priorizando a internalização (em todas as fases do processo produtivo) da qualidade do produto.

4. Acabar com a prática de negócio compensador baseado apenas no preço. Em vez disso, minimizar o custo total. Insistir na ideia de ter um único fornecedor para cada item, desenvolvendo relacionamentos duradouros, calcados na qualidade e na confiança.

5. Aperfeiçoar constante e continuamente todo o processo de planejamento, produção e serviços, com o objetivo de aumentar a qualidade e a produtividade e, consequentemente, reduzir os custos.

6. Fornecer formação e treinamento no local de trabalho.

7. Adotar e estabelecer liderança. O objetivo da liderança é ajudar as pessoas a realizar um trabalho melhor. Assim como a liderança dos trabalhadores, a liderança empresarial necessita de uma completa reformulação.

8. Eliminar o medo.

9. Quebrar as barreiras entre departamentos. Os colaboradores dos setores de pesquisa, projetos, vendas, compras ou produção devem trabalhar em equipe, tornando-se capazes de antecipar problemas que possam surgir durante a produção ou a utilização dos produtos ou serviços.

10. Eliminar *slogans,* exortações e metas dirigidas aos empregados.

11. Eliminar padrões artificiais (cotas numéricas) para o chão de fábrica, a administração por objetivos (APO) e a administração através de números e metas numéricas.

12. Remover barreiras que despojem as pessoas de orgulho no trabalho. A atenção dos supervisores deve voltar-se para a qualidade e não para números. Remover as barreiras que usurpam dos colaboradores das áreas administrativas e de planejamento/engenharia o justo direito de orgulhar-se do produto de seu trabalho. Isso significa a abolição das avaliações de desempenho ou de mérito e da administração por objetivos ou por números.

13. Estabelecer um programa rigoroso de educação e autoaperfeiçoamento para todo o pessoal.

14. Colocar todos da empresa para trabalhar de modo a realizar a transformação. A transformação é tarefa de todos.

Em 1994, André Leite Alckmin[1] e eu criamos a Sociedade Internacional para a Excelência Gerencial (Sieg) e decidimos conceber um seminário de formação de gerentes que traduzisse os 14 princípios para uso no dia a dia das organizações. Assim escolhemos como título "Sabedoria profunda em gerenciamento" e nos perguntamos como complementar os 14 princípios com o que os seguidores de Deming desenvolveram a esse respeito e ainda relacioná-los com outros pensadores que conhecemos?

---

1. Veja ao final deste livro uma referência a ele.

Surgiram, assim, os cinco capítulos básicos do nosso sistema de formação gerencial:

1. condição para o sucesso;
2. visão sistêmica;
3. variabilidade e erro;
4. tratar de gente;
5. aprender a aprender.

Para ser um pouco mais direto, antes de abordar cada capítulo separadamente, apresento um resumo de cada um deles.

1. **Condição para o sucesso:** em qualquer processo ou ação organizacional, é recomendado ao gerente estruturar sua prática com base em três dimensões que coexistem simultaneamente no seu dia a dia. São elas:

   a. *Conceitos*: formar, com a maior clareza possível, uma ideia do que seria o processo ou a ação a ser empreendida; comunicá-la a seus pares, com o objetivo de antecipar possíveis dúvidas, durante a execução, que possam levar a resultados inesperados ou mesmo indesejáveis.

   b. *Ambiente*: mapear as condições ambientais (físicas do local, psicológicas, motivacionais e emocionais das pessoas envolvidas na situação) necessárias para a realização do processo ou da ação.

   c. *Metodologia*: definir a técnica que será usada; estabelecer, de forma detalhada, o modo de atuar, para antecipar possíveis problemas que poderão ser enfrentados por outra pessoa quando da execução da mesma atividade.

O modelo lembra aos gerentes que, antes de empreender qualquer ação ou iniciar/modificar um processo, eles devem certificar-se de:

- ter ampla vontade política para fazê-lo, pois cada ação leva a desdobramentos perante outros participantes, direta ou indiretamente envolvidos;
- contar com a disposição voluntária das pessoas envolvidas na atividade, mesmo quando se tratar de liderados;

- trabalhar para minimizar condições ou restrições na organização que potencializem antagonismos entre o existente e o proposto;
- partilhar os valores morais envolvidos para atuar sobre os eventuais antagonismos e conflitos advindos da ação;
- conhecer teorias, experimentos e avaliações existentes sobre a ação ou o processo proposto;
- alicerçar sua ação numa metodologia ou técnica apropriada que lhe seja familiar.

2. **Visão sistêmica:** os gerentes precisam aprender sobre sistemas: o que são, que regras universais os guiam (não se deve confundi-los com os sistemas informatizados, que são um tipo especial). Além disso, é fundamental que vejam o mundo da perspectiva sistêmica, isto é, utilizando as regras sistêmicas.

3. **Variabilidade e erro:** os gerentes devem compreender que o universo e os sistemas que nele existem não são exatos nem estáticos, estando sujeitos a variações. Podem, portanto, levar os homens a cometer erros de forma totalmente involuntária.

4. **Tratar de gente:** é necessário que os gerentes entendam como tratar as pessoas, compreendendo seus processos mentais antes de se preocupar com seu comportamento; é preciso muito conhecimento para lidar com as pessoas de modo adequado e correto.

5. **Aprender a aprender:** é preciso que os gerentes conheçam um pouco sobre as formas (ou modelos) por meio das quais o ser humano aprende ou deixa de aprender. Devem compreender, ainda que esquematicamente, os chamados "modelos mentais" para, em seguida, aprender a refazer a capacidade de aprender (Senge, 1990).

Os cinco temas acima serão abordados em seis capítulos, pois o tópico "tratar de gente", por sua complexidade, é tratado em dois capítulos.

Mas, além de abordar a fundo os cinco temas, decidi também escrever sobre os processos e metodologias que aplicamos – André Alckmin e eu – ao longo de nossa carreira e, sobretudo, no período em que atuamos como consultores. Assim, do Capítulo 8 ao 14, trato daqueles que têm relevância, de acordo com o propósito acima mencionado. São processos e metodologias coerentes e consistentes com os princípios da sabedoria profunda em gerenciamento que, comprovadamente, produzem resultados concretos.

Tenho a convicção de que a sabedoria profunda em gerenciamento não é mais do que a sabedoria profunda de todo homem, pois o gerenciamento é uma prática. E, para o homem sábio, pensar antes de agir é essencial e indispensável.

Neste contexto, destaco o pensador Joseph Cardijn, padre católico (depois cardeal) que criou, no pós-guerra, o movimento de ação da juventude operária. Ele formulou a teoria do "ver, julgar e agir", indicando claramente que a ação deveria resultar de uma análise da situação (ver) e de uma reflexão prévia (julgar) antes de ser concretizada (agir).

Todavia, o fato de o pensar preceder o fazer não significa imobilismo. O sensato seria imaginar que o "pensar" sempre se efetiva por meio de ações concretas. Em minhas incursões como consultor no processo de planejamento estratégico das organizações, percebo como é difícil dedicar tempo ao pensar. Dificilmente se dedicam mais do que três a quatro horas anuais às análises de ambiente e menos ainda para as estratégias. Logo se chega "aos finalmentes", ou seja, às ações. Estas, quase sempre, resultam em ações dispersas, sem um foco estabelecido.

O pensar é muito mais rico e criativo quando realizado em grupo e, consequentemente, compartilhado. Foi certamente essa crença que levou os criadores de ordens religiosas a preferir a santificação coletiva à individual.

Por fim, a sabedoria profunda consiste em saber separar o urgente do necessário. O gerente corre o grande risco de ser inundado por questões urgentes – que fazem parte de sua rotina – e não conseguir dedicar-se a exercer seu papel fundamental: o de pensar no que é necessário fazer.

Ao final desta Introdução, indico ao leitor alguns pontos que me orientaram enquanto eu escrevia este livro:

1. Procurei transmitir minha experiência pessoal, quando possível e cabível, relatando casos reais para ilustrar ideias.

2. Quando necessário, dei o devido destaque aos autores que foram im-

portantes em minha formação, relatando o essencial de seus ensinamentos.

3. Em alguns casos, transcrevi textos desses mesmos autores para reforçar os meus argumentos e incentivar o público a ler os livros de origem.

Este livro não precisa ser lido em sequência. Assim, recomendo ao leitor consultar inicialmente o índice dos capítulos e procurar o assunto que mais lhe interessar. É possível repetir esse processo sempre, caso haja interesse e tempo. É como ler um jornal: muito provavelmente começamos pelas partes ou seções de maior interesse pessoal.

Ficarei extremamente feliz e realizado se este livro puder ser útil a você. E desde já fico à disposição para conversar sobre os assuntos nele abordados. O contato pode ser feito pelo e-mail jose.r.silveira@terra.com.br.

1. CONDIÇÃO PARA O SUCESSO: UM MODELO PARA PROCESSOS GERENCIAIS

O MODELO A SEGUIR foi desenvolvido pela equipe do Processo Rhodia de Excelência (Prhoex), sob a coordenação de André Leite Alckmin, no início dos anos 1990. Ele permite explicar casos de sucesso e de fracasso na realização de ações ou processos gerenciais em organizações. Para que se obtenha êxito, é preciso agir simultaneamente em três domínios:

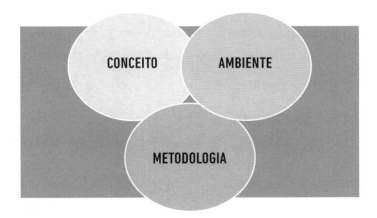

No que consistem os referidos domínios? Inicialmente, vamos definir algumas palavras, conforme o dicionário Aurélio (Ferreira, 1990):
1. **Conceito:** ação de formular uma ideia por meio de palavras, definição, caracterização; pensamento, ideia, opinião, noção, concepção, ponto de vista.
2. **Ambiente:** aquilo que cerca ou envolve os seres vivos e as coisas, por todos os lados; envolvente, meio ambiente; lugar, sítio, espaço, recinto.

3. **Metodologia:** arte de dirigir o espírito na investigação da verdade; estudo dos métodos e, especialmente, o método das ciências.

Podemos, todavia, ampliar tais definições de acordo com o modelo dos três domínios anteriormente demonstrado:

1. **Conceito:** corresponde a "o que é" e "o porquê" das coisas, constituindo uma base racional e lógica da vida. É por meio dessa definição que as pessoas entendem o significado do que fazem e por que fazem.
2. **Ambiente:** é tudo que compõe o amplo universo das emoções, dos sentimentos, do relacionamento entre as pessoas. A cultura organizacional nasce desse ambiente, que é criado em todas as organizações, independentemente da vontade dos gerentes.
3. **Metodologia:** constitui a forma como as pessoas agem. Representa o aspecto físico da atuação dos seres humanos; é a ferramenta que permite realizar o trabalho. Representa ainda a técnica empregada em uma ação e corresponde a como, onde, quem e quando.

Assim, tal modelo questiona a prática de um grande número de gerentes, mostrando que uma boa metodologia é condição necessária, mas não suficiente, para o sucesso.

COMPREENDENDO OS DOMÍNIOS

Vejamos agora o que precisamos conhecer sobre cada um dos domínios.

1. Conceito: os gerentes devem formular a si mesmos as seguintes perguntas:
    - O que é e no que consiste exatamente a ação de melhoria?
    - Qual a fundamentação teórica dessa ação?
    - Como ela nasceu?
    - Que razões possibilitaram sua criação?
    - Quais são os valores envolvidos?
    - Quem são seus autores?
    - Que experiências anteriores são relatadas na literatura disponível?
    - Há pontos obscuros ou mal esclarecidos nessa literatura?

2. Ambiente: vários aspectos são relevantes, uma vez que envolvem as crenças e avaliações dos gerentes a respeito do momento em que a ação prevista se desenrolará. Assim, o gerente deve se interrogar sobre:

- *Compartilhamento*: toda a empresa, incluindo sócios e diretores, compartilha dos mesmos valores envolvidos na ação almejada? Por exemplo: se a ação tem como base a participação dos funcionários no planejamento estratégico, é preciso saber se todos os diretores acreditam que isso seja possível e se estão dispostos a admitir essa participação.

- *Confiança*: o gerente tem o apoio dos envolvidos na situação? Consegue identificar e analisar os diferentes fatores que podem afetar o ambiente naquele momento?

- *Cidadania*: a ação prevista respeita os direitos dos envolvidos? Pode provocar efeitos negativos ou desagradáveis em membros da organização em curto, médio ou longo prazo?

- *Relações interpessoais*: a ação prevista tem especificidades que podem prejudicar as relações entre as pessoas? Mexe com a relação de poder entre diferentes hierarquias e setores? Pode beneficiar alguns em detrimento de outros? Pode ser mal compreendida por algumas pessoas?

- *Medições de ambiente*: foram previstas medições estruturadas, isto é, feitas com rigor e técnica compatíveis? Tais medições serão globais ou setoriais (locais)? Por quê?

- *Comunicação*: o gerente estudou e previu o processo de comunicação com os envolvidos? A comunicação será formal ou informal? Quando e como será usada?

- *Ambiente físico*: se a ação implica a necessidade de criar ou introduzir um novo ambiente físico na organização, terá o gerente pensado em todos os detalhes desse novo ambiente? A arquitetura prevista é compatível com a existente? Ela ajudará no sucesso da ação, atuando no emocional dos participantes?

3. Metodologia: na escolha da metodologia ou da técnica, é necessário considerar os seguintes aspectos:

- Ela é adequada à filosofia e à prática gerencial existentes? Caso seja totalmente nova, será preciso desenvolver um trabalho de formação.
- Ela é adequada para o momento vivido pela organização? É importante perceber quando a metodologia é vista como retrógrada ou irreal.
- Ela é percebida como fonte de progresso e de saneamento no ambiente da organização?
- É preciso estar convicto da escolha da metodologia selecionada para que se possa utilizá-la na organização por tempo indeterminado.

Vejamos agora os grandes riscos envolvidos nas ações gerenciais:

1. Com relação ao conceito:

- Realizar análises superficiais.
- Atribuir essa função a terceiros – por exemplo, a consultores.
- Não fazer análises de riscos.
- Não prever ações alternativas.
- Não procurar estudar experiências de outras organizações na realização de uma ação semelhante.
- Desprezar ou menosprezar experiências de outras organizações, com o pretexto de "ser melhor" ou de que aquilo "não acontecerá com você".

2. Com relação ao ambiente:

- Empreender a ação de maneira arriscada, mesmo sabendo que há restrições internas, ou seja, pensar que "tudo vai se resolver naturalmente".
- Admitir o "faz de conta", isto é, empreender a ação mesmo sabendo que ela não será "pra valer".
- Não levar em consideração experiências anteriores que possam ser confundidas ou assemelhadas à ação almejada.

3. Com relação à metodologia: os riscos são os mesmos referentes a "conceito" e podemos acrescentar, ainda:

- Mudar de metodologia por qualquer dificuldade operacional que venha a surgir, sem ter refletido sobre as razões da escolha ou da mudança.

CASOS REAIS DE FRACASSO

Relato, a seguir, casos reais de fracasso que acompanhei pessoalmente nos últimos 20 anos, tanto na condição de protagonista como na de consultor. Por motivos éticos, uso nomes fictícios para não atribuir julgamentos equivocados nem atingir a imagem das empresas ou organizações envolvidas. O leitor poderá, sem maiores esforços, constatar os problemas em cada caso (conceito, ambiente e metodologia).

Ressalto que os casos envolvem metodologias que foram praticadas pela Sociedade Internacional para a Excelência Gerencial (Sieg), que serão objeto dos capítulos subsequentes. Assim, quem tiver dificuldade de entender todas as circunstâncias dos casos narrados pode se dirigir ao capítulo indicado para obter mais informações.

Caso 1: Círculos de Controle da Qualidade (CCQs)

Onde ocorreu? Na unidade industrial, com 2.300 funcionários de uma grande empresa.

Descrição sumária do caso: empolgada com os resultados obtidos em empresas que haviam sido visitadas por alguns de seus gerentes, a direção da unidade industrial decidiu organizar simultaneamente três CCQs. Tomou o cuidado de contratar um psicólogo como consultor para propiciar a formação necessária à liderança e aos participantes. Ao mesmo tempo, os gerentes envolvidos foram iniciados na utilização das ferramentas da qualidade. Durante 12 meses, os cerca de 30 participantes dos CCQs se reuniram de quatro a cinco horas por mês (em horas extras, remuneradas), estudando as questões que lhes foram propostas por seus respectivos líderes. Alguns problemas operacionais, típicos de linhas de produção (nível de resíduos, número de interrupções acidentais etc.), tiveram propostas de solução imediatamente testadas. Finalmente, algumas melhorias foram aprovadas e introduzidas com sucesso nos procedimentos operacionais. Feliz, a direção da unidade informou os resultados ao diretor industrial da empresa. Este manifestou estranheza pelo fato de que seus funcionários estivessem participando de grupos fora do tempo normal de trabalho e consultou o departamento jurídico da empresa. A resposta foi que tal atividade fora do horário de trabalho oferecia "riscos trabalhistas". O diretor industrial determinou, então, o encerramento dos grupos, com constrangimento generalizado na unidade.

Os equívocos: todos relacionados ao ambiente. Podemos constatar que o diretor da empresa deveria:

1. Informar o diretor industrial da empresa sobre suas intenções e obter autorização prévia para realizar a operação.
2. Informar seu superior hierárquico sobre os custos envolvidos e, especialmente, a questão das horas extras.
3. Consultar o departamento jurídico da empresa a fim de avaliar os riscos trabalhistas e tomar as providências necessárias para evitá-los.

Caso 2: Círculos de Controle da Qualidade (CCQs)

Onde ocorreu? Na unidade industrial, com 800 funcionários de uma grande empresa.

Descrição sumária do caso: o diretor da unidade assistira a um seminário de formação profissional durante o qual a "mística" dos Círculos de Controle da Qualidade fora exposta. Entusiasmado, ele reuniu seus liderados e decidiu introduzir o sistema na empresa. O encarregado do setor de recursos humanos da unidade formou os grupos. O gerente de produção acompanhava tudo a distância, deixando aos seus liderados (supervisores de produção) a tarefa de escolher os participantes e os temas de estudo. Depois de 12 meses, o diretor da unidade procurou saber como os trabalhos haviam sido desenvolvidos e constatou que apenas dois dos cinco grupos formados inicialmente ainda estavam se reunindo. Após assistir a uma reunião de cada um deles, verificou que os temas que vinham sendo discutidos eram pouco relevantes: no primeiro, organizavam havia três reuniões uma equipe de futebol e, no segundo, comemorava-se o aniversário de um dos participantes. Desiludido, o diretor da unidade tomou a decisão de encerrar o processo.

Os equívocos:

1. Relacionado ao conceito: o diretor da unidade imaginou que bastava dizer o que deveria ser feito para que tudo ocorresse adequadamente. Delegou atividades sem certificar-se de que tudo havia sido entendido. Na realidade, ele provavelmente não conseguiu transmitir aos liderados os conceitos envolvidos.

2. Relacionado ao ambiente: o gerente de produção foi omisso, não sendo adequadamente advertido por seu líder. Com efeito, toda a operação se desenrolaria em sua área organizacional e ele simplesmente decidiu acompanhá-la a distância. Era dele a responsabilidade de desenvolver o conceito com seus liderados e promover a motivação da equipe, mas ele não o fez.

3. Relacionado à metodologia: como resultado dos equívocos precedentes, os supervisores de produção executaram a metodologia sem antes entender o conceito, o que resultou em uma caricatura daquilo que deveria ser um CCQ.

Caso 3: Grupos participativos: modificação profunda no conteúdo do trabalho com equipes sem supervisão

Onde ocorreu? Na unidade industrial, com mil funcionários de uma grande empresa localizada em um país europeu.

Descrição sumária do caso: pressionada pelas centrais sindicais a realizar melhorias nas condições de trabalho, a empresa decidiu fazer dessa sua unidade um "campo de provas". Contratou uma equipe renomada de consultoria em relações humanas, com a recomendação de testar mudanças significativas no relacionamento entre supervisores e executantes. O diretor da unidade, profissional com mais de 30 anos de atividade em fábricas, foi chamado à sede da companhia e informado pelo diretor industrial da empresa sobre as principais ações a ser empreendidas pela consultoria. Ele tentou argumentar dizendo que não era favorável a modificações na sua unidade, que comandava com sucesso há quase 15 anos. Mesmo sem ser informado de detalhes, demonstrou claramente sua insatisfação com a mudança organizacional, totalmente inédita na sua vida como gerente. Em resposta, recebeu apenas a instrução de dar plena liberdade à execução dos trabalhos, objeto de acordo firmado entre a direção-geral e as organizações sindicais. A consultoria aplicou nas áreas de produção o conceito denominado "grupos de trabalho autônomos", caracterizado pelo desaparecimento dos supervisores. Com isso, os operadores ficavam diretamente ligados ao engenheiro responsável pela produção e organizavam-se para assegurar todo o conjunto de atividades, sem regras ou modelos previamente estabelecidos. Em outras palavras, cada grupo de operadores (nos respectivos horários de atuação) se organizava conforme decisão coletiva do que, como e quando fazer. Obviamente, os operadores deviam respeitar as especificações técnicas dos processos industriais e dos produtos a obter. Mais uma modificação estrutural foi introduzida na área de produção: uma grande sala, no meio da área onde se localizavam as máquinas de produção, foi construída e equipada para os operadores se reunirem, conversarem e tomarem as decisões organizacionais. O principal compromisso estabelecido, inicialmente com o sindicato e, depois, com todos os operadores da unidade, era de respeito às novas condições organizacionais. Assim, decisões que antes eram atribuídas aos supervisores, como o revezamento nos horários das refeições e a substituição por doença ou férias, passaram a ser tomadas pelos respectivos grupos. Depois da fase inicial de aprendizado (três meses), o sistema parecia funcionar muito bem; reduziu-se a tensão entre o pessoal, os resultados operacionais mostravam uma evolução positiva e os produtos finais atendiam às expectativas em quantidade e qualidade. Certo dia, porém, ocorreu um incidente: todas as regiões do país tiveram uma pane total de energia elétrica. Mesmo contando com alguns geradores, a unidade industrial foi profundamente atingida. Como o processo industrial era alimentado parcialmente por energia elétrica, o principal setor de produção gerava apenas resíduo, que corria desordenadamente entre as máquinas industriais. O grupo de operadores ficou desorientado e abandonou seus postos de trabalho a fim de fazer uma análise coletiva da situação na sala de reunião. Nesse mesmo momento, o diretor de unidade passava pelo local e o viu sem nenhum operador. Furioso, irrompeu no local da reunião, onde também estava o engenheiro, destratou todas as pessoas e mandou os funcionários agir para retirar os resíduos, antes que estes "afogassem" os equipamentos. Uma breve discussão se instalou e os operadores abandonaram o local, aumentando ainda mais o caos. Finalmente, o diretor mandou parar completamente a fábrica, mesmo sabendo que isso implicaria imensos trabalhos posteriores para o relançamento de todo o processo industrial. Dirigentes sindicais foram chamados ao local pelos operadores que abandonaram o trabalho e igualmente destratados pelo diretor da unidade. Os funcionários envolvidos decidem por uma greve geral, seguida por aproximadamente 60% dos operários em atividade naquele momento. A fábrica foi paralisada, permanecendo assim por 45 dias (considerado o tempo para relançamento). O sindicato, ao não ser atendido no seu pedido de substituição do diretor da unidade pela direção da empresa, também comanda uma greve em todas as demais unidades. Ao fim de 32 dias de negociações, a greve cessou, mas o acordo sobre a nova organização do trabalho na unidade piloto foi cancelado e nunca mais testado pela empresa.

Os equívocos: todos relacionados ao ambiente:

1. A direção-geral da empresa impingiu o novo sistema organizacional ao diretor da unidade, um profissional veterano que teve dificuldade de aceitar o que estava sendo implantado na sua área de atuação. Provavelmente, teria mesmo se recusado a estudar o novo modelo.
2. O incidente da falta de energia elétrica e os fatos que se seguiram provocaram no diretor da unidade um desequilíbrio emocional; ainda que ele tivesse restrições ao sistema organizacional vigente, sua reação não foi adequada à sua posição hierárquica.

Caso 4: Programa de Participação nos Resultados

Onde ocorreu? Em uma empresa de alta tecnologia, com aproximadamente 300 funcionários, quase todos técnicos e engenheiros diplomados.

Descrição sumária do caso: o presidente da empresa tinha clara consciência do papel social que ela deveria exercer e da importância dos seus funcionários para obter os resultados almejados. Assim, muito tempo antes de o Programa de Participação nos Resultados passar a ser praticado por outras empresas e reivindicado pelos sindicatos, ele decidiu estudar um sistema que permitisse a seus funcionários receber uma parcela dos lucros da empresa. Não querendo recorrer a especialistas externos, solicitou que a diretoria administrativa e financeira da empresa fizesse os estudos preliminares e, com o apoio de outros diretores, estruturasse o sistema. Entretanto, como o assunto não era tido como prioritário, pouco tempo foi dedicado à estruturação eficaz do programa. Quando o presidente manifestou o desejo de colocá-lo em prática, foram realizados alguns estudos "em caráter de urgência". Finalmente, com a contribuição de diversos gerentes, o programa foi apresentado aos funcionários considerados pelo presidente mais representativos. A explicação das regras do programa (isto é, como medir e avaliar os resultados da empresa que conduziriam a uma repartição do lucro para todos) demorou aproximadamente três horas. Ao final da exposição, os presentes disseram ter entendido muito pouco da proposta, embora estivessem satisfeitos com a ideia. A manifestação surpreendeu o presidente, que, apesar de não ter estudado os detalhes do projeto, fora favorável a ele. Em conversas individuais com os funcionários, percebeu que muitos deles não conseguiram compreender os cálculos para medir os resultados passíveis de distribuição. Na realidade, constatou que se tratava de cálculos financeiros e critérios muito diferentes daqueles usados nas medições gerenciais até então empregadas. O presidente tentou, ainda, reunir um novo grupo de funcionários, mas o resultado foi semelhante. Ao mesmo tempo, o projeto começou a ser ridicularizado na empresa, sendo apelidado de "broxante". Grande parte dos funcionários passou a questionar se havia de fato a real intenção de fazer algo por eles. Desiludido, o presidente adiou sua ideia indefinidamente.

Os equívocos:

1. Relacionados ao conceito: a) O presidente não dedicou o tempo necessário para definir suas intenções; provavelmente, supôs que suas explicações haviam sido compreendidas e não percebeu que, sendo um tema totalmente inusitado para seus liderados, precisaria ir mais a fundo; b) O diretor administrativo-financeiro, provavelmente assoberbado com a ro-

tina, não destinou tempo suficiente para entender e desenvolver a ideia do presidente. Quando pressionado, agiu na base do "quebra-galho".

2. Relacionado ao ambiente: o abandono da ideia ocorreu quando os funcionários passaram a tratá-la com desprezo.

3. Relacionado à metodologia: tanto o presidente quanto o diretor não levaram em consideração o fato de que a maioria dos funcionários não tinha conhecimento suficiente para entender cálculos complexos (metodologia equivocada).

Caso 5: Planejamento Estratégico Compartilhado

Onde ocorreu? Em uma empresa familiar, de atividade técnica comercial com aproximadamente 300 funcionários, a maioria com diploma de nível superior.

Descrição sumária do caso: a empresa decidiu adotar o processo de Planejamento Estratégico Compartilhado por recomendação de um consultor de processos, que percebera a importância de envolver e comprometer um grande número de funcionários nos trabalhos de inovação organizacional (fora da rotina). Na ocasião, a presidência era exercida por um membro da família proprietária, que aceitou, com tranquilidade, o compartilhamento de assuntos estratégicos com os funcionários. Durante dois anos, o processo foi aplicado integralmente, trazendo excelentes resultados tanto organizacionais como econômico-financeiros. Nesse período, a empresa duplicou o faturamento e o resultado operacional. O clima organizacional era muito bom. Todavia, os proprietários decidiram que era o momento de "profissionalizar" a empresa e contrataram um jovem profissional do mercado para assumir a presidência. Passados seis meses da contratação, o novo presidente não havia comparecido a nenhuma das sessões de trabalho dos subgrupos do Planejamento Estratégico Compartilhado. A frequência de participantes em tais reuniões começou a cair, sem que ninguém tivesse sido advertido. Finalmente, na ocasião de reiniciar o processo, o presidente disse que preferia ele mesmo conduzir um novo processo de Planejamento Estratégico, centralizado na presidência. Dois anos mais tarde, a empresa deixou de crescer e muitos funcionários se desligaram dela.

Até que, finalmente, o presidente foi substituído. A família proprietária reassumiu a direção da empresa, mas não conseguiu se libertar da mudança organizacional ocorrida nem recomeçá-la em outros moldes.

Os equívocos:

1. Relacionados ao conceito: a) Os proprietários e, de modo particular, o presidente provavelmente anteciparam demais a "profissionalização" da empresa. Como o sistema organizacional ainda não estava estabilizado, a contratação de alguém de fora pode ter sido indevida (veja o Capítulo 2); b) Ainda que a troca de presidente fosse indispensável, os proprietários provavelmente se omitiram no processo de Planejamento Estratégico Compartilhado. Uma vez que reconheceram os ganhos obtidos, deveriam ter exigido do novo presidente o respeito ao processo em vigor ou discutido com ele um plano alternativo.

2. Relacionado ao ambiente: alguns funcionários que haviam se engajado no processo de Planejamento Estratégico Compartilhado e sentiam "orgulho" de participar dele se decepcionaram e deixaram a empresa.

Caso 6: Avaliação de desempenho profissional

Onde ocorreu? Na filial brasileira de uma empresa multinacional, com cerca de 10 mil funcionários, dos quais mil eram de nível gerencial.

Descrição sumária do caso: montou-se um sistema de avaliação profissional por um grupo interno, assessorado por uma renomada empresa de consultoria em recursos humanos. Elaborou-se um questionário composto por aproximadamente 70 questões, que deveriam ser analisadas pelo líder avaliador. Organizou-se também um amplo programa de formação de avaliadores, mas a participação não era obrigatória, uma vez que as explicações a respeito dos conceitos de avaliação foram consideradas suficientemente claras. Apenas 15% dos líderes avaliadores foram especialmente formados para aplicar o processo. Uma avaliação final e por escrito deveria constar obrigatoriamente no documento básico do sistema, ao passo que uma entrevista entre o avaliador e o avaliado era somente recomendada. Medições realizadas pela área de recursos humanos registraram que, em média, cada avaliação necessitava de um mínimo de três horas para leitura e registro, podendo, na maioria dos casos, chegar a seis horas. Como as entrevistas não haviam sido suficientemente destrinchadas nos documentos explicativos nem nos módulos de formação, houve enorme dispersão de tempo para cada uma delas – que variaram de 30 minutos a quatro horas de duração. Passados os primeiros seis meses de aplicação do sistema, o controle feito pela direção de recursos humanos indicava que apenas 15% das avaliações haviam sido devidamente formalizadas, ou seja, 150 dos mil gerentes a ser avaliados. Inúmeras reuniões aconteceram, conduzidas pela direção de recursos humanos e apoiadas pela presidência da empresa, mas a justificativa predominante por parte dos avaliadores em débito era a falta de tempo. O processo de avaliação não foi revisto, tendo sido extinto cerca de dois anos depois sem que 50% dos gerentes tivessem sido avaliados sequer uma vez.

Os equívocos:

1. Relacionado ao conceito: a direção-geral da empresa deveria ter exigido a formação de avaliadores para entender e aplicar o novo sistema. Com certeza, a uniformidade de conhecimentos seria a garantia de sua prática adequada.
2. Relacionado ao ambiente: a direção-geral e a área de recursos humanos provavelmente não motivaram os funcionários para o novo processo.
3. Relacionado à metodologia: tudo parece indicar que a metodologia desenvolvida pela empresa de consultoria era inadequada, em razão da elevada carga horária demandada no processo.

Caso 7: Avaliação de desempenho negocial

Onde ocorreu? Na filial de uma empresa de capital estrangeiro, com aproximadamente 500 funcionários, que atua no ramo técnico e em mercado fortemente concentrado.

Descrição sumária do caso: o diretor-geral da empresa era brasileiro e muito controlado pela matriz, sobretudo pela área financeira. A matriz impunha um conjunto de medidores de desempenho negocial, mas este não levava em consideração os aspectos particulares da filial brasileira. Além disso, os diretores de cada área haviam montado seus próprios indicadores. Sentindo-se desconfortável com tal profusão de indicadores, o diretor-geral quis montar um sistema único de medição para avaliar o desempenho da empresa, especialmente porque esta deveria participar de leilões. Contratou um consultor para ajudá-lo a estabelecer medidores de desempenho negocial, mas logo percebeu que seus colegas diretores não queriam abrir mão dos próprios sistemas. Assim, ao contrário do seu desejo, o número de indicadores aumentou, sendo muito mal definidos operacionalmente, ou seja, calculados de forma imprecisa. Tentou, sem sucesso, convencer os demais diretores a adotar os mesmos medidores. Optou por não usar sua autoridade para impor os indicadores que julgava mais corretos e adequados, para que isso não prejudicasse o desempenho técnico e comercial da empresa. Tentou obter da matriz anuência para alterar alguns indicadores, mas não obteve êxito. Assim, o objetivo não foi alcançado.

Os equívocos:

1. Relacionado ao conceito: o diretor-geral provavelmente não teve competência para convencer os liderados a adotar um sistema adequado de medições, o que evitaria modismos ou formas caseiras de execução do serviço.
2. Relacionado ao ambiente: faltou coragem ao diretor-geral para tratar do assunto com seus liderados.
3. Relacionado à metodologia: o diretor-geral provavelmente não compreendeu que era possível ter um sistema de medições que permitisse melhorar o desempenho de seus liderados diretos e, em consequência, de toda a empresa.

■ 2. VISÃO SISTÊMICA

INTRODUÇÃO AO CONHECIMENTO SOBRE SISTEMAS

COMO NOS VÁRIOS SEMINÁRIOS de formação gerencial que ministrei, adotarei aqui como referência teórica Draper Kauffman (1980). Mais adiante, quando trato das regras sistêmicas, a inspiração vem de Peter Senge (1990). Todavia, para facilitar a compreensão, estabeleci uma divisão em itens e questões das ideias por eles levantadas.

Conceito de sistema e a diferença entre "sistema" e "coisa"

A maioria das pessoas tem uma noção intuitiva sobre o que vem a ser um sistema, em decorrência das informações obtidas no ensino fundamental. Com efeito, aprende-se, por exemplo, sobre sistema solar, sistema digestório etc. Em resumo, "sistema é um conjunto de partes que interagem entre si para funcionar como um todo". Porém, como nas escolas não se aprofunda a definição do termo, a maioria das pessoas o compreende de forma difusa e confusa, por vezes associando-o apenas à informática – tanto que a palavra passou a ser entendida como restrita a essa área.

De acordo com Kauffman (1980, p. 6), sistema é algo organizado para determinado propósito:

> O sistema de refrigeração de um carro pode consistir de um radiador, um ventilador, uma bomba d'água, um termostato, uma camisa de refrigeração e diversas mangueiras e braçadeiras; juntos, eles funcionam para proteger o

motor contra o superaquecimento, mas separadamente eles são inúteis; para fazer todo o trabalho, as partes precisam estar presentes e arrumadas na forma adequada; se deslocarmos a posição terminal de uma mangueira de apenas um milímetro, isto já será suficiente para colocar todo o sistema fora de funcionamento.

Quando há um conjunto de partes distintas, mas sem nenhuma organização ou propósito, Kauffman chama-o de "coisa" (e não de "sistema"). Em outras palavras, a diferença entre sistema e coisa é a organização. Assim, no exemplo citado, o radiador, isoladamente, é uma coisa, assim como as braçadeiras. Elas podem ser adquiridas separadamente, mas a montagem delas num sistema exige conhecimento e competência. Outra diferença essencial é que um sistema exige coisas com certas especificações. Assim, não é qualquer ventilador que serve para o sistema de refrigeração de determinado veículo.

POR QUE É IMPORTANTE CONHECER UM POUCO SOBRE SISTEMAS?

Se o universo é composto por sistemas, é evidente que é preciso aprofundar o conceito. No mundo complexo em que vivemos, o conhecimento sobre sistemas pode ajudar os gerentes a entender melhor o que nele se passa e, de modo especial, o que ocorre nas organizações que dirigem. Uma simples leitura de jornal, um programa de televisão ou uma consulta à internet trazem milhões de informações econômicas, sociais, financeiras e éticas que por vezes se perdem num mar de notícias, tornando-se confusas.

Na realidade, o conhecimento humano, ao longo da história, foi progressivamente decomposto em partes menores, uma vez que parecia difícil, se não impossível, compreender o todo. Na medicina, por exemplo, a evolução foi no sentido de criar mais especialidades, tratando cada uma das partes do corpo humano separadamente. E, como tudo na vida, essa especialização trouxe enormes vantagens, mas alguns inconvenientes. Por exemplo, quando um paciente demonstra sintomas raros, os médicos especialistas ficam desorientados, sendo então obrigados a consultar outros colegas para apresentar um diagnóstico.

Como sair dessa armadilha?

A tendência é que cientistas e gerentes se tornem especialistas em todos os assuntos. O volume de informações e de "partes" é imenso. Em face dessa segmentação, alguns cientistas, já nos anos que precederam a Segunda Guerra Mundial, perceberam que: a) as partes tinham regras comuns; b) havia regras para uni-las.

Começa aí uma nova ciência, a Teoria Geral dos Sistemas, que inclusive propiciou a criação da informática. Ela deu ao ser humano uma maneira razoavelmente fácil de aprender a lidar com o mundo em toda a sua complexidade sem ser um super-homem mental.

Segundo a abordagem do pensamento sistêmico, ter visão sistêmica é conhecer as regras gerais que envolvem todos os sistemas e, por meio desse conhecimento, entender e interpretar o funcionamento deles.

O leitor deve estar se perguntando: se o pensamento sistêmico é tão útil, por que permanece praticamente desconhecido?

Em primeiro lugar, parece-nos que as escolas, em geral, demoram demais para introduzir novos assuntos e matérias em sua grade curricular. Esse tema é ainda muito novo e soa estranho às pessoas que foram treinadas a pensar de maneira tradicional.

Uma segunda razão, e talvez a mais importante, é que a maior parte do que tem sido escrito sobre pensamento sistêmico é extremamente técnica e exige conhecimento de lógica – em especial de matemática –, o que dificulta sua leitura. A imensa bibliografia sobre o assunto assusta. Apenas recentemente foram feitas tentativas de traduzir essas ideias para os leigos.

COMO EVITAR QUE A TECNICIDADE PERTURBE O APRENDIZADO SOBRE SISTEMAS?

A maior parte das matérias é ensinada de maneira totalmente isolada umas das outras. Se você cursar Biologia e em seguida formar-se em Sociologia, perceberá que nenhuma conexão entre os dois campos de estudo será estabelecida. Contudo, muito do que se aprendeu sobre sistemas biológicos aplica-se a sistemas políticos e vice-versa; em vez de recomeçar os estudos, você poderia construir novos conhecimentos com base no que já havia aprendido.

As regras básicas sobre como os sistemas funcionam aplicam-se aos sistemas sociais, políticos, econômicos, ecológicos e físicos. Uma vez compreendidas tais regras, é possível abordar cada novo assunto ou problema com base no que já se sabe.

Porém, a maioria das escolas nunca lidou com a solução de problemas que ultrapassam os limites entre as diferentes disciplinas, e boa parte das pessoas nunca teve a chance de aprender a gerenciar os problemas complexos.

A adoção de uma abordagem sistêmica não garante a solução de problemas, mas aumenta muito as chances de resolvê-los. Assim, a abordagem sistêmica pode ajudar a identificar pontos de alavancagem que propiciarão uma chance maior de sucesso.

Enquanto nas escolas – e fora delas – recebemos o conhecimento em partes pequenas e isoladas, a abordagem sistêmica fornece uma estrutura consistente de referência e um modo de juntá-las em um padrão global.

O OBJETIVO DESTE CAPÍTULO

Este capítulo não pretende formar o leitor em "Teoria de Sistemas", mas introduzi-lo ao pensamento sistêmico e propiciar-lhe o que chamo de visão sistêmica. Estou convencido de que é possível tê-la sem ser obrigado a estudar toda a imensa e complexa teoria descrita na bibliografia relativa ao pensamento sistêmico. Este – que também podemos chamar de raciocínio sistêmico – permitiu-me ver o mundo com outros olhos. Partindo dos princípios gerais que serão descritos a seguir, será possível traçar inter-relações e padrões de mudança nos sistemas. Tal exercício é fundamental neste momento, em que a complexidade do mundo e a evolução do conhecimento aumentam a cada dia.

UMA BOA SAÍDA PARA INTRODUZIR OS GERENTES NO PENSAMENTO SISTÊMICO

Na década de 1960, neurocientistas começaram a comparar, com rigor de pesquisa, os processos de gerenciamento com os processos biológicos, com o intuito de introduzir os gerentes ao pensamento sistêmico. Os mais notáveis trabalhos foram realizados por dois cientistas chilenos – Humberto

Maturana, médico e biólogo; e Francisco Varela, biólogo e filósofo. O trabalho realizado por ambos permite-nos, hoje, estabelecer as correlações entre aquilo que todos conhecemos sobre a natureza e o que ocorre nas organizações. É o que pretendo mostrar a seguir.

As principais regras sistêmicas

1. Autocriação (do grego, *autopoiese*) – Teoria que constitui um dos pontos fundamentais dos trabalhos de Maturana e Varela, desenvolvidos em 1970. Eles demonstram que, num sistema vivo, o produto de sua operação é a sua própria organização. Ou seja, os sistemas se auto-organizam. Isso significa que qualquer sistema necessariamente encontra para si uma estrutura organizacional capaz de realizar uma atividade – ainda que não seja a melhor. Como exemplo, podemos imaginar a seguinte situação: se um grupo de pessoas for levado a um deserto, sem nunca ter vivido nesse ambiente e sem nenhuma regra predefinida, ao fim de algum tempo criarão uma organização própria. Essa teoria foi testada da seguinte maneira: um grupo de pessoas era colocado em um recinto fechado e recebia a tarefa de se agrupar por timbre de voz (para cantar juntos determinada música), mas sem que nenhuma liderança nem outras regras fossem previamente estabelecidas. Os resultados mostraram que, após algumas horas, a tarefa era cumprida com alto nível de qualidade.

O que se pode aprender? Em muitos casos, quando uma organização não é evidente ou suficientemente delineada, o gerente portador de visão sistêmica deve ter a calma necessária para esperar que o sistema comece o seu processo natural de autocriação. Vigilante e atento, ele pode ter as bases para uma atuação mais eficaz. Lembro ao leitor que a autocriação é uma das bases do processo chamado de PDCA, de eficiência comprovada. Falarei sobre ele em outro capítulo.

De modo especial, retomo aqui o que escreveu Deming (1990, p. 33):

1. Projete o produto.
2. Faça-o (em pequena escala); teste-o na linha de produção e no laboratório.
3. Coloque-o no mercado (em pequena escala).

4. Teste-o em serviço; descubra o que os usuários pensam dele e por que os não usuários não o compram.
5. Recomece corrigindo o projeto.
6. Faça-o novamente.

2. Padrão de medidas e variabilidade – A natureza estabelece padrões de tamanhos ou de medidas. Cada animal ou planta tem seu tamanho-padrão, com variações em torno de uma média. Todavia, raramente se encontra uma unidade muito maior ou muito menor do que as outras. Na natureza, exceto por modificações genéticas, os padrões não se alteram.

Nas organizações, quase sempre essa regra sistêmica é esquecida e se estabelecem objetivos fora dos padrões. O mercado de embalagens, por exemplo, mostra sucessivos fracassos comerciais em produtos totalmente fora dos padrões habituais. Outro exemplo que pude presenciar: uma rede de lojas comerciais tinha uma área-padrão e decidiu montar uma loja muito maior que as demais. O resultado foi catastrófico: a loja gigante deu prejuízos desde a abertura e foi reformada (retomando o padrão inicial) dois anos depois.

O que se pode aprender? Encontramos aqui uma justificativa para um dos ensinamentos de Deming, que reiteradamente conclama os gerentes a reconhecer padrões e nunca estabelecer objetivos ou metas numéricas.

3. Crescimento e morte – Na natureza, o que não cresce morre! Assim, uma planta que não atinge o tamanho-padrão morre precocemente. O mesmo acontece – infelizmente – com o ser humano, mesmo que consideremos os avanços obtidos pela medicina moderna.

Esse princípio também ocorre com as organizações. Empresas que não são planejadas ou não se dedicam a uma atividade que as faça crescer desaparecem com o tempo.

O que se pode aprender? É preciso buscar o crescimento (bem planejado) para não sucumbir. Também é interessante notar que muitas organizações estabelecem equivocadamente a intenção estratégica de não crescer. Em médio prazo, todas elas estarão condenadas ao desaparecimento. Em outras palavras, a única opção estratégica possível para as organizações é crescer.

4. O crescimento é finito – Como já vimos, os seres animais e vegetais crescem até certo limite (seu padrão) e, depois, tal crescimento é interrompido. Nas organizações, ocorre o mesmo fenômeno.

O que se pode aprender? Uma empresa não pode se iludir e acreditar que vai crescer indefinidamente, a não ser que faça profundas alterações (ou seja, mude o sistema no qual está envolvida).

5. A solução de um problema sempre acarreta novo problema, inexistindo a solução final – Um excelente exemplo dessa premissa foi amplamente divulgado pela mídia alguns anos atrás: por decisão judicial, o bombeamento das águas do rio Pinheiros (na cidade de São Paulo) foi suspenso a fim de evitar que a represa Billings ficasse poluída. Em consequência, o rio praticamente se tornou uma lagoa; houve a proliferação de larvas, que se transformaram em mosquitos e passaram a "infernizar" a vida dos moradores dos bairros vizinhos. Outro exemplo: na África do Sul, grupos de hipopótamos, que viviam próximos de determinado rio, atacavam as plantações que margeavam as águas. A solução encontrada foi realizar um bloqueio artificial no rio. Meses depois, um fato novo apareceu: as populações ribeirinhas, que tinham o hábito de se banhar nas águas do rio, começaram a sofrer de epidemias produzidas por bactérias. Constatou-se que tais bactérias se reproduziam no rio, mas só ficavam ativas quando no fundo. Assim, quando os hipopótamos se deslocavam, movimentando as águas, as bactérias iam para a superfície e assim morriam. Quando isso deixou de acontecer, os efeitos maléficos apareceram.

Nas organizações isso também ocorre. Porém, o tempo decorrido depois de introduzida uma solução dita "final" é longo, o que camufla esse efeito sistêmico. Vejamos dois exemplos.

Determinada fábrica, localizada em uma região quente do Brasil, instalou um local equipado com ar-condicionado para o descanso dos funcionários. O objetivo era melhorar as condições de trabalho. No entanto, pouco tempo depois, constatou-se que um grande número de funcionários ultrapassava significativamente o horário de descanso previsto, além de se ausentar de seus postos de trabalho para se dirigir a esse local de repouso, o que afetou a produtividade.

Outra empresa brasileira, reconhecida por sua grande consciência social, autorizou a permanência de funcionários em suas instalações enquanto esperavam a hora de se dirigir às escolas noturnas que frequentavam. Meses depois, um desses funcionários entrou com uma ação judicial contra a empresa, cobrando horas extras. Ele apresentou testemunhas que confirmaram sua permanência no local após o término do expediente normal, com o argumento de que estava exercendo trabalho extra para o empregador.

O que se pode aprender? É muito comum ouvir de alguns gerentes a frase: "Encontrei a solução final para determinado problema". Chamo isso de "ilusão sistêmica". O tempo se encarregará de mostrá-la. O gerente tem de refletir a respeito da solução de um problema e considerar os efeitos secundários para minimizá-los. Assim, a melhor solução nem sempre é aquela que deve ser usada, mas a que se revelar mais realista e menos arriscada. Por isso, muitas vezes, é recomendável usar o processo de tentativas, o que permite recuar em fases tidas como intermediárias.

6. Uma vez implementada a ação, é impossível voltar atrás – Na natureza, sabemos bem o que isso significa: se você matar um animal, essa ação será definitiva. Da mesma forma, se alguém coloca fogo na mata, o máximo que se pode fazer é apagá-lo. De qualquer modo, haverá estragos.

Ao contrário do que muitos imaginam, não é possível simplesmente "apagar" uma ação realizada. Sabemos que algumas pessoas têm memória mais seletiva do que outras, mas sempre há quem se encarregue de relembrar fatos passados.

Cito um exemplo real: no início dos anos 1990, certa empresa escolheu como diretor executivo um profissional em cujo currículo constava ser formado por uma renomada escola de engenharia. Demitido dias depois da escolha, por denúncia de um ex-aluno da referida escola (que negou tê-lo tido como colega), a empresa julgava ter apagado tal fato da memória pública. Em

2011, no entanto, fato semelhante ocorreu em outra empresa de outro país e a imprensa publicou matérias em que a empresa antes referida foi citada.

O que se pode aprender? Uma ação realizada não pode ser apagada, mesmo que os gerentes recomendem fazer de conta que nada ocorreu. Por isso, é essencial refletir muito antes de agir. Cito mais uma frase de Deming: "O que lhe machuca não é o que você não sabe, mas sim o que você sabe!" Ele a proferiu ao comentar sobre mudanças malsucedidas e as tentativas – infrutíferas – de uma organização para voltar ao "estado anterior".

7. As regras sistêmicas não são mutáveis: nós é que devemos nos adaptar a elas – Na natureza, a regra sistêmica mais evidente refere-se ao envelhecimento; ele provoca mudanças biológicas em todos os seres vivos. Mas temos ainda a regra das horas, ditada pelo sistema solar. Somos obrigados a nos adaptar ao envelhecimento, à morte, ao dia e à noite. Nas organizações, a regra é igualmente inexorável. As regras do jogo não podem ser alteradas.

O que se pode aprender? Não podemos nos iludir; os fatos são como são e não como gostaríamos que fossem. Um exemplo: as pessoas são diferentes e, portanto, a troca de dirigentes em determinada organização sempre alterará algo nela. Ainda assim, muitos acreditam equivocadamente que a dispensa ou o remanejamento de determinado funcionário vai manter as coisas como eram.

8. Os ciclos se repetem, obedecendo a determinada frequência – Na natureza, existem as estações do ano, as eras geológicas, as secas, as inundações etc. A maior dificuldade na aplicação dessa regra sistêmica é conhecer a duração do ciclo. Na vida econômica de modo geral e na empresarial, em particular, são ciclos igualmente conhecidos o crescimento, a estagnação e a decadência.

O que se pode aprender? Alguns gerentes, acostumados aos ciclos de bons resultados, têm enorme dificuldade de perceber quando um novo ciclo, agora de mau desempenho, começa. É preciso ter consciência de que os resultados provêm de diferentes fatores, entre eles os conjunturais, para os quais não há "culpados".

9. Tudo tem um tempo para acontecer e para dar resultado – Na natureza há prazo para tudo: para crescer, dar fruto, fenecer etc. Desde crianças, somos levados a levar tais prazos em consideração. Na escola, por exemplo, as crianças plantam grãos de feijão e observam seu ciclo de crescimento, acompanhando dia a dia o fenômeno. Elas aprendem, com essa experiência simples, a conhecer e a respeitar os prazos da natureza. Igualmente, a gestação, tanto nos humanos como nos animais, tem um tempo certo para ocorrer, e toda vez que esse prazo é desrespeitado há riscos.

Nas organizações, isso também ocorre: toda e qualquer ação tem um prazo para atingir seu propósito. O fator tempo deve ser necessariamente previsto e administrado.

O que se pode aprender? É preciso ter paciência para esperar que as ações produzam resultados. Implantar metodologias de gestão de pessoas demanda anos! Isso vale também para o Planejamento Estratégico, uma vez que as estratégias precisam de tempo e de persistência para produzir resultados. Desistir é a pior solução. Uma das modernas tendências da administração de resultados é fixar um trimestre como referência; os acionistas ficam esperando resultados diferentes (e sempre melhores) de um trimestre para outro e em geral sofrem decepções, pois os sistemas nem sempre têm a mesma referência de tempo.

10. Todos os sistemas procuram otimizar seus ganhos – Na natureza é fácil perceber que o gado procura as áreas verdes, os pássaros buscam as regiões mais quentes e os peixes procuram água limpa.

As organizações também buscam otimizar seus ganhos por meio de ações diversas, como a melhoria contínua, o planejamento estratégico, a formação e o treinamento dos profissionais etc. Mas, eventualmente, elas podem agir de forma ilícita ou imoral, prejudicando funcionários, clientes, concorrentes e a comunidade. É o caso, por exemplo, de ações em que os produtos são escondidos para forçar um aumento de preços. Até mesmo no interior das organizações pode ocorrer competição predatória entre funcionários e departamentos. Um exemplo frequente ocorre entre as áreas de produção e vendas, cada uma imputando à outra o insucesso no cumprimento de metas de faturamento.

O que se pode aprender? Deming alerta, em seu nono princípio – quebrar as barreiras entre os departamentos –, sobre o risco de buscar inconsequentemente os ganhos.

11. Um mesmo resultado pode ser obtido por diferentes processos – Na natureza, o crescimento de uma árvore pode ser obtido por poda, adubação, enxerto. Já uma criança pode vencer problemas físicos com o auxílio de fisioterapia, medicamentos, próteses etc.

Nas organizações, podemos obter melhores resultados com:

- aprimoramento contínuo;
- planejamento estratégico;
- mudança de processos (reengenharia);
- mudança de funcionários.

O que se pode aprender? O grande risco para os gerentes é ter a ilusão de que só existe um caminho para melhorar o desempenho de pessoas e de organizações. Vários deles cometem o erro de tentar, durante muito tempo, um único processo, excluindo outras alternativas ou uma combinação de diferentes processos.

12. Os sistemas observam a precedência por idade – Na natureza, é evidente a organização de famílias de animais nas quais os mais idosos têm inequívoca e incontestável precedência.

Nas organizações de sucesso – que, em consequência disso, são centenárias –, os quadros dirigentes são preenchidos por pessoas com mais idade. Collins e Porras (1996, p. 31) citam como um dos mitos desfeitos aquele que diz: "As empresas devem recrutar dirigentes fora delas, para estimular as evoluções fundamentais". Assim, a direção de uma organização é exercida sucessivamente por pessoas que nela fazem carreira e, em consequência, têm mais idade.

O que se pode aprender? Esse preceito sistêmico não significa um culto à velhice nem a prioridade imutável dos idosos no comando das organizações. Na realidade, há alguns anos, o fenômeno é inverso e, por motivos desprovidos de visão sistêmica, criou-se a "síndrome dos 50", que promove a substituição dos gerentes antes de completarem 60 anos, sem nenhum outro critério que não a idade.

13. Os sistemas podem entrar em colapso e desaparecer – O colapso resulta de uma alteração anormal de um sistema que elimina sua estabilidade. Na natureza, esse fenômeno ocorre, por exemplo, na extinção de raças ou espécies animais em decorrência da poluição.

Grandes organizações desaparecem completamente em períodos relativamente curtos, sem deixar rastros. O exemplo mais marcante foi a desintegração da União Soviética, ocorrida em 1991; ninguém poderia imaginar esse episódio alguns anos antes. Outro exemplo ocorreu em 1999, quando duas grandes empresas europeias do ramo químico – Rhône Poulenc e Hoechst –, depois de compor o grupo das dez maiores empresas do mundo, entraram em colapso financeiro e organizacional e suas ações deixaram de ser cotadas em bolsas de valores. Hoje, até mesmo o nome dessas empresas foi literalmente apagado da mídia[1].

O que se pode aprender? O gerente precisa estar sempre vigilante, pois nenhum sistema está imune aos riscos de colapso. Mesmo pequenas empresas estão sujeitas ao fenômeno, decorrente de imprevistos advindos tanto de fatores macroeconômicos quanto internos, como a morte do fundador da empresa ou uma briga entre sócios. A meu ver, os maiores riscos ocorrem quando os dirigentes de uma organização se colocam "acima de tudo e de todos". A arrogância é provavelmente o maior risco sistêmico.

14. Os sistemas podem ser circulares ou lineares – Nos sistemas lineares, os fatos ocorrem sucessivamente, sem nenhum retorno, enquanto nos circulares se retorna ao mesmo ponto de partida depois de determinados fatos ou ações. Cito exemplos:

---

1. Oficialmente, houve uma fusão entre as empresas para a criação de uma nova companhia.

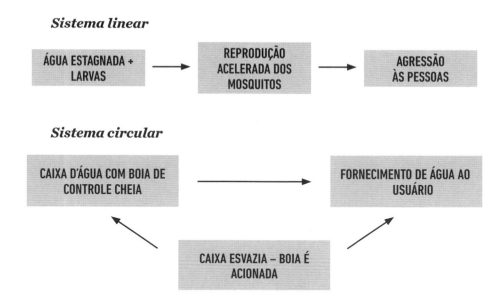

Sistema linear

Sistema circular

O que se pode aprender? Distinguir sistemas lineares de circulares é muito importante. Uso o exemplo citado por Peter Senge (1990, p. 76). Inicialmente, a corrida armamentista dos anos 1960 era tratada como linear:

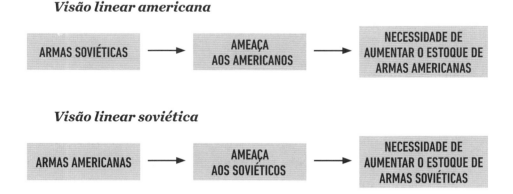

Visão linear americana

Visão linear soviética

Resultado: ambas as partes começaram a produzir e a estocar armas em escala vertiginosa. Foi a chamada corrida armamentista dos anos 1960 e 1970. Depois de quase 40 anos, os dirigentes das duas nações receberam outro tipo de análise, propondo um sistema circular:

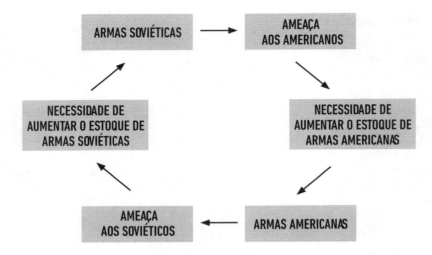

Qual é a diferença? Ao perceberem uma nova visão sistêmica, as partes compreenderam que a única saída era fazer uma negociação.

O que se pode aprender? De acordo com Peter Senge (1990, p. 80), "a realidade é feita de círculos, mas só vemos linhas retas e aí começam nossas limitações ao raciocínio sistêmico".

DIAGRAMAS E OUTROS ELEMENTOS BÁSICOS

Diagramas de sistemas

A modelagem de sistemas é um recurso que facilita, em alguns casos, a compreensão da realidade. Muitos autores defendem que tais diagramas sejam feitos sempre. Todavia, tal recurso tem, a meu ver, vários inconvenientes:

- Exige um conhecimento especializado para elaboração, nem sempre compensado pelo resultado, sobretudo no nível dos sistemas com os quais os gerentes de ofício se defrontam.
- Mesmo quando feitos, esses diagramas apresentam tal complexidade que mais atrapalham do que ajudam.
- Como é uma técnica relativamente nova, apresenta grande variedade de concepções e de visões espaciais, que muitas vezes confundem quem não a domina muito bem.

No item anterior, mostrei dois exemplos de "diagramas". Diversos outros são mostrados no livro de Peter Senge (*ibidem*), que poderá ser consultado por quem desejar conhecer um pouco mais o assunto.

Elementos básicos dos sistemas

Realimentação ou *feedback*: conceito fundamental para o entendimento dos sistemas. Ele representa o fluxo de influências recíprocas nestes. Há dois tipos de *feedback*: o de reforço (FBR) e o de equilíbrio (FBE).

No *feedback* de reforço – também chamado de propulsor do crescimento –, uma pequena mudança é capaz de acelerar o movimento. Ele funciona como uma bola de neve, que começa pequena e vai aumentando de tamanho à medida que se desloca montanha abaixo. Vejamos alguns exemplos de sistemas com FBR.

- O Banco Santos estava em situação ruim. Surgiu o boato de que a instituição ia à falência – o *feedback* de reforço – e todos os correntistas tiraram seu dinheiro dela, agravando a situação.

- Um produto de boa qualidade é apreciado pelos clientes. O *feedback* de reforço é dado pelo chamado "boca a boca": um cliente diz ao outro que o produto é bom e este faz a compra; esse processo amplia o número de consumidores, acelerando o crescimento das vendas.

- O chamado *merchandising*, atualmente muito usado por produtores em telenovelas. O fato de um artista famoso usar um produto gera um *feedback* de reforço, aumentando substancialmente as vendas.

- A repetição exaustiva de um *slogan* é uma modalidade de *feedback* de reforço. Foi utilizada na Alemanha nazista para transformar uma mentira em verdade: de tanto apregoar que o judaísmo era um mal, o regime pôde aplicar políticas de segregação inimagináveis num país de forte tradição cultural humanista.

- O diretor-geral da filial de uma multinacional com dificuldades técnicas e financeiras recebeu instruções da matriz para preparar o encerramento de suas atividades. Ele decidiu conversar com os operários, reunindo-os em pequenos grupos. Expostas as dificuldades, pediu a colaboração de todos, que passaram a participar da solução de vários problemas. O diretor passou sistematicamente a informar, pelo mesmo processo de reuniões informais, sobre a evolução dos negócios (fornecimento de *feedback*), o que aumentou nos operários a vontade de participar. Depois de um ano, a filial resolveu suas maiores dificuldades e continuou a existir.

■ A chamada "rádio peão" é uma modalidade de FBR. Ela essencialmente consiste em amplificar dentro de uma empresa informações oficiosas, isto é, aquelas que foram prestadas por processos não oficiais. Tal tipo de *feedback*, quando espontâneo, é extremamente perigoso, pois provoca reações indesejadas a ações da empresa. Nada impede, porém, que ele seja usado a serviço desta.

■ Duas empresas de médio porte introduziram sistema de avaliação de desempenho profissional para os funcionários. Numa delas, o diretor-geral realizou pessoalmente sucessivas intervenções (reuniões e comunicados escritos) para informar sobre a evolução do processo, expondo os resultados qualitativos e indicando as ações que tomava para premiar os melhores desempenhos. Na outra, após as informações iniciais sobre o sistema, nada mais foi transmitido aos funcionários, ficando o processo restrito às lideranças e à área de recursos humanos. Dois anos depois, a primeira ainda utilizava o sistema, com alto nível de satisfação interno. Na outra, o processo foi paralisado sob a alegação de que não atingira seus objetivos.

O que se pode aprender? O uso do *feedback* dos sistemas é muito conhecido pelos especialistas em marketing, mas, infelizmente, desconhecido de inúmeros gerentes. Um dos erros em geral cometidos é exatamente o de não dar *feedback*: o gerente introduz um novo sistema na organização e "esquece-se" de informar os liderados sobre seu andamento.

O *feedback* de reforço pode ter dois efeitos:

■ Criar um **círculo virtuoso**, isto é, aquele que faz o sistema agir na direção desejada. Nos exemplos citados, são três os casos desse círculo: o do produto bom divulgado boca a boca, o do *merchandising* em telenovelas e o da interação do gerente com os operários. Há também um exemplo clássico de círculo virtuoso: a prática sistemática da ginástica faz que o corpo humano tenha seu melhor desempenho; quanto mais adequada é essa prática, melhor o corpo funciona.

- Criar um **círculo vicioso**, isto é, aquele no qual o desempenho é ruim, insuficiente, inadequado. Nos exemplos citados, são casos de círculo vicioso o do Banco Santos e o da empresa que deixou de informar os funcionários sobre o sistema de avaliação de desempenho. Outro exemplo vivido de tempos em tempos no Brasil: por questões diversas, circula a informação de que faltará combustível; imediatamente, todos procuram se abastecer ao máximo, antecipando o evento.

Os exemplos referentes à "propaganda exaustiva" (também chamada de "repetição exaustiva") e à "rádio peão", dependendo de como tais "realimentações" são realizadas, podem ter como efeito tanto um círculo virtuoso quanto um vicioso.

Já o segundo tipo de *feedback*, o de equilíbrio (FBE), é oposto ao de "reforço": a "realimentação" visa à estabilidade ou ao equilíbrio dos sistemas. Ela se caracteriza por estabelecer padrões desejados.

Em um grande número de sistemas, o equilíbrio é implícito, isto é, a estabilidade é inerente, razão pela qual o FBE faz parte deles. Assim são os processos da natureza. Cito como exemplo a temperatura do corpo humano: nele, há subsistemas que agem para compensar efeitos da temperatura externa sobre a temperatura de um indivíduo. Se estiver muito frio, calorias são "queimadas" para compensar o efeito e produzir calor interno. No caso de fortes temperaturas externas, o organismo humano produz o suor como compensação. A temperatura-padrão do corpo humano tende a ser sempre mantida, exceto em caso de doenças (ou seja, já é outro sistema).

Todavia, o FBE atua também em sistemas de forma explícita, isto é, não automaticamente – sendo, portanto, gerenciável. Ele age como um freio ou amortecedor para os sistemas, mas em muitos casos de modo tão sutil que nem é percebido. É o que acontece com a famosa frase, repetida à exaustão em muitas organizações: "Sempre foi feito assim..." Vejamos alguns exemplos.

- Certa empresa contratou uma consultoria para realizar uma revisão geral de seus processos de trabalho ("reengenharia"), com o objetivo de reduzir custos operacionais. A ação da consultoria trouxe informações sobre vários processos gerenciais que poderiam ser eliminados, embora resultassem em alguma perda de informação não estratégica. Entretanto, alguns dos diretores da contratante não aprovaram tais perdas. Num primeiro momento, a "reengenharia" trouxe um resultado positivo, com redução de 10% do custo, mas alguns meses depois tal redução caiu pela metade. Por fim, dois anos depois, considerado o mesmo perímetro organizacional, o custo operacional era estritamente o mesmo de antes. Assim, a restrição imposta de eliminar conteúdo de trabalho agiu como FBE, invalidando o resultado da reengenharia (embora o custo de operação desta tenha sido alto).
- O proprietário de uma empresa considerava os funcionários que faziam hora extra "diferenciados", aqueles que "vestiam a camisa". Ele mesmo dava o exemplo, passando frequentemente de 15 a 20 horas por dia no escritório. Dizia: "Os heróis trabalham mais". Um dia, sofreu um infarto, diagnosticado como decorrente de fadiga. Quando voltou ao trabalho, tentou inutilmente "pregar" o respeito ao estrito horário legal. Sua empresa estava presa a um FBE que não permitiu a adesão ao novo comportamento.

O que se pode aprender? Como vimos, a sutileza da ação dos FBEs confunde o gerente pouco atento ou com "visão sistêmica" insuficiente. Eles trabalham para manter o *status quo*, sendo agentes da inércia. Em muitos processos de mudança (inclusive organizacionais) os FBEs estão presentes, mas camuflados. Descobri-los e agir sobre eles é essencial para ter sucesso na mudança.

Cito alguns casos sutis:

- Frequentemente, consultores e autores recomendam às organizações a fixação de objetivos numéricos. Anos atrás, surgiu a proposta de um sistema gerencial denominado "Administração por Objetivos", cuja sigla, APO, foi decantada por muitos estudiosos. Deming manifestou-se enfaticamente contra essa ideia de "fixar objetivos", formulando, em um dos seus 14 princípios, "eliminar as quotas numéricas". Com efeito, o raciocínio sistêmico mostra-nos que um "objetivo numérico" age como FBE. O objetivo representaria o "ideal" a ser alcançado, portanto nada existe acima dele. É exatamente esse o equívoco. Como recomenda Deming, o raciocínio sistêmico demanda medições, mas sempre exige o melhor resultado possível.

- O famoso "discurso de procrastinação" que as pessoas fazem sobre mudanças pessoais de comportamento: "Começo na segunda-feira..." Com efeito, não há nenhuma razão lógica para que determinada mudança ocorra em um dia específico da semana. Mas é o FBE agindo quando a segunda-feira é marcada: "Como não estou disposto a enfrentar hoje a mudança – por exemplo, um regime alimentar –, vou adiá-la, embora tenha vergonha de admitir que não vou implementá-la..."

Tempo de espera (TE)

Ao se executar determinada tarefa, deve-se necessariamente esperar um tempo para que o sistema dê a sua resposta a essa ação. As dificuldades do gerente são saber avaliar o valor desse tempo e ter paciência para esperar.

O corpo humano é um dos sistemas mais expressivos no que se refere a esse tempo de espera: a medicação somente faz efeito um tempo depois de ter sido ministrada. Igualmente, a reação de um paciente a um trauma de qualquer natureza só pode ser avaliada pelo médico depois de certo tempo.

Outro exemplo é o do chuveiro, que demora alguns segundos até produzir a água na temperatura adequada. Você abre um pouco a torneira de água quente, mas a água continua fria. Aí você reage abrindo mais a torneira; quando a água quente finalmente chega, você recebe um jato a 80°C. Resultado: fecha-se a torneira e a água fica fria. Assim, se não considerarmos o tempo de espera, o banho fica impossível.

Na vida das organizações, o TE é um fator determinante na gestão de mudanças, sejam elas de grandes proporções (decorrentes de opções estratégicas) ou pequenas melhorias, uma vez que exige do gerente qualidades, sempre decantadas, mas pouco praticadas, como "sangue-frio", vontade e persistência.

Exemplos:

- Os resultados comerciais de uma microempresa (composta de um dono e quatro empregados) degradavam-se rapidamente. Ela fazia parte de uma franquia que dispunha de uma área de compras comprovadamente eficiente. Analisando o problema, um consultor constatou que a microempresa fazia compras ineficientes, tanto em relação a custo como a prazo de pagamento, pois em 80% dos casos era o franqueado que as fazia, desprezando o serviço da franqueadora. Informado sobre tal diagnóstico, o franqueado decidiu reduzir drasticamente sua atuação como comprador direto e passou a utilizar o trabalho da franqueadora. Todavia, ao fim de três meses, sem notar mudança substancial nos resultados e desprezando as informações de outras lojas franqueadas, voltou a agir como comprador. Um ano depois, teve de vender seu negócio, pois não suportou as perdas.

- Uma grande multinacional estava preocupada com a baixa eficiência de sua área de pesquisa e desenvolvimento. Com efeito, durante os últimos cinco anos, o número de patentes que ela depositou nos órgãos competentes era muito inferior ao de seus concorrentes. O investimento na área era equivalente ao dos concorrentes, sendo a qualificação de seus profissionais considerada excelente. A diretoria decidiu fazer uma intervenção na área, nomeando um novo diretor, com amplos poderes para agir. Este conseguiu com a presidência um TE de três anos para obter novos resultados. Agindo com cautela, o novo diretor de P&D precisou de seis meses de análises e medições para concluir que existia um número excessivo de projetos por pesquisador sênior. Além disso, muito dos projetos não tinham objetivos claros, especialmente no que se referia aos resultados econômicos. Tal conclusão levou-o a introduzir na empresa um novo processo de gerenciamento de projetos, que demandou quase 12 meses de implantação. Por fim, dois anos após a mudança de direção, os primeiros resultados apareceram – primeiro na forma de redução de custos e, depois, com a contratação de novos profissionais. Ao final do prazo negociado com a direção, o diretor de P&D ainda não havia alcançado os resultados esperados. Uma longa discussão entre os diretores foi marcada pela presença de um consultor de processos, que os ajudou no "raciocínio sistêmico", especialmente no que se referia ao TE e ao seu custo financeiro. A reunião implicou a concessão de mais dois anos para alcançar os resultados. Ao fim desse período, a empresa havia triplicado o número de patentes e as áreas comerciais tinham aumentado o volume de faturamento, com novos produtos, em mais de 200%.

O que se pode aprender? O raciocínio sistêmico exige do gerente amplo e competente domínio do tempo. Isso não significa "ver a vida passar", mas munir-se de um bom conjunto de medidores, estar permanentemente atento às mudanças sistêmicas que introduziu – se possível, com a ajuda de outras pessoas – e questionar a validade, a efetividade e a eficácia da mudança, mas sempre levando em consideração o TE.

Alavancagem

Nesse conceito expressa-se um elemento básico do conhecimento sobre sistemas. O termo "alavancagem" deriva da palavra "alavanca" – "instrumento simples que consiste num corpo rígido (geralmente linear), capaz de girar em torno de um ponto fixo (fulcro) e no qual se estabelece um equilíbrio de momentos pela ação de duas forças: a potência e a resistência" [...] "traz como resultado mover ou levantar objetos pesados" (Holanda, 1990, p. 60).

No raciocínio sistêmico, cabe ao gerente fazer que um "corpo rígido" (geralmente uma estrutura organizacional) tenha um ponto de apoio, capaz de exercer uma força que promova mudanças substanciais na organização. Chamo a atenção para o fato de que a alavancagem pressupõe a criação de uma nova estrutura organizacional ou a reformulação de uma estrutura existente para que funcione como o "corpo rígido". O "fulcro" nos processos de alavancagem sistêmica é representado pelo próprio gerente: cabe a ele ter a vontade política da mudança.

A correta alavancagem, por meio de uma estrutura organizacional adequada e inteligente e forte determinação, é capaz de mudar grandes e pesadas estruturas organizacionais.

Exemplos:

- Numa empresa de porte médio, criada da cisão de uma grande companhia, existia, por influência de sua história anterior, uma forte conotação de lideranças "personalistas", ou seja, algumas pessoas tinham uma imagem de "referência" e necessariamente deviam se pronunciar a respeito de todos os assuntos organizacionais, mesmo aqueles distintos de sua área de atuação. Além disso, tais figuras eram consideradas insubstituíveis e intocáveis. Evidentemente, tal sistema organizacional tem fortes FBEs, resultando em alta resistência a mudanças organizacionais e operacionais. Num raciocínio sistêmico, o consultor propõe ao principal executivo um processo de alavancagem: a criação de uma instância organizacional diretamente ligada a ele, na qual todos os seus liderados estivessem presentes e fossem convidados a se pronunciar em assuntos diversos ligados à vida da empresa. A nova estrutura sinalizava uma vontade de "democratizar" a direção e valorizar a participação. Em consequência, a companhia obteve melhor fluidez na comunicação interna e uma progressiva melhoria dos resultados operacionais.

- Em outra empresa de porte médio, atuante em atividades comerciais, a área de gerenciamento de pessoas era resistente a mudanças modernizadoras em seu campo. De modo especial, não queria a adoção dos processos em que os líderes fossem de fato responsáveis pela administração da carreira de seus liderados. A direção-geral da empresa tinha dificuldades de vencer a resistência do responsável da área e não podia substituí-lo por questões societárias. Um processo de alavancagem foi proposto por um consultor e consistia na criação de uma nova área organizacional, ligada diretamente ao diretor-geral, que seria responsável pela introdução e pelo gerenciamento de novos sistemas ligados ao desenvolvimento de pessoas: "avaliação de desempenho", "remuneração" e "plano de desenvolvimento profissional". Em consequência, a empresa obteve uma redução no *turnover* e evitou, desde então, a perda de bons profissionais.

O que se pode aprender? Ao contrário do que se pensa, a alavancagem nem sempre produz resultados imediatos e de grandes proporções, mas ações de pequena escala eficazes. A grande dificuldade para o gerente é descobrir que "corpo rígido" pode usar, dentre todas as variáveis de que dispõe. Para fazer isso, é recomendável que ele tenha uma noção clara e precisa da realidade, com objetivos bem definidos, evitando o risco de não avaliar as estruturas organizacionais presentes, ficando prisioneiro delas.

ARQUÉTIPOS

A palavra "arquétipo" significa "modelo de um ser criado", "padrão", "exemplar", "protótipo" (Holanda, 1990, p. 135). Peter Senge (1990, p. 100) afirma que

> uma das conclusões mais importantes no campo do raciocínio global é que determinados padrões de estrutura estão sempre se repetindo. Esses "arquétipos de sistemas" ou estruturas genéricas são fundamentais para aprender a ver estruturas na nossa vida pessoal e organizacional e indicam que nem todos os problemas administrativos são únicos, algo que os administradores sabem por intuição.

Com efeito, quem exerceu funções gerenciais e procurou refletir sobre elas sabe como são monotonamente repetitivas, independentemente do tipo de atividade profissional que se exerce. Os arquétipos sistêmicos são histórias que se repetem a cada dia, a cada tarefa, a cada atividade. É como se fosse um filme que descrevesse várias situações análogas ou similares. Conhecê-las é, portanto, fundamental para entendê-las e agir segundo uma visão sistêmica, constituindo a base para que se possam utilizar correta e adequadamente as ferramentas do sistema.

Abordarei a seguir oito arquétipos identificados na literatura da área, definindo-os por palavras-chave:

1. Limitação ao crescimento
2. Transferência de responsabilidade
3. Desgaste dos objetivos
4. Escalada

5. Sucesso para os vitoriosos
6. Tragédia dos comuns
7. Quebra-galhos
8. Investimento insuficiente

Nas próximas páginas, cada um deles será explicado e contextualizado a fim de permitir que constituam uma ferramenta eficaz para o exercício da visão sistêmica.

Limitação ao crescimento

Ocorre quando um FBR é ativado e afeta o sistema. O ritmo de crescimento sistêmico diminui de modo substancial.

- **Exemplo 1:** empresa de alta tecnologia cresce rapidamente devido à capacidade de lançar novos produtos. Por conseguinte, seus lucros crescem, permitindo subir o orçamento de P&D. Depois de algum tempo, sem que se desejasse, a carga administrativa dos engenheiros da área de P&D aumenta (mais relatórios e reuniões a fazer = FBR). Em consequência, como os profissionais mais experientes (sobretudo os que exercem funções de coordenação e chefia de projetos de P&D) dispõem de menos tempo produtivo, os projetos começam a sofrer atrasos; novos produtos, que deveriam incrementar as vendas, não são disponibilizados no prazo previsto e as vendas caem. Por fim, o crescimento da empresa é interrompido.

- **Exemplo 2:** empresa franqueadora de sistemas de vendas de pequenos artigos e utilidades domésticas tinha enorme potencial de crescimento graças a seu diferencial concorrencial (melhores ideias mercadológicas e excelente sistemática de operação). Em consequência de um planejamento estratégico ousado, começou a aumentar o número de lojas franqueadas. Todavia, um FBR passou a existir: alguns antigos diretores temiam perder o controle sobre os novos franqueados, que era exercido por meio de contatos pessoais e medições detalhadas. Assim, houve um arrefecimento na abertura de novas lojas e a taxa de crescimento foi reduzida.

Transferência de responsabilidade

Ocorre quando um problema não identificado gera sintomas, cria tensão e a solução parece difícil. Apela-se para soluções fáceis ou bem-intencionadas, visando ao sintoma (busca-se aliviar o problema, mas sem resolvê-lo). Em geral, surge um sentimento de impotência entre as pessoas envolvidas.

- **Exemplo 1:** muitas pessoas tentam aliviar o estresse causado pela carga exagerada de trabalho com exercícios físicos; outras apelam para processos de autoajuda, como a meditação ou exercícios espirituais; outros, ainda, usam álcool e drogas. Há casos de empresas que criam e estimulam os funcionários a usar recursos – muitos deles bem heterodoxos – contra o estresse mas, curiosamente, não se preocupam em reduzir a carga de trabalho de forma organizada, por meio da melhoria contínua ou da reengenharia. Essa, evidentemente, seria a melhor solução, embora seja pouco usada.

- **Exemplo 2:** muitas vezes atendendo a recomendações de especialistas, um chefe delega atribuições a subordinados. Mas, na primeira dificuldade que surge, ele volta "ao comando" para "salvar as coisas", sem dar tempo para que os subordinados adquiram a experiência necessária para enfrentar os problemas.

Desgaste dos objetivos

Caracteriza-se pela busca de resultados de curto prazo por meio da redução das exigências internas (padrões/normas).

- **Exemplo 1:** uma empresa produtora de equipamentos de alta tecnologia atrasava frequentemente suas entregas. Incapaz de corrigir seus problemas de produção, foi aumentando sucessivamente seu prazo de entrega (mudando condições de venda). Evidentemente, tal solução desagradou aos clientes.

- **Exemplo 2:** determinada organização de ensino superior começou a perder alunos em decorrência de crise econômica. Entrevistados na saída, eles disseram que iam procurar a faculdade concorrente, que praticava quase a mesma mensalidade mas exigia menos conhecimento nos exames de aprovação. Após certa hesitação inicial, a direção da organização tomou providências para reduzir suas exigências escolares – afirmando que o procedimento só seria adotado enquanto durasse a crise de evasão escolar.

Escalada

Ocorre quando duas pessoas ou organizações concorrentes consideram que seu bem-estar depende de uma relativa vantagem que uma tem sobre a outra. Acredita-se que a vantagem de um concorrente representa uma ameaça real à sobrevivência do outro, o que resulta em ações agressivas de ambas as partes.

- **Exemplo 1:** uma empresa de transporte aéreo começou a ganhar mercado praticando preços baixos. Imediatamente, as concorrentes fizeram o mesmo. Todas perderam rentabilidade.
- **Exemplo 2:** três grandes empresas eram acirradas concorrentes no fornecimento de equipamentos médicos a hospitais públicos, até que uma delas decidiu oferecer "vantagens" aos funcionários envolvidos nos processos de licitação. Imediatamente, passou a "vencer" mais concorrências. Vendo o resultado, os outros dois competidores também entraram no "novo" sistema de venda. A partir daí, a competição passou a ser relativa às "vantagens" ofertadas aos funcionários, que aumentavam cada vez mais. Finalmente, o nível de valores "extracusto" chegou a um nível insuportável – e as empresas enfrentaram situações extremamente delicadas, como inquéritos policiais.

Sucesso para os vitoriosos

Ocorre quando duas organizações competem pelos mesmos recursos; o êxito de uma delas deixa a outra em más condições econômicas, financeiras ou até mesmo psicológicas.

- **Exemplo 1:** uma grande organização é estruturada em unidades de negócios. Uma delas tem melhores resultados que as outras e passa a receber mais verbas de publicidade. As demais unidades sentem a preferência pela vitoriosa e começam a fraquejar. O resultado é a regressão dos resultados da empresa.
- **Exemplo 2:** estudante tímido tira notas baixas, fica com a pecha de "limitado" e recebe cada vez menos incentivo e atenção de professores e

colegas. Até os pais parecem ter tal comportamento. Como resultado final, o rendimento do estudante piora cada vez mais.

Tragédia dos comuns

Ocorre quando: a) há um grande recurso disponível (em geral, de baixo custo), mas com prazo de renovação bem estabelecido; b) vários atores passam a utilizar o mencionado recurso, consumindo-o cada vez mais, sem dar tempo para que ele se renove, mas em curto e médio prazo todos saem ganhando. Porém, em longo prazo, o recurso escasseia e todos os utilizadores começam a perder, podendo ocorrer seu esgotamento total e a paralisação das atividades.

- **Exemplo 1:** açude construído em região de seca. No início, com poucos utilizadores, tudo funciona muito bem. Porém, seu sucesso atrai cada vez mais usuários. O número de consumidores cresce mais que a capacidade de reabastecimento e o açude acaba secando.

- **Exemplo 2:** empresa farmacêutica cria programa de prêmios para vendedores nas farmácias (a chamada "empurraterapia"). As vendas de seus produtos crescem. Os concorrentes fazem o mesmo. Mas são tantos os produtos "incentivados" que os vendedores não sabem mais quais recomendar. Confusos, ao fim de certo tempo eles não conseguem mais privilegiar um fornecedor. O resultado é que todos perdem...

- **Exemplo 3:** supermercado decide fazer promoções de venda em conjunto com seus fornecedores, dividindo os resultados. Mas seus recursos físicos (gôndolas, prateleiras etc.) acabam por se tornar insuficientes. Por fim, supermercado e concorrentes desistem da ideia, pois não conseguem cumprir os acordos feitos.

Quebra-galhos

Ocorre quando uma organização decide realizar ações visando obter resultados de curto prazo, mesmo sabendo dos riscos que corre em médio e longo prazos.

- **Exemplo 1:** empresa tem grande sucesso de vendas com determinado produto. O diretor, querendo melhorar os resultados (talvez para apresentar um excelente resultado numérico aos acionistas?), adia a compra de novas máquinas que serviriam para modernizar a produção. A qualidade do produto cai, resultando em queda nas vendas. A modernização é então adiada e tudo piora...

- **Exemplo 2:** para investir em novas máquinas, a empresa faz um empréstimo bancário de alto valor e prazo de pagamento curto. As despesas financeiras resultantes causam redução dos resultados, gerando problemas de caixa. Não havendo meios de pagar o principal, novo empréstimo financeiro é feito, num círculo vicioso.

Investimento insuficiente

Ocorre quando a organização decide adiar ou mesmo cancelar esforços para crescer ou para vencer problemas, mesmo fazendo (a si ou a seus acionistas) a promessa de retomar tais esforços quando a crise regredir.

- **Exemplo 1:** a filial de uma montadora americana instalada no Brasil era a segunda em vendas na década de 1970. Para enviar mais dividendos à matriz, adiou investimentos, tanto em novos modelos como na área fabril. Caiu, nos anos 1990, para o sétimo lugar no *ranking* de vendas.
- **Exemplo 2:** tratava-se da maior empresa química de seu país, estando entre as dez maiores em faturamento no mundo. Desde que passou a ter seu capital controlado por entidades financeiras, a direção procurou cada vez mais apresentar resultados de interesse delas. Para tanto, num mercado muito competitivo, parou de investir num dos seus grandes trunfos do passado: a formação de um corpo técnico e gerencial de grande competência. Reduziu igualmente, de forma drástica, os investimentos em P&D. A empresa desapareceu totalmente do mercado em 2001.

CASOS REAIS EXAMINADOS À LUZ DOS ARQUÉTIPOS SISTÊMICOS

Aprendi muito com a análise que exponho a seguir – sobretudo porque percebi quanto somos pouco atentos aos fenômenos sistêmicos. É provável que os exemplos citados ajudem a identificar na vida real de cada um os desfechos de casos em andamento, permitindo antecipar saídas.

Os casos foram escolhidos sem critérios definidos. Na realidade, usei-os por ocasião de seminários realizados; portanto, as datas variam bastante. Não me preocupei em fazer atualizações por acreditar que tal tarefa não agregava mais valor ao trabalho. Por motivos óbvios, o nome das empresas envolvidas foi omitido.

O executivo que perdeu seu brilho

Matéria publicada em jornal de grande circulação em São Paulo em 2006 dizia que o jovem e promissor presidente de uma montadora, que na década de 1990 recuperara financeiramente uma filial estrangeira da empresa, estava sofrendo pressões por conta de enormes prejuízos ocorridos em 2005. O jornal afirmava que o executivo não conseguira acompanhar as mudanças do setor automobilístico e cometera muitos erros administrativos. Outros veículos apontavam que a demora da empresa em produzir veículos híbridos era a causa da derrocada, além do fato de o executivo ter recusado uma proposta arrojada de associação com um concorrente que garantiria economia de custos e investimentos da ordem de 20 bilhões de dólares, conforme cita a fonte jornalística.

Minha avaliação: esse tipo de caso ocorre com frequência. Um brilhante executivo, com carreira irrepreensível dentro de uma empresa, fracassa quando assume a direção-geral. Ele tenta diversas ações, mas (falta de visão sistêmica?) parece se confundir sobre o que deve fazer e termina sendo criticado (quando no passado era respeitado como bom executivo). O que provavelmente ocorreu?

Ele não soube entender a nova realidade que vivia ou não conseguiu enfrentá-la (novos veículos híbridos, por exemplo). Talvez tenha se iludido com o brilho da empresa que presidia (sentimento de soberba?), menosprezando os concorrentes. Assim, ele parece ter vivenciado dois arquétipos "Transferência de responsabilidade" (quando deixou de tomar decisões fundamentais) e "Quebra-galhos" (quando optou por situação conservadora ao desprezar uma proposta arrojada).

A mulher que se tornou referência no mundo dos negócios

Primeira mulher a chefiar uma empresa da lista das 20 maiores da revista *Fortune* conta que fez tudo que os executivos homens faziam para mostrar que era igual a eles. Chegou a dizer que não haveria limites para ela, mas depois admitiu que eles existiam. Segundo jornal importante de São Paulo, depois de vários anos no comando, a executiva afirmava ter sido demitida – de forma injusta e desrespeitosa – justamente por ser mulher.

Minha avaliação: a personagem demonstra ser vaidosa e, pelo menos na aparência, autossuficiente. Quando admite que o limite talvez exista, indica estar vivendo o arquétipo "Desgaste dos objetivos". Quando lamenta a forma cruel com que foi tratada pelo conselho de administração da empresa, se expressa como no arquétipo "Sucesso para os vitoriosos". Por fim, é provável que tenha se comportado segundo o arquétipo "Transferência de responsabilidades", como costuma acontecer com pessoas vaidosas.

O escândalo das compras retroativas de ações (*backdating*)

Também em 2006, grande jornal paulistano denunciava um caso escandaloso de *backdating* – opções retroativas de compra de ações para a alta diretoria que dão aos beneficiários um ganho imediato e sem risco – nos Estados Unidos. Diversos executivos e diretores de grandes empresas foram demitidos ou afastados.

Minha avaliação: o caso relatado abalou a sociedade americana, geralmente respeitosa de princípios éticos. Parece evidente que altos executivos das empresas citadas praticaram atos criminosos. Mas o que pode levar pessoas desse nível profissional a agir assim? O arquétipo "Tragédia dos comuns" propicia uma explicação: se alguns começam a ter vantagens financeiras sem nenhum castigo (pelo menos até aquele momento), por que os demais não o farão? Conhecer esse arquétipo permite-nos entender outros episódios comuns na historia política brasileira: escândalos somente são revelados quando atingem imensas proporções.

Proclamação do Partido Nacional Socialista Alemão (outubro de 1932), conforme o filme *Arquitetura da destruição*?

A referida proclamação traz a seguinte frase: "Nossa missão é embelezar o mundo. Fazê-lo mais puro, livre das deformações, das doenças, de todos os sofrimentos. Um novo mundo em que as flores sejam a maior expressão da alma humana [...]"

Minha avaliação: uma das mais intrigantes perguntas sobre a Alemanha nazista é: como é possível que um povo culto, responsável, com boa formação religiosa, foi capaz de assistir (e mesmo compactuar) com a barbárie nazista, assassinando conterrâneos pelo simples fato de serem judeus? Parece evidente que a maioria da população foi manipulada usando um FBR. Assim, das belas palavras citadas à matança ocorrida, é evidente que o nazismo praticou inicialmente o arquétipo "Transferência de responsabilidade" e, depois, apelou para uma "Escalada".

Trecho bíblico: Caim e Abel

Vejamos o que diz o *Gênesis*, capítulo 4, versículos 3 a 16[2]:

> Passado algum tempo, Caim trouxe do fruto da terra uma oferta ao Senhor. Abel, por sua vez, trouxe as partes gordas das primeiras crias do seu rebanho. O Senhor aceitou com agrado Abel e sua oferta, mas não aceitou Caim e sua oferta. Por isso Caim se enfureceu e o seu rosto se transtornou. O Senhor disse a Caim: "Por que você está furioso? Por que se transtornou o seu rosto? Se você fizer o bem, não será aceito? Mas, se não o fizer, saiba que o pecado o ameaça à porta; ele deseja conquistá-lo, mas você deve dominá-lo". Disse, porém, Caim a seu irmão Abel: "Vamos para o campo". Quando estavam lá, Caim atacou seu irmão Abel e o matou. Então o Senhor perguntou a Caim: "Onde está seu irmão Abel?" Respondeu ele: "Não sei; sou eu o responsável por meu irmão?" Disse o Senhor: "O que foi que você fez? Escute! Da terra o sangue do seu irmão está clamando. Agora amaldiçoado é você pela terra, que abriu a boca para receber da sua mão o sangue do seu irmão. Quando você cultivar a terra, esta não lhe dará mais da sua força. Você será um fugitivo errante pelo mundo". Disse Caim ao Senhor: "Meu castigo é maior do que posso suportar. Hoje me expulsas desta terra, e terei que me esconder da tua face; serei um fugitivo errante pelo mundo, e qualquer que me encontrar me matará". Mas o Senhor lhe respondeu: "Não será assim; se alguém matar Caim, sofrerá sete vezes a vingança". E o Senhor colocou em Caim um sinal, para que ninguém que viesse a encontrá-lo o matasse.

---

2. Texto extraído da Nova Versão Internacional da Bíblia. Disponível em: <http://www.bibliaonline.com.br/nvi/gn/4>. Acesso em: 14 maio 2014.

Minha avaliação: não é de estranhar que a Bíblia, inspirada pelo Criador, esteja plena de ensinamentos sistêmicos. Quis analisar essa parte do Antigo Testamento para mostrar um exemplo típico do arquétipo "Escalada", envolvendo os dois irmãos e Deus.

A Superintendência de Desenvolvimento do Nordeste (Sudene)

Em março de 1988, um jornal importante de São Paulo apontava que a Sudene, na época de sua criação, fora envolta em projetos de grande interesse econômico. Com o passar do tempo, no entanto, os processos diminuíram e a corrupção aumentou, gerando escândalos amplamente noticiados.

Minha avaliação: criada em 1959, a Sudene teve sua época áurea. Com um grande volume de recursos financeiros provenientes do Imposto de Renda, a entidade foi, durante muitos anos, intensamente procurada para financiar empresas privadas que quisessem atuar na região Nordeste. Todavia, mudanças na legislação fiscal, ocorridas anos mais tarde, reduziram substancialmente a capacidade financeira da Sudene. Porém, nada do que ocorreu é surpresa se raciocinarmos com o arquétipo "Tragédia dos comuns".

Imigração para os Estados Unidos e para a França

Vejamos dados da Unesco sobre o número de imigrantes oficiais e clandestinos com destino aos Estados Unidos e à França (expresso em milhares de pessoas):

ANO	ESTADOS UNIDOS	FRANÇA
1960	210	50
1970	350	120
1980	840	220
1990	1200	210
2000	3550	150

Minha avaliação: a tabela mostra um crescimento considerável na imigração para os Estados Unidos. Entretanto, quando se examinam os dados referentes à França, há a nítida impressão de um esgotamento da vontade de imigrar para lá, uma aplicação clara do arquétipo "Tragédia dos comuns".

Ou seja, a França, por motivos diversos, viu sua capacidade de atrair imigrantes reduzir-se por ter esgotado os recursos que propiciava (emprego, qualidade de vida, acolhimento etc.).

O QUE SE PODE APRENDER COM OS ARQUÉTIPOS SISTÊMICOS?

Considero que os arquétipos funcionam como um daqueles filmes que mostram determinado enredo em um cenário deslumbrante. Se esse cenário me é conhecido, costumo entender e memorizar melhor o enredo. Provavelmente, não é assim que ocorre com todos, mas acredito que tentar guardar na memória os oito "filmes" que abordei possa ser útil para o leitor gerente.

A SABEDORIA POPULAR E O RACIOCÍNIO SISTÊMICO

O que escrevi sobre o aprendizado obtido com os arquétipos sistêmicos levou-me a fazer um exercício interessante e desafiador. Perguntei-me: a chamada "sabedoria popular", ou seja, aquela que nasce sem que se saiba "de onde", "quando", "como" e "por quê", não deveria caber num raciocínio sistêmico? Se considerarmos válida a tese de Maturana e Varela, encontraremos forte ligação entre aquilo que o povo diz e a teoria sobre sistemas.

Os tópicos a seguir são o resultado desse trabalho, cujo propósito é demonstrar aos gerentes que a visão sistêmica é essencial para sua vida. Vejamos alguns provérbios populares, agrupados por mim segundo os arquétipos sistêmicos:

Limitação ao crescimento

- "Não há bem que nunca se acabe, nem mal que sempre dure."
- "Aqui se faz, aqui se paga."
- "Após a tempestade vem a bonança."

Transferência de responsabilidade

- "Manda quem pode, obedece quem tem juízo."
- "Amarrar o burro onde o burro do dono mandar."
- "Cada um por si e Deus por todos."

Desgaste dos objetivos

- "Tapar o sol com a peneira."
- "Trocar a mulher de 40 por duas de 20."
- "Ele faz caridade com dinheiro alheio."

Escalada

- "Dou um boi para não entrar na briga, mas dou uma boiada para não sair dela."
- "Ladrão que rouba ladrão tem 100 anos de perdão."
- "Se correr o bicho pega, se ficar o bicho come."

Sucesso para os vitoriosos

- "Ri melhor quem ri por último."
- "Só se atira pedra em árvore que dá frutos."
- "Crie fama e deite-se na cama."

Tragédia dos comuns

- "Mingau quente se come pelas beiradas."
- "A ocasião faz o ladrão."
- "Cumprimentar com o chapéu alheio."

Quebra-galhos

- "De cavalo dado não se olham os dentes."
- "À noite, todos os gatos são pardos."
- "Quem tem pressa come cru."

Investimento insuficiente

- "Quem não tem cão caça como gato."
- "Calça de veludo ou bunda de fora."
- "Pau que nasce torto morre torto."

O leitor pode incluir outros "provérbios" a essa lista, enquadrando-os segundo um dos arquétipos. Penso que servirá de aprendizado, assim como acontece comigo. É interessante como a conexão entre os provérbios e os arquétipos favorece a memorização destes últimos.

EM RESUMO

Ter "visão sistêmica" é saber identificar os fatores descritos e agir correta e adequadamente sobre:

- *feedback* de reforço;
- *feedback* de equilíbrio;
- tempo de espera;
- alavancagem;
- arquétipos.

Cada um deles permite analisar e avaliar os sistemas, agindo eficazmente com relação a eles.

3. ENTENDER A VARIABILIDADE PARA LIDAR COM O ERRO

INTRODUÇÃO

QUANDO SE APRESENTAM OS quatro pontos-chave da sabedoria profunda a gerentes, muitos ficam surpresos; os mais questionadores perguntam: "Qual é a relação da nossa atividade profissional com a 'variabilidade do mundo'?" Ou, então: "Isso é uma questão filosófica?"

Na realidade, Deming percebeu, pelo comportamento de muitos gerentes, dificuldades conceituais para solucionar problemas. Lembro que ele foi um engenheiro que dedicou muito tempo ao conhecimento das teorias e da prática da matemática estatística, a qual utilizou em boa parte da sua atividade profissional.

Como acontece com a formação escolar referente aos "sistemas" abordados no Capítulo 2, é comum que certos aspectos conceituais sejam esquecidos. Portanto, neste capítulo, analisarei o assunto.

A VARIABILIDADE DO UNIVERSO EXISTE SEMPRE OU É EVENTUAL?

Assisti a uma enquete feita por um repórter de televisão no meio de uma praça pública que me intrigou. Inúmeras pessoas entrevistadas responderam candidamente que "muitas coisas no mundo são absolutamente fixas", ou seja, "nunca mudam".

Sempre faço essa pergunta durante os seminários especiais para gerentes. As respostas, obtidas assim, de chofre, são muito parecidas com as dos transeuntes. Mas percebo claramente que, passado o impacto inicial, os participantes dos seminários ficam perplexos e começam a pensar, sobretudo quando conversamos sobre duas palavras-chave: "verdade" e "erro".

A palavra "verdade" sempre traz à tona conotações metafísicas. Surpreenderei o leitor ao afirmar que a "verdade" é algo relativo, não tendo no cotidiano caráter absoluto, como muitas pessoas supõem? Assim, transcrevo a seguir um trecho de um livro de Fernando Pessoa (2006), um dos grandes escritores da língua portuguesa:

> Encontrei hoje em ruas, separadamente, dois amigos meus que se haviam zangado um com o outro. Cada um me contou a narrativa de por que se haviam zangado. Cada um me disse a verdade. Cada um me contou as suas razões. Ambos tinham razão. Não era que um via uma coisa e outro, outra, ou que um via um lado das coisas e outro um lado diferente. Não: cada um via as coisas exatamente como se haviam passado, cada um as via com um critério idêntico ao do outro, mas cada um via uma coisa diferente, e cada um, portanto, tinha razão. Fiquei confuso desta dupla existência da verdade.

Assim, tudo indica que a verdade é relativa. Em outras palavras:

- O que pode ser "verdade" hoje poderá não sê-lo amanhã (basta lembrar que durante séculos admitia-se que o sol girava em torno da Terra).
- A evolução dos conhecimentos faz mudar, às vezes de forma radical, nossos posicionamentos diante de alguns fatos. Exemplo disso é o câncer, que, anos atrás, era considerado incurável; hoje, ele ainda mata muitos, mas o que acontecerá daqui a 20 ou 30 anos?
- Apesar do desenvolvimento da tecnologia da informação, ainda hoje temos acidentes aéreos e marítimos causados por erros. É provável que eles não se repitam nos próximos anos.

Isso é o que chamamos de variabilidade do universo. Para a tranquilidade dos espíritos mais religiosos, penso que é bom lembrar o que escreveu o grande poeta francês e pensador cristão Charles Peguy (1955, p. 126): "A certeza não existe, mas sim a esperança".

EXPRESSÕES QUE DEMONSTRAM O EQUÍVOCO CONCEITUAL

A forma como as pessoas se expressam demonstra a dificuldade de entender a variabilidade. Assim, quando alguém diz: "Estou certo de que...", "Tenho certeza de que..." ou "O certo é que...", está implicitamente dizendo que apenas seu posicionamento é válido, o que é um equívoco.

Outras expressões são ainda mais comprometedoras, pois indicam um posicionamento completamente distante da realidade: "Isso nunca mais vai voltar a acontecer...", "Pode fazer! Não tem erro!"

Por vezes, o uso dessas expressões decorre da ênfase dada por quem as pronuncia, mas é um bom exercício evitá-las.

POR QUE É IMPORTANTE SABER CONVIVER COM O ERRO?

Transcrevo uma frase emblemática: "O erro é uma experiência de cujos benefícios ainda não se tirou proveito". Seu autor é Edwin Land, criador da famosa Polaroid.

Outra citação, desta vez de Pascale, Millemann e Gioja (1997, p. 88): "O ser humano é programado para reagir de forma adversa a erros. Ele os atribui a si mesmo (com culpa ou vergonha), aos outros (com acusações) ou à má sorte (com resignação e fatalismo)".

Sabemos como é difícil conviver com erros. Isso vale tanto para a vida pessoal como para a profissional. Neste capítulo, tento ajudar o gerente nesse aspecto.

ESTUDOS SOBRE O ERRO HUMANO

Eu pouco contribuiria para o propósito declarado deste capítulo se me restringisse a recomendações de caráter geral, fosse para prevenir, fosse para corrigir erros. Assim, procurarei dar ao leitor algumas informações extraídas de estudos de grande validade, a fim de explicar como e por que o ser humano comete alguns tipos de erro.

Não é estranho que todos esses estudos de elevada tecnicidade tenham sido originados da mais arriscada atividade industrial dos dias atuais: aquela que envolve a energia nuclear. Evidentemente ligada ao uso militar, essa energia representa uma ameaça real à vida na Terra. Muitos acidentes envolvendo instalações nucleares já ocorreram, trazendo resultados terríveis para a vida humana. Por essa razão, os organismos ligados ao uso da energia nuclear têm trabalhado para estudar as diversas condições materiais e humanas correlacionadas, visando propiciar confiabilidade e prevenir acidentes.

Duas organizações americanas são referência nesse tipo de estudo: Nuclear Regulatory Commission (NRC) e Sandia National Laboratories.

A NRC é um órgão independente do governo dos Estados Unidos. Criado em 1974, iniciou seus trabalhos no ano seguinte. A NRC trabalha especialmente com segurança de reatores nucleares, de material radioativo e com o gerenciamento de combustíveis nucleares. Sua missão é estudar e regulamentar o uso de produtos e fontes de energia nuclear, estabelecendo normas e regulamentos para proteger a população e o meio ambiente.

Já os Sandia National Laboratories são gerenciados pela Sandia Corporation, uma subsidiária da Lockheed Martin Corporation. Sua missão primária é manter a confiabilidade e a segurança do sistema de armas nucleares dos Estados Unidos e conduzir a pesquisa e o desenvolvimento de tecnologias de controle e a não proliferação dessas mesmas armas. Também objetiva a pesquisa e o desenvolvimento de energia e a proteção do meio ambiente, assim como a segurança de instalações críticas.

A seguir, detalho trechos de um dos mais extraordinários trabalhos feitos no mundo sobre erro, patrocinado pela NRC e realizado pelo Sandia: o *Handbook of human reliability analysis* (Swain e Guttmann, 1983). Tais estudos demonstram a *inevitabilidade do erro* ou a *fragilidade do ser humano*.

O ERRO DE REPRESENTAÇÃO MENTAL

"Representação mental" é o processo pelo qual o ser humano cria na mente um modelo do mundo real ou um estado, isto é, o poder de pensar o conceito sem que ele esteja presente. Por meio da representação mental, o sujeito organiza seu conhecimento. Ela está relacionada com nossa experiência de vida e com nossa cultura.

Em outras palavras, a representação mental leva-nos, por exemplo, a corrigir a posição de uma cadeira diante de uma mesa; ou seja, o "normal" é que a coloquemos na posição em a tínhamos visto antes posicionada.

Igualmente, esse processo nos assusta e nos leva a realizar gestos de proteção, tal quando ouvimos um alarme sonoro e imaginamos, por exemplo, que um incêndio esteja em curso.

O estudo do Sandia Laboratory resultou no diagrama a seguir:

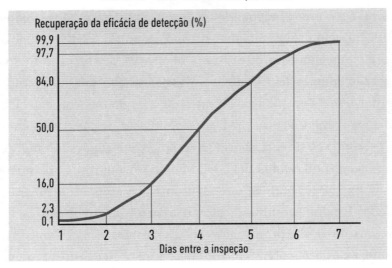

GRÁFICO 3.1 - **ERRO DE REPRESENTAÇÃO MENTAL**

O gráfico mede o que ocorre na área de inspeção de locais, recintos ou partes dentro de um recinto (como salas de um centro cirúrgico de um hospital).

Nas ordenadas está indicada a porcentagem de recuperação da eficácia de detecção de um fato. Vejamos o significado disso: num local a ser inspecionado, sempre existem anormalidades (por exemplo, objetos faltando ou fora do lugar, pontos de sujeira, iluminação deficiente etc.). Evidentemente, o objetivo dessas inspeções é detectar todas elas. Mas o que é medido é a detecção dessas anormalidades, comparando-se os resultados da primeira com uma segunda inspeção, de uma segunda com uma terceira e assim por diante; daí a palavra "recuperação" para indicar que se trata de uma comparação entre as ações.

No eixo das abscissas, está indicado o tempo decorrido entre duas inspeções num mesmo local. As variações medidas foram realizadas com intervalos de um a sete dias.

As medições realizadas pelo Sandia (que causaram espanto na época em que foram publicadas) mostram que:

1. A melhor recuperação da eficácia de detecção de anormalidades, no contexto de determinado processo de inspeção, é quando se faz um intervalo de sete dias entre a primeira e a seguinte. Ou seja, fazer uma inspeção a cada sete dias permite a melhor recuperação da eficácia de detecção.
2. Ao contrário, se fizermos uma inspeção a cada 24 horas, a recuperação da eficácia será extremamente baixa, isto é, o inspetor não conseguirá detectar anormalidades.
3. Quando o intervalo entre duas inspeções é de quatro dias, é possível que o inspetor, numa segunda operação, detecte apenas 50% das anormalidades que detectou na primeira.

Tal resultado foi chamado por alguns estudiosos de "risco de monotonia de cenário". A expressão procura ressaltar o fato de que um inspetor, dentro do processo de representação mental, quando permanece frequentemente dentro de um mesmo local, deixa de perceber mudanças ou anormalidades.

Para facilitar a compreensão do leitor, cito a seguir alguns exemplos que presenciei.

Caso 1: Inspeção em lanchonete

As inspeções (ou auditorias) do franqueador do ramo de sanduíches em loja de franqueado são sistematicamente realizadas para confirmar se este está respeitando estritamente as regras estabelecidas por aquele, tais como: peso e tamanho de cada pão básico, padrão do uniforme usado pelos empregados, limpeza perfeita dos locais, iluminação dos balcões e dos indicadores de produtos, repetição exata de frases de acolhida de cada cliente etc. Dentro do critério usado por esse franqueador, o franqueado é penalizado se certo número de anormalidades é encontrado em cada inspeção, podendo mesmo ocorrer o cancelamento da franquia.

As visitas de inspeção são programadas com alguma antecedência (ou seja, não há inspeções-"surpresa"), assim o franqueado tem tempo para se preparar e, até mesmo, simular a auditoria. No caso que acompanhei, o franqueado era extremamente competente naquele tipo de negócio e realizava ele mesmo uma auditoria prévia. Porém, a cada visita do "auditor" o franqueado se decepcionava, pois eram detectadas anormalidades que ele não percebera. O rapaz chegou a imaginar que lhe faltasse competência profissional. Todavia, tendo conhecido o trabalho sobre o erro de representação mental, decidiu fazer uma experiência: contratou um antigo funcionário para fazer, em seu lugar, a "simulação" da auditoria e concluiu que, como estava todos os dias em sua loja, vivia a monotonia do cenário e não via todas as anormalidades. Seu contratado, exatamente por estar afastado do dia a dia, tinha melhor "eficácia de detecção". Com essa providência, o empreendedor citado conseguiu reduzir substancialmente as penalidades que recebia e aumentou a rentabilidade de seu negócio.

Caso 2: Gerenciamento de centro cirúrgico em grande hospital

Em geral, os grandes hospitais têm um responsável pelo gerenciamento do local. Sua principal tarefa é manter a agenda das intervenções cirúrgicas, mas ele também deve se responsabilizar pela manutenção das condições operacionais, entre as quais a iluminação exerce papel fundamental. Em um grande hospital em que atuei como consultor, havia dezenas de lâmpadas que deveriam estar em perfeito estado de funcionamento. Os médicos ficavam profundamente irritados quando necessitavam usar as salas e havia nelas lâmpadas queimadas. O responsável pelo centro cirúrgico encarregou uma das enfermeiras de fazer a inspeção diária desse conjunto de lâmpadas, testando todas elas. Durante anos, sucessivas enfermeiras foram demitidas dessa função, pois todas eram acusadas de negligência. O estudo sobre o erro de representação mental levou a uma mudança organizacional importante: a inspeção das lâmpadas passou a ser feita segundo um sistema de rodízio entre as enfermeiras do centro cirúrgico, de tal forma que cada uma delas exercia essa atividade uma vez a cada dez dias. Em consequência, a porcentagem de lâmpadas encontradas queimadas quando acesas caiu praticamente a zero.

Caso 3: O vaso de flores

Trata-se de uma brincadeira que organizei num grande salão ocupado pelo setor financeiro de uma empresa, com o objetivo de demonstrar aos diretores a validade do estudo de erro de representação mental. Durante o horário de trabalho, e sem nenhum aviso prévio, depositei um pequeno vaso com flores num balcão em que, diariamente, eram colocadas garrafas térmicas com café para os funcionários. Por sete dias, o vaso de flores permaneceu naquele lugar sem que ninguém o tivesse tocado ou perguntado por que estava ali. Os funcionários da limpeza, que trabalhavam no período noturno, disseram depois ter notado o vaso, mas, como não tinham nenhuma instrução a esse respeito, não tocaram nele. O episódio confirmou que os funcionários que trabalhavam diariamente naquele salão eram "incapazes" de ver o vaso. O próprio leitor pode fazer experiência semelhante em seu ambiente de trabalho.

Caso 4: O novo penteado

Esse não é um caso organizacional, mas uma simples explicação para um notório episódio da vida conjugal. Em geral as mulheres reclamam que o marido não percebeu uma mudança de penteado ou de corte de cabelo. Estamos aqui novamente diante da incapacidade de uma pessoa (o marido) que vê a outra (a esposa) todos os dias, ficando totalmente "cega" para mudanças visuais. Uma brincadeira: tais "cegueiras" não ocorrem com um vizinho ou amigo pelo simples fato de não a verem todos os dias...

O ERRO DE "ESTADO ALFA"

Para melhor entendimento do estudo realizado, é necessário lembrar ao leitor que o cérebro desenvolve ondas eletromagnéticas produzidas pela atividade elétrica das células cerebrais. A frequência dessas ondas elétricas é medida em ciclos por segundo ou em Hertz (Hz) pelos eletroencefalogramas. Elas mudam de frequência conforme a atividade elétrica dos neurônios, havendo, assim, correlação entre a frequência e o estado de consciência do indivíduo (concentração, relaxamento, meditação etc.). Tais frequências são classificadas segundo faixas e recebem o nome de alfa, beta, delta e teta. Cada indivíduo tem atividades cerebrais características, mas as frequências são relativamente próximas. A frequência normal de um indivíduo é a beta – também chamada de "estado de vigilância". Mas, quando se está relaxado, a atividade cerebral baixa do rápido padrão beta para as ondas alfa, mais lentas. A consciência interna se expande, a energia criativa começa a fluir e a ansiedade desaparece. Experimenta-se uma sensação de paz e bem-estar. Por essa razão, existe um tipo de treinamento "alfa" muito indicado para o tratamento do estresse.

O Sandia Laboratory analisou o que se passa com as pessoas que precisam ficar observando fixamente determinado cenário – uma paisagem, um objeto ou um instrumento de controle de certo aparelho. O resultado foi que, a partir de certo tempo de observação fixada em um mesmo cenário, o cérebro humano parece se "cansar" e, progressivamente, passa do estado beta para o alfa.

A pesquisa resultou no seguinte gráfico:

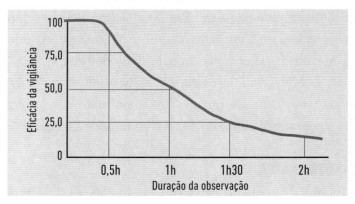

GRÁFICO 3.2 - **ERRO DE ESTADO ALFA**

Nas ordenadas estão indicados os valores relativos à "eficácia da vigilância", medida em porcentagem. Ou seja, os cientistas que realizaram o estudo sabiam o número de objetos que o observador deveria detectar e comparavam-no com o que ele efetivamente observava.

Nas abscissas, estão indicados os intervalos durante os quais o observador permanecia em vigilância. Assim, por exemplo, o ponto 1 no gráfico corresponde à permanência de uma hora no posto de observação.

O resultado do estudo mais uma vez surpreendeu: comprovou-se que a "eficácia de vigilância" cai vertiginosamente com o tempo de observação, correspondendo a uma mudança fundamental no funcionamento do cérebro. Com apenas meia hora de observação, a eficácia é 75% da inicial; com uma hora e meia, cai para 25%. Em outras palavras, é como se a pessoa "adormecesse", a partir de duas horas de vigilância, apesar de continuar lá, no "posto de observação".

Para facilitar o entendimento do leitor, citarei alguns exemplos que presenciei ou estudei.

Caso 1: Controle visual em uma fábrica de medicamentos

A operação consistia em manter uma pessoa sentada diante de uma esteira mecanizada, fortemente iluminada, na qual estavam ampolas de vidro com líquidos injetáveis. Antes, tais ampolas passavam pelo processo de envasamento, no qual o líquido medicamentoso era inserido nelas por pressão. Como o processo de embalagem das ampolas era automático e a máquina de injeção tinha uma margem pequena de erros (em geral decorrentes de irregularidades dimensionais do vidro), a inspeção visual era vital para a confiabilidade.

Na época em que intervimos no processo, o inspetor, cujo cargo era permanente, ficava de três a quatro horas no posto de trabalho. Tal profissional recebia ótima remuneração, mas era rapidamente substituído quando a frequência de erros (ampolas vazias ou com volume menor de líquido) aumentava. Conhecendo o estudo sobre a eficácia de vigilância, fizemos uma modificação fundamental na organização desse setor: a função deixou de ser permanente e selecionamos diversos funcionários da área produtiva (geralmente mulheres) que, após formação e treinamento, exerciam durante uma hora a atividade de "vigilância", realizando suas tarefas normais antes e depois desse curto turno. A mudança foi radical: a porcentagem de erros caiu aproximadamente de um por mil ampolas para um por um milhão delas.

Caso 2: O assalto ao banco controlado por câmeras de televisão

Soubemos desse caso durante consultoria prestada ao banco e, posteriormente, pela mídia especializada. Numa grande agência bancária, toda a área que operava com dinheiro era controlada a distância (em sala especial) por um observador, que podia acionar alarmes em caso de assalto. Ele permanecia diante dos monitores por cerca de sete horas (sendo substituído apenas para se alimentar ou ir ao banheiro). Um assalto à mão armada, conduzido por um bando, ocorreu em torno de quatro horas depois do início do trabalho de um observador. O incidente durou cerca de cinco minutos e foi registrado (e gravado) pelas câmeras, mas o observador não o "viu" e, portanto, não acionou o alarme. Assim, a eficácia de detecção foi nula, comprovando o que comentamos antes. Mais tarde, o banco alterou o regime de observação para um máximo de duas horas, estabelecendo um rodízio entre os funcionários dessa área.

Caso 3: Os vigilantes metralhados por aviões inimigos

Esse caso merece destaque por mostrar que, mesmo em situações de risco de vida (ou de morte, para ficar mais claro), o erro de estado alfa acontece. Relata-se que no período em que os alemães mantinham domínio territorial sobre toda a Europa ocidental eles atacaram a Inglaterra com aviões que decolavam de território francês, com grande estoque de bombas. Após sucessivos ataques, numa época em que os radares tinham pouco alcance, os ingleses tiveram a ideia de colocar observadores (especialmente formados e treinados) em barcos que ficavam vagando pelo Canal da Mancha e poderiam prevenir as autoridades de Londres por rádio. Para ter uma eficácia aceitável, os barcos deveriam permanecer longo tempo no mar. Os primeiros resultados pareceram satisfatórios, mas com a ajuda de espiões os alemães, alertados dessa astúcia inglesa, tomaram providências e enviaram caças à procura dos barcos-vigia. Sem poder de fogo para afundá-los, o objetivo dos caças alemães era metralhar os tripulantes – em especial os vigilantes. O episódio demonstra, outra vez, o erro de estado alfa: postados no alto de mastros (com binóculos) por várias horas, os vigilantes não percebiam a aproximação dos inimigos, sendo facilmente mortos. Mais tarde, a baixa eficácia do sistema foi confirmada, já que muitos bombardeios foram realizados pelos alemães sem que não tivesse havido nenhum aviso de parte dos barcos postados na Mancha.

ERRO CAUSADO POR ESTRESSE

Sabemos que estresse é um conjunto de reações do organismo humano às agressões de ordem física, psíquica, infecciosa, entre outras, capazes de perturbar seu estado de equilíbrio e, portanto, afetar seu funcionamento. Vamo-nos restringir aqui ao estresse de ordem psíquica, que foi objeto de outro estudo do Sandia.

Dessa vez, eles comprovaram que o estresse pode ser agente dos erros humanos. Vejamos o gráfico abaixo, no qual os autores adotaram a escala logarítmica:

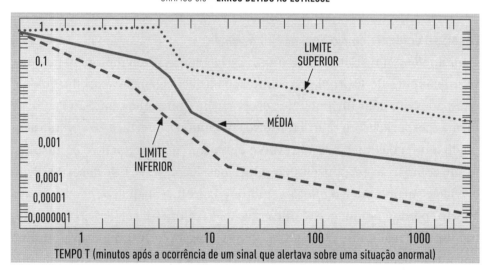

GRÁFICO 3.3 - **ERROS DEVIDO AO ESTRESSE**

Examinando-o, vemos nas abscissas valores de tempo T decorridos após um sinal que alertava para uma situação anormal (crítica), totalmente nova (desconhecida) para o observador. Como sabemos, tais sinais de alerta provocam estresse.

Nas ordenadas estão indicados os valores de "probabilidade de *não ter* um diagnóstico da situação no tempo T", expressos em números. Quando o número é 1, significa que a probabilidade de ter um diagnóstico para um sinal de alarme é *nula*. Quando o número for 0,1, a probabilidade é de 1 em 10, ou seja, a cada dez alarmes, o observador tem 9% de chance de descobrir o que ocorre. Quando o número for 0,01, a chance de descobrir a causa do alarme é de 99% – e assim por diante.

Mais uma vez, o resultado foi surpreendente: em pequenos intervalos (de até alguns minutos), é impossível fazer um diagnóstico do que está ocorrendo. Somente cerca de dez minutos depois que o alarme soou temos probabilidade de descobrir o que ocorreu. E somente depois de 100 minutos teremos a certeza estatística de que a ocorrência será sanada.

A grande incerteza nos casos reais em que alarmes funcionam é de quanto tempo dispomos para fazer o diagnóstico e corrigir o problema.

Novamente, cito casos reais que mostram a importância desse estudo sobre o erro. Todos são públicos e notórios.

Caso 1: O acidente com o Fokker 100 da TAM

Ocorrido em 31 de outubro de 1998, esse acidente aéreo matou 99 pessoas, três delas em solo. O problema aconteceu na decolagem do aparelho Fokker, equipado com duas turbinas, no aeroporto de Congonhas, em São Paulo: de forma inesperada, um relé defeituoso comandou a abertura do reverso acoplado a uma das turbinas. O reverso é um tipo de marcha à ré da turbina, usado como freio em pousos, mas nunca nas decolagens. Isso desestabilizou o avião e surpreendeu o piloto. O motor da direita (no qual o reverso estava aberto) perdeu potência e a única reação do piloto foi acelerá-lo, evidentemente sem resultado. O avião não havia chegado a 100 m, altura mínima permitida pela legislação brasileira para que a tripulação tomasse alguma atitude diante de uma pane. Assim, caiu sobre ruas e casas no bairro vizinho ao aeroporto. O tempo decorrido entre o início da decolagem e a queda foi de 110 segundos (ou seja, um pouco menos de dois minutos), e o tempo entre o alarme soado na cabine de comando e a queda foi de apenas dez segundos. Evidentemente, não houve tempo para corrigir o defeito.

Caso 2: O acidente nuclear de Chernobil

A central nuclear de Chernobil, na Ucrânia, foi construída pela União Soviética em meados da década de 1970. Quando a usina estava sendo montada, erigiu-se a cidade de Pripyat a fim de servir de residência para os trabalhadores.

SABEDORIA PROFUNDA EM GERENCIAMENTO

Na madrugada de 26 de abril de 1986, houve uma explosão depois de o alarme de instabilidade ter soado várias vezes – por cerca de 40 minutos – sem que ninguém entendesse o que estava ocorrendo. Soube-se depois que, aproveitando um desligamento de rotina, procedeu-se à realização de alguns testes para observar o funcionamento do reator com baixa energia. Nessa ocasião, em consequência de uma série de erros humanos, um reator apresentou problemas técnicos e liberou uma imensa nuvem radioativa, contaminando pessoas, animais e o ambiente. Apenas cinco trabalhadores da usina sobreviveram à tragédia. O acidente de Chernobil gerou 400 vezes mais radiação do que a bomba atômica de Hiroshima, no Japão, durante a Segunda Guerra Mundial.

Caso 3: O fatídico voo AF 447[1]

O trágico desaparecimento do voo 447 da Air France, na madrugada de 1º de junho de 2009, continua assombrando o mundo da aviação. Como é possível imaginar a queda, em pleno oceano Atlântico, de uma aeronave moderna, operada por uma companhia aérea de grande reputação, durante a fase de voo mais "serena" – em cruzeiro? Ainda assim, esses fatores somados não foram suficientes para evitar a perda do Airbus A330 e de seus 228 ocupantes. A tragédia teve ainda maior impacto em nosso país, pois foi do aeroporto do Galeão/Tom Jobim que o voo 447 decolou para a eternidade.

Nos meses seguintes, um processo intensivo de busca das caixas-pretas deu-se a mais de 3 mil metros de profundidade. Somente quando os gravadores de voz e dados foram encontrados, em abril de 2011, é que o gigantesco e macabro quebra-cabeça começou a ser elucidado. E, ainda que a investigação definitiva não tenha sido publicada, é possível ter ideia do que ocorreu: uma tragédia causada por uma sequência nefasta de erros, cuja responsabilidade é colocada diretamente sobre a tripulação e especificamente sobre os ombros de um único tripulante.

Acompanhemos o histórico com o auxílio da caixa-preta: à 1h36min, o voo penetra na zona de uma tempestade tropical. Ao contrário de todos os

---

1. Resumo de artigo de Gianfranco Beting, publicado em julho de 2012 no site Arquivo Jetsite, baseado no relatório oficial do acidente elaborado pelo Bureau d'Enquetes et Analyses da França. Disponível em: <http://www.aviacaocomercial.net/jetsite/acidentes_af447.htm>. Acesso em: 12 jun. 2014.

outros aviões que atravessaram aquela zona naquele dia, os pilotos do AF 447 não solicitaram desvio na rota, optando por cruzar diretamente a área de turbulência. Voando a 35 mil pés, o Airbus penetrou as nuvens formadas na tempestade e começou a sacudir. À 1h51min, o *cockpit* começou a ser iluminado por luzes que se propagavam nas janelas frontais como descargas mágicas. O fenômeno certamente assustou o relativamente pouco experiente primeiro oficial, Pierre Bonin, de apenas 32 anos e 807 horas no A330, que ocupava a poltrona da direita. A caixa-preta registra a pergunta dele ao comandante Marc Dubois: "O que é isto?" Dubois, um veterano de 58 anos, com 10.988 horas de voo, sendo 1.747 como comandante do A330, lhe explica que aquilo é apenas uma aparição do famoso "fogo de Santelmo", fenômeno frequente ao se penetrar em nuvens com aquelas características. O fenômeno nada mais era do que uma descarga eletroluminescente provocada pela ionização do ar num forte campo elétrico gerado por descargas elétricas, condição existente nas nuvens carregadas que o AF 447 atravessava naquele instante.

Nove minutos depois, David Robert, outro primeiro oficial, retorna à cabine de comando, depois de descansar por quase toda a primeira parte do voo. Com 37 anos de idade, Robert é bem mais experiente que Bonin e assume o assento da direita. Bonin passa para a esquerda, posição do comandante. Imediatamente (2h02) o comandante deixa o *cockpit* para descansar. Isso ocorre de forma regulamentar em voos longos como aquele, sem ferir quaisquer regras internacionais de navegação.

Dubois, assim, ocupa um dos dois leitos destinados a essa função, posicionados imediatamente atrás do *cockpit*. Às 2h05min, Bonin avisa ao comissário-chefe da entrada do avião em zona de turbulência. Dois minutos depois, os dois pilotos percebem que o radar não estava detectando corretamente o sistema climático em que o avião entrara. Por sugestão de Robert, Bonin (no comando) decide fazer uma curva à esquerda e reduzir a velocidade. Nesse momento, soa um alarme na cabine, indicando que o piloto automático tinha sido desligado (os pilotos não sabiam, mas o desligamento devia-se ao congelamento dos tubos Pitot, que medem a velocidade do avião). Imediatamente, numa reação equivocada e insegura, Robert puxa o manche contra a barriga; o avião começa a subir e, ao mesmo tempo, perde velocidade. Segundos depois, soa o alarme de estol (perda de velocidade e de sustentação). Bonin questiona Robert, mas este responde que não sabia a velocidade do avião. Bonin insiste, mas Robert continua puxando o manche contra si, agindo ao contrário do que deveria fazer. Bonin vê claramente o erro e grita com Robert. Este solta um pouco o manche, mas não o bastante para colocar o nariz do avião para baixo. Nos segundos seguintes, o alarme continua soando, perturbando ainda mais os pilotos. Tendo a aeronave chegado a uma altura quase mil metros acima do que deveria estar, os medidores de velocidade voltam a funcionar (o gelo derretera) e ambos os pilotos ficam tranquilos, pois a velocidade parecia estar aumentando. Mas, inexplicavelmente, Robert continua com o manche puxado, talvez pensando que um Airbus nunca poderia "estolar". E pior: talvez por desconhecimento, não reativou os computadores de bordo; sem o controle pelos computadores, a situação de estol não podia ser automaticamente corrigida. Tudo indicava que Robert estava em situação de estresse severo. Bonin, ao lado direito da cabine, tenta retomar o comando, mas como Robert não o autoriza (estando na posição de comandante, ele deveria apertar um botão específico) nada pode fazer. Desesperado, chama, pelo rádio, o comandante Dubois de volta à cabine. Enquanto isso, o avião atinge a altura de 37.500 pés, na qual o ar rarefeito prejudica a sustentação, e fica inclinado como se estivesse na posição de decolagem. Então o avião despenca e a queda não pode mais ser detida, mesmo com a presença do comandante. Chacoalhando fortemente, 14 segundos depois o enorme A330 colide violentamente contra o oceano Atlântico.

ERROS NO REGISTRO (ANOTAÇÃO) DE NÚMEROS

Vários estudos dos Sandia Laboratories tratam dos erros cometidos quando números são anotados incorretamente em documentos ou transcritos/transportados manualmente para outros aparelhos. Vejamos alguns dos resultados obtidos. O mais expressivo deles indica a probabilidade média de erros no registro de números e de letras, quando estes são lidos em documentos ou em aparelhos de medição:

- Menos de três caracteres (dígitos): erro insignificante.
- Mais de três caracteres: 1/1000. É o caso, por exemplo, de inserir um

número de telefone no celular após vê-lo num papel. Ou seja, segundo o estudo, provavelmente haverá um número errado em cada mil anotações que fizermos. Esse não parece um problema grave no caso citado, mas poderá sê-lo em outros.

■ Leitura de aparelhos – mais de quatro dígitos: 3/1000. Como exemplo, podemos citar a leitura do consumo em relógios de energia. Mesmo sendo esse erro pequeno em porcentagem, é grave para quem o sofre, o que levou as concessionárias de energia elétrica a adotar aparelhos de leitura ótica.

Penso que esse estudo pode ser ilustrado pelo caso a seguir.

Acidente com o voo 254 da Varig em 3/9/1989

Era domingo, 3 de setembro de 1989. No estádio do Maracanã, a seleção brasileira enfrentava o Chile em partida válida pelas eliminatórias da Copa do Mundo. Cezar Garcez era o comandante do voo que decolou do aeroporto do Galeão, com destino a Belém e escala em Marabá. Tudo correu bem no Boeing até a aterrissagem em Marabá. Como foi apurado depois, o comandante estava ouvindo, pelo rádio da cabine de comando, o jogo de futebol. Ao se preparar para deixar Marabá, Garcez cometeu um erro: programou o rumo para Belém, interpretando erroneamente a notação utilizada no plano de voo que lhe foi fornecido pela companhia aérea. No plano, estava grafado o rumo 0270, significando 27 graus em relação ao norte magnético. A companhia aérea fornecia o mesmo tipo de plano de voo às aeronaves que usavam painéis com decimais e às que usavam apenas o valor inteiro. Embora essa particularidade tenha sido informada aos pilotos nos treinamentos da companhia aérea, o valor expresso no plano de voo 0270 foi interpretado pelo comandante como 270 graus. Tal erro de interpretação trocou a direção aproximada do norte (27°) pelo rumo oeste (270°). Uma simples consulta ao mapa – ou mera noção geográfica – poderia ter chamado a atenção do piloto ou do copiloto, mas não foi o caso. Após a decolagem, às 17h45, o piloto automático comandou uma longa curva de 158° para a esquerda, em vez de fazer uma correção de rumo de 41° (também para a esquerda) – padrão para a rota Belém-Marabá –, sem que a tripulação se desse conta. Na aproximação para o pouso, a cidade de Belém não foi avistada. Após uma série de tentativas desastradas de localizar-se, e sem pedir ajuda pelo canal de rádio de alta frequência, o piloto finalmente se viu sem combustível sobre a selva, tendo de executar um pouso forçado, em plena Floresta Amazônica, próximo de São José do Xingu, em Mato Grosso. Na aterrissagem, o impacto do avião contra as árvores causou a morte de 12 ocupantes e ferimentos em outros 42. Mais detalhes sobre esse e outros acidentes podem ser encontrados na obra de Ivan Sant'Anna (2000).

ERROS EM CÁLCULOS E TRABALHOS DIVERSOS COM NÚMEROS

Erros cometidos em cálculos aritméticos relativamente simples também foram objeto de estudo dos Sandia Laboratories. Todos nós já cometemos erros em provas escolares. Quem trabalha com números sabe que alguns erros são cometidos sem que saibamos explicar o porquê.

Vejamos os resultados dos estudos.

Probabilidade média de erros em cálculos aritméticos

- Cálculos simples, com calculadora: 1/100.
- Detectar resultados absurdos: 5/100.

Assim, segundo os estudos do Sandia, se fizermos cálculos usando um aparelho (uma calculadora), cometeremos um erro a cada 100 vezes.

"Resultados absurdos" são aqueles que resultam de erros grosseiros e, apesar disso, são relatados (constatados), segundo os estudos, em apenas cinco de 100 casos. Exemplo: você faz uma lista de gastos pessoais no computador e digita erroneamente uma despesa de táxi na ordem de R$ 3.000 (quando o correto seria R$ 30). Se a soma total das despesas for aproximadamente a mesma de outras anotações, é provável que você não note o erro que cometeu. Igualmente, se você está analisando um relatório de uma consultoria que informa que sua empresa está devendo R$ 5 em vez de R$ 5.000, é provável que esse erro passe despercebido.

Probabilidade média de erros em trabalhos diversos

- Leitura ou anotação em gráficos: 1/100 (um erro para 100 anotações).
- Ler número num manual e agir sobre interruptor errado: 3/1000 (três erros a cada mil leituras ou ações).
- Detectar erros de outros na inspeção de tarefas, usando material escrito: 1/10.

O primeiro caso é comum, pois usar gráficos sempre oferece uma dificuldade suplementar. O segundo é igualmente comum a quem já operou instrumentos de controle ou simplesmente tentou digitar a senha numérica de um aplicativo informatizado. A porcentagem de erros é, em média, de um erro em 100 operações. Finalmente, o terceiro caso é comum, por exemplo, nas atividades de auditoria: em um de dez casos de erros relatados, o leitor de um relatório de auditoria (com números) não conseguirá detectá-los.

OUTROS TIPOS DE ERRO QUALITATIVO

Diferentemente dos estudos que relatamos nos itens anteriores, há trabalhos desenvolvidos para tratar de erros humanos qualitativos. Vejamos alguns deles.

Erros de avaliação

São cometidos em razão de visões distintas de pessoas diferentes sobre os mesmos fenômenos físicos.

Erros de avaliação resultam de uma visão deformada da realidade. O processo passa por três filtros, presentes em todos os seres humanos: o dos sentidos, o dos valores/crenças e o do conhecimento. Assim, a imagem que registramos dentro de nós não é exatamente aquela de origem. Em outras palavras, nossa avaliação pode não ser a verdadeira, mas é a única que sabemos registrar.

Uma rápida reflexão sobre os filtros:

- O filtro dos sentidos é sempre físico. Sabemos, por exemplo, que pessoas que têm deficiências físicas sempre farão avaliações diferentes de quem não as tem.

- O filtro dos valores e crenças é psicológico e cultural. De acordo com ele, interpretamos determinados atos de forma substancialmente diferente.

- O filtro do conhecimento elimina imagens/visões desconhecidas ou estranhas. Em geral, ele é inconsciente, gerando o fator chamado de "inferência" – admitir uma proposição como verdadeira em virtude de sua ligação com outras proposições já conhecidas e admitidas como tal.

Cito alguns exemplos de erros de avaliação:

- Jogadores que sofrem ataques cardíacos em campo. A pessoa "filtra" (isto é, não leva em consideração) certas informações que recebe, seja do próprio corpo ou de terceiros (médicos, parentes, amigos etc.).

- Frase muito comum pronunciada em empresas: "Ele nunca cumpre os prazos com que se compromete". Exceto em casos especiais, as pessoas equivocam-se com prazos porque avaliam ter uma capacidade excepcional. O filtro é a crença em "poderes" ou "qualidades" que efetivamente não tem.

Erros de análise

São cometidos por desconhecimento das regras sistêmicas. Esse tipo de erro, comum, resulta do desconhecimento ou do conhecimento parcial/distorcido de um sistema. Alguns exemplos são corriqueiros:

- Dentro de uma empresa, funcionários criticam certa decisão da direção sem saber as circunstâncias em que foi tomada.

- Pessoas dizem que os técnicos que administram o trânsito de veículos cometeram um erro na modificação que introduziram, mas desconhecem os motivos e o embasamento usados na decisão.

- Caso real (vivido por mim por ocasião de um seminário): funcionárias da seção de anúncios de um jornal atendiam o mesmo número de clientes (por telefone), digitando diretamente os respectivos textos. Pela regra do jornal, quando havia erros nos anúncios, o cliente tinha direito a nova publicação, o que representava um custo adicional. O número de erros semanais cometidos por atendente era anotado. O diretor do jornal cobrava melhores resultados do responsável, que por sua vez demitia as moças que tinham pior desempenho (ou seja, maior número de erros). Na ocasião do seminário, e ao tratar do tema "variabilidade e erro", o diretor do jornal pediu-me uma solução diferente daquela que vinha sendo aplicada havia alguns meses: contratar, formar, treinar e demitir. Tal solução, segundo ele, parecia equivocada, pois as funcionárias que tinham "ido bem numa semana mostravam resultado pior na seguinte". Para ajudá-lo, pedi que me trouxesse a anotação dos erros da semana anterior e analisamos juntos os dados (os nomes são fictícios):

ATENDENTE	NÚMERO DE ERROS COMETIDOS
Clara	11
Maria Amélia	4
Virgínia	10
Isabela	23
Joelma	15
Gisele	10
Alice	11
Eugênia	12
Fernanda	17
TOTAL	113

Propus ao meu interlocutor fazer uma análise matemática para verificar se as variações eram "especiais" ou "sistêmicas" (veja, no final deste capítulo, os conceitos a esse respeito):

1. Cálculo da média aritmética dos resultados: x = 113 / 9 = 12,6 erros/ atendente
2. Cálculo (simplificado) dos limites do processo:
   - Limite Superior de Controle (LSC) = 12,6 + 3 $\sqrt{12,6}$ = 23,2 erros/ atendente
   - Limite Inferior de Controle (LIC) = 12,6 – 3 $\sqrt{12,6}$ = 1,9 erro/atendente

3. Traçar o gráfico de controle:

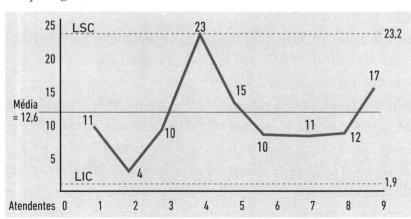

Juntos, concluímos que nenhuma das nove pessoas estava fora dos limites de controle. Portanto, as diferenças deviam ser atribuídas à ação do sistema. Ou seja, não havia atendentes melhores ou piores. Concluímos também que, se tal nível de erros não fosse admissível, devia-se mudar o sistema.

Final do caso: algum tempo depois, o diretor do jornal me informou que, em consequência da nossa conversa, ele tinha adotado as seguintes providências:

- Não repetiu a série de demissões como antes, o que reduziu consideravelmente o custo de recrutamento e formação de pessoal.
- O clima organizacional melhorou muito, pois as atendentes sentiam-se mais seguras no emprego.
- Mudou-se o sistema: as chamadas telefônicas passaram a ser gravadas e uma segunda atendente conferia o que a primeira havia digitado. Com isso, a média de erro diminuiu em 90%.

RECOMENDAÇÕES AOS GERENTES SOBRE VARIABILIDADE E ERRO

A seguir, faço uma lista de recomendações, baseadas nos ensinamentos de Deming e no aprendizado que André Alckmin e eu obtivemos em 50 anos de vida profissional.

É fundamental ter visão sistêmica, isto é, estar consciente da existência de causas sistêmicas e especiais

Isso significa que, antes de analisar qualquer problema, é preciso conhecer o sistema nele envolvido. O caso relatado das telefonistas é um excelente exemplo. Se tivermos dados numéricos, o primeiro passo é fazer o gráfico de controle, isto é, calcular a média e os limites de controle. Isso permite diferenciar, com segurança, as *causas sistêmicas* das *causas especiais*. Quando não temos dados numéricos – ou tais dados parecem difíceis de ser explorados –, há formas práticas de classificar as causas. Vou, então, conceituá-las:

- **Causas sistêmicas:** são aquelas que provocam variações inerentes ao comportamento dinâmico dos sistemas; ocorrem independentemente das pessoas e das circunstâncias (são também conhecidas como "causas comuns" ou, ainda, "causas normais"). Quando se consegue construir um gráfico de controle, todos os números que estão *dentro* dos limites são considerados originários de causas sistêmicas.

- **Causas especiais:** são as que provocam variações advindas de fatos passageiros ou ocasionais. Quando existem dados numéricos, sendo possível construir um gráfico de controle, todos os números que estão *fora* dos limites são considerados "originários de causas especiais".

Observação: as informações apresentadas não têm rigor matemático/estatístico, pois nem sempre os pontos dentro dos limites de controle são necessariamente oriundos de causas sistêmicas. Igualmente, nem todos os casos de pontos fora dos limites de controle são necessariamente oriundos de causas especiais. Todavia, como este livro se destina a não matemáticos, não me preocupei em manter o rigor numérico, motivo pelo qual peço desculpas aos especialistas.

É possível ter uma ideia intuitiva sobre causas sistêmicas e especiais

Cito alguns exemplos da vida cotidiana:

- Meteorologia: sabemos que, durante o inverno, nos estados do Sul do Brasil, faz frio. Assim, se os habitantes dessa região enfrentam temperaturas em torno de 10°C, dizem que é "normal". Isso significa que temperaturas em torno de 10°C têm causa sistêmica. Se, todavia, em um dia do período de inverno, a temperatura subir para 30°C, todos vão se espantar e dizer que aquilo é "anormal".

- Trânsito urbano: todos têm uma ideia intuitiva sobre o que é "normal" (causa sistêmica) na circulação de veículos em determinadas regiões da cidade. Todavia, se porventura o caos se instala naquelas regiões, dizemos: "Deve existir uma causa" (acidente, autoridades circulando etc.). Essa é exatamente a chamada "causa especial".
- Negócios: se você tem um pequeno comércio, é normal (sistêmico) vender mais aquecedores no inverno. Todavia, essa venda cai em períodos excepcionais (causas especiais), como nos chamados veranicos.

E por que esse conhecimento intuitivo é importante? Para evitar erros grosseiros de gerenciamento! Vejamos que erros podem ser evitados quando se leva em conta esse conhecimento:

- Você vai viajar por alguns dias durante o inverno, mas considera apenas as causas especiais que ocorreram dias antes (por exemplo, o veranico) e leva só roupas leves. Em consequência, sente muito frio.
- Você, que é dono de loja, resolve liquidar os artigos próprios para o inverno simplesmente porque houve um "veranico". Provavelmente, terá prejuízos financeiros.
- Se você é um "otimista" em relação ao trânsito (*sempre* estima que ele esteja "normal"), chegará atrasado com frequência aos seus compromissos. Mas, se você se considera "realista" e pensa que podem existir problemas excepcionais ("causas especiais") nos trajetos que vai fazer, estará condenado a chegar antecipadamente ao local destinado na maioria das vezes.

Diferenças básicas entre causas sistêmicas e causas especiais

É erro grave e custoso querer tratar causas sistêmicas e especiais com a mesma metodologia. A tabela a seguir permite estabelecer comparações:

Causas sistêmicas	Causas especiais
Muitas são suas fontes.	Uma fonte predomina.
Todas as causas juntas são responsáveis pela variabilidade.	Uma causa é responsável pelo efeito.
A faixa de variabilidade é conhecida.	Em geral não se sabe a amplitude da variabilidade.
Problema de natureza complexa.	Problema de natureza simples.
A relação entre uma das causas sistêmicas e o efeito é tênue.	A relação entre a causa especial e o efeito final é rígida.
Existem muitos caminhos entre uma causa sistêmica e o efeito global.	Existe uma cadeia de relações entre uma causa especial e o efeito final.
Nenhum especialista tem os conhecimentos necessários para reduzir significativamente a variabilidade.	Um especialista competente tem os conhecimentos para eliminar a causa especial.
A capacidade dominante para reduzir variabilidades é relacional.	A capacidade dominante para eliminar causas especiais é racional.
Inútil procurar um culpado. "É culpa de ninguém."	Um culpado pode ser descoberto.

Proporção entre causas sistêmicas e especiais

Por definição estatística, do total de problemas – variações em processos gerenciais (inclusive a produção) –, tem-se que: **95%** decorrem de causas sistêmicas e **5%** têm origem em causas especiais.

Deming costumava sublinhar tal proporção, pois temos a tendência natural a invertê-la. Vejamos, por exemplo, as notícias de jornais: quando ocorre um incêndio, uma morte no trânsito ou um acidente em uma obra, o jornalista geralmente termina o texto da seguinte forma: "A polícia apurará as causas para punir os culpados". Porém, se a maioria dos fatos tem causas sistêmicas, como descobrir e, pior, punir um culpado? Utilize a tabela anterior para analisar uma dessas situações.

Responsabilidades

A correção de causas sistêmicas é de responsabilidade de quem pode modificar os sistemas, ou seja, os gerentes.

As metodologias para tratar causas sistêmicas e especiais são diferentes

A tabela a seguir mostra as diferenças metodológicas a respeitar:

Causas sistêmicas	Causas especiais
Um conjunto significativo de ocorrências deve ser estudado.	Uma ocorrência relevante é estudada.
O fator tempo não pressiona a investigação, pois não há pistas "esfriando".	A busca tem de ser "a quente". É preciso ir ao local da ocorrência e levantar o mais rápido possível as pistas prováveis, sem mexer no "quadro".
Não tem sentido fazer investigação "policial". Obrigar pessoas a depor só acarreta temor e pode levá-las a esconder dados.	A investigação deve ser "policial".
É fundamental formar grupos de pessoas que conheçam bem todas as áreas envolvidas para investigar.	A investigação deve ser conduzida por um especialista.
Usar diagramas de causa e efeito; estabelecer relação de causas prováveis; levantar dados para confirmar efeitos.	Há um processo dedutivo, com hipóteses selecionadas pelo especialista.
Usar o gráfico de Pareto para escolher as causas a tratar em primeiro lugar.	É o especialista que define o que vai tratar com prioridade.
Escolher, por PDCA (veja o Capítulo 8), um processo de melhoria ou de redução progressiva da variabilidade.	Determina-se a causa geradora, que é imediatamente removida.

Trabalhe com fatos e dados

A análise de problemas torna-se muito difícil quando, devido à falta de dados ou ao desprezo destes, julgamentos ou avaliações são feitos. Esse equívoco gerencial é muitas vezes conhecido por "achismo": as pessoas simplesmente "acham" isso ou aquilo. O levantamento correto e adequado dos fatos e dados relativos a um problema geralmente demanda tempo – e muitos gerentes têm preguiça de fazê-lo.

Não creia em fórmulas mágicas

Deming refere-se a esse ponto como "pudim instantâneo", dizendo que "ele não existe". Efetivamente, para fazer um pudim, é preciso saber a receita e trabalhar. Muitas pessoas pensam que, apenas com fé em si mesmo e vontade, tudo será resolvido. Tais condições são necessárias, mas não suficientes. O conhecimento (formação) é indispensável, assim como a prática (treinamento).

Deming (1990, p. 94) comenta um fato pitoresco: um empresário diz-lhe à queima-roupa: "Venha passar um dia conosco e faça o que fez pelo Japão. Queremos ser salvos!" Ele comenta, então: "Não sou mágico para salvar uma empresa em um dia!"

Finalmente, há um *slogan* usado por um famoso escritor estudioso da qualidade: "Faça certo da primeira vez". Tal afirmativa parece indicar dois preconceitos: 1) que existe para qualquer trabalho uma única forma de fazer, chamada de "certa"; 2) que alguém deixa de fazer bem determinado trabalho por falta de vontade.

Evite tomar decisões precipitadas

Recordamos que uma das regras sistêmicas é aquela que diz: "Uma vez implementada a ação, é impossível voltar atrás" (veja o Capítulo 2). Por isso, é um equívoco gerencial agir precipitada ou intempestivamente. Isso costuma gerar decisões que precisam ser corrigidas pouco depois de ter sido tomadas. Além disso, há outra regra sistêmica que requer prudência: é preciso deixar o sistema se estabilizar antes de mexer nele. Na ciência da Estatística, isso é conhecido com o nome de *tampering*, isto é, a "perturbação" do sistema. Cada processo tem uma identidade; seu desempenho é previsível se ele está sob controle estatístico. Esse tipo de problema é relativamente conhecido na informática: quando um computador está executando um comando, não adianta lançar um novo, pois se corre o risco de bloqueá-lo.

Cito alguns exemplos de práticas gerenciais com más consequências:

- Em muitas empresas que operam ininterruptamente (24 horas por dia), os gerentes se reúnem sistematicamente, toda manhã, para examinar as ocorrências da noite precedente e tomar decisões sobre elas. O risco é de que as modificações dos sistemas produtivos ainda estejam em curso.
- Por insistência do responsável pela comunicação da empresa, o diretor é chamado a fazer pronunciamentos sobre determinados fatos sem es-

perar a estabilização do sistema. Assim, ao término de uma severa reorganização interna, o diretor declara que tudo terminara mas, em seguida, precisa fazer ajustes – o que cria um clima de insegurança.

■ A troca de técnicos de clubes de futebol após uma derrota.

Faça sempre definições operacionais em seus trabalhos

Segundo Deming (1990, p. 208), definição operacional "é o trabalho de conferir significado comunicável a um conceito". Em outras palavras, é descrever correta e adequadamente, sem ambiguidades, o que se quer dizer com uma palavra ou expressão.

Um dos erros gerenciais frequentes é dar instruções verbais ou escritas usando palavras que não expressam por si o que querem dizer. Tais palavras não são "comunicáveis". Em consequência, o trabalho requerido acaba não sendo executado.

Listo alguns exemplos reais em que a falta de "definição operacional" é evidente:

■ Em uma empresa de estocagem de documentos, usam-se caixas de papelão, que se deterioram com o tempo. Assim era necessário descartar caixas em mau estado. A instrução escrita existente dizia simplesmente: "Caixas em mau estado devem ser descartadas". Porém, cada funcionário que fazia a inspeção tinha um critério próprio de descarte, o que não era desejável. Foi feita então uma definição operacional, composta de várias fotos de caixas defeituosas que deveriam ser jogadas no lixo. Ou seja, por meio de uma série de imagens se deu significado ao conceito. O descarte, assim, se tornou mais homogêneo.

■ Numa pequena fábrica de arruelas metálicas estampadas, uma inspeção de qualidade era feita no final da linha de produção. A instrução dada ao inspetor era: "Pegue uma amostra representativa e examine se as peças estão com bom aspecto". Enquanto havia um único inspetor, tais conceitos foram aplicados segundo o critério dessa pessoa. Um dia, porém, esse funcionário precisou se ausentar e seu substituto não sabia como obedecer a tal instrução. Assim, criou-se uma definição operacional que consistia em estabelecer numericamente quantas arruelas deveriam ser examinadas e que tipo de medida precisava ser verificada.

Deming (1990, p. 206) afirma: "Uma definição operacional é aquela através da qual os homens podem fazer negócios". Ou seja, sem definição operacional é impossível qualquer atividade negocial. Ele cita alguns exemplos pitorescos:

- Em muitos contratos elaborados por advogados há uma cláusula que diz: "As partes farão seus melhores esforços para realizar o escopo do trabalho". E pergunta: o que quer dizer "melhores esforços"? Quem saberá decidir quem fez ou não fez esforço para que o escopo fosse realizado?
- Uma lei americana especifica que "a manteiga comercializada deve ter 80% de gordura". Deming pergunta: o que isso quer dizer? Cerca de 80% em cada quilo? Em toda a produção de um mês? Ou de um ano?

EM RESUMO

- Atenção para a armadilha que diz que existe uma forma certa de fazer cada coisa; geralmente ela é *única*; tudo que for diferente é *errado*.
- Nem todo erro deriva de falta de conhecimento (de formação), de treinamento (exercícios, prática etc.) ou de vontade (disposição para o trabalho, para a ação proposta etc.).
- Podemos dizer que o ser humano tem um "defeito de fabricação", que o leva a cometer erros.

■ 4. COMPREENDER AS PESSOAS E SABER LIDAR COM ELAS

INTRODUÇÃO

ESTE CAPÍTULO E O seguinte visam ajudar os gerentes em uma das suas mais difíceis tarefas: saber entender as pessoas que com eles trabalham e ajudá-las a ser felizes profissionalmente – e, em consequência, a ter melhor desempenho.

Nas páginas anteriores, vimos que é indispensável saber lidar com as pessoas para aprimorar qualquer sistema. Na realidade, *tudo* está relaciona-do a gente.

Para facilitar a compreensão do assunto, dividi-o em duas partes: a) elementos básicos; b) a nova ciência da "dinâmica humana" ou *Human Dynamics* (que será abordada no Capítulo 5).

Dentre os elementos básicos, apresento algumas das teorias clássicas na área da psicologia. Reitero mais uma vez que este livro pretende ser um guia prático para o dia a dia, não um tratado teórico-acadêmico – com todo o respeito e a admiração por quem o faz.

A REALIDADE SOBRE AS PESSOAS

O que escrevo a seguir pode parecer óbvio, mas há muitos gerentes que agem como se tais constatações não existissem:

1. **As pessoas NÃO são iguais.** Muitos gerentes dizem: "Se fulano apren-deu, por que sicrano não?", ou: "Eu falo e algumas pessoas não prestam atenção..."

2. **As pessoas têm necessidades diferentes, que variam conforme as circunstâncias.** No tópico seguinte, introduzirei uma teoria sobre as necessidades humanas. Muitos dirigentes têm dificuldade de entender que, diante de um mesmo estímulo ou acontecimento, as pessoas têm reações bastante diversas.
3. **As pessoas têm crenças diferentes.** Crenças, como sabemos, estão ligadas a valores. Há gerentes que não entendem por que alguns de seus liderados ou pares não dão igual valor a um objetivo que fixou ou a um resultado alcançado.
4. **As pessoas têm visões diferentes da realidade.** Poucas pessoas aceitam essa afirmação. Muitos gerentes desconhecem o processo de visão da realidade que mostrei no capítulo anterior, composto por três filtros individuais: o dos sentidos, o dos valores e o dos conhecimentos. Assim, é pouco provável que indivíduos diferentes tenham a mesma percepção da realidade.

A PIRÂMIDE DE MASLOW

O psicólogo americano Abraham Maslow (1908-1970) formulou, em 1946, uma teoria estabelecendo correlações entre os padrões comportamentais das pessoas e as suas respectivas necessidades, tendo proposto uma hierarquização destas. A figura seguinte estrutura essa hierarquia:

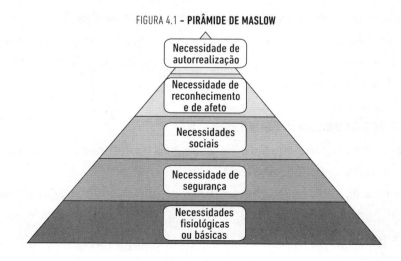

FIGURA 4.1 - **PIRÂMIDE DE MASLOW**

Cada necessidade é exclusiva, mas condicionada pela que vem abaixo dela. Assim, a necessidade de segurança só aparece quando as necessidades fisiológicas básicas são satisfeitas; as necessidades sociais só surgem quando as duas imediatamente abaixo forem satisfeitas etc.

Além disso, a largura da faixa – máxima na base do triângulo e mínima na altura – representa o "tamanho" dessa necessidade. Por tamanho subentendem-se quantidade e variedade.

Vejamos o que representam na prática tais necessidades:

- **Fisiológicas ou básicas:** alimentação, moradia, roupas compatíveis com a temperatura ambiente, saúde (estado geral físico do corpo), educação básica etc.
- **Segurança:** sentir-se protegido contra as intempéries, dispor de recursos para tratar da saúde pessoal e da família, não sofrer nenhum tipo de discriminação etc.
- **Sociais:** conviver com outras pessoas em igualdade de condições, usar o poder de um grupo para melhorar suas condições de vida etc.
- **De reconhecimento e de afeto:** sentir-se parte de um grupo, ser reconhecido por seu valor pessoal, intelectual, profissional, financeiro etc.
- **De autorrealização:** ser capaz de reconhecer a si mesmo como alguém com qualidades, competência pessoal e profissional; ter elevado respeito dentro de um grupo etc. É interessante observar que somente essa necessidade independe de concessão de outras pessoas (físicas ou jurídicas). Ou seja, ela é a única intrínseca a cada um.

No caso específico do gerenciamento, os conceitos de Maslow justificam a evolução socioeducacional dos funcionários das organizações. Desde os primórdios da chamada Revolução Industrial, percebeu-se não ser possível obter qualidade e produtividade em serviços e produtos sem que as necessidades básicas e de segurança estivessem satisfeitas. Ou seja, funcionários com fome, analfabetos, doentes, sem alojamento jamais conseguiriam atingir um nível de competência capaz de gerar um mínimo de produtividade e qualidade.

Da mesma forma, os empresários entenderam que a existência de sindicatos e outros tipos de associação era uma necessidade e não um problema organizacional.

Além disso, compreendeu-se que um funcionário somente sentiria orgulho da empresa em que trabalha se fosse respeitado e admirado pelos chefes.

Finalmente, percebeu-se que, satisfeitas todas as necessidades "inferiores", era possível obter aquela condição essencial para a construção de uma relação fiel, devotada e permanente entre uma pessoa e uma organização: a autoestima. Tornarei a falar sobre o assunto quando mencionar o tema da motivação.

TEORIA DA MOTIVAÇÃO DE MCGREGOR – TEORIA X/Y

Douglas McGregor (1906-1964), americano graduado em Economia e doutor em Psicologia pela Universidade de Harvard, formulou essa teoria em 1960.

Resumidamente, ele classifica as pessoas em dois grandes grupos, identificados pelas letras "X" e "Y", conforme se pode ver na tabela seguinte:

Teoria X	Teoria Y
As pessoas não gostam de trabalhar e precisam ser controladas.	O trabalho é tão agradável quanto o lazer.
As pessoas não gostam de aceitar responsabilidades.	As pessoas aprendem a aceitar responsabilidades.
A criatividade na solução de problemas é privilégio de poucos.	O talento criador está largamente difundido entre as pessoas.
As pessoas são pouco ambiciosas e visam se proteger, antes de tudo.	As pessoas são motivadas por desafios e visam à autorrealização.

Sempre me pareceu evidente que McGregor quis evidenciar dois estados **extremos**: o **estado X**, aquele em que todas as pessoas seriam, por natureza, preguiçosas, incapazes de assumir responsabilidades, sem criatividade nem ambição; e **o estado Y**, aquele em que, ao contrário, todos os indivíduos consideram o trabalho motivador, gostam de assumir responsabilidades, são criativas e aceitam desafios.

Em outras palavras, segundo a **teoria X**, as pessoas teriam como única motivação o "dinheiro". Já de acordo com a **teoria Y**, as pessoas seriam capazes de buscar a autorrealização.

Analisemos a contribuição dessa teoria para o gerenciamento:

- Muitos dirigentes agem como se seus funcionários estivessem no estado X; organizando a empresa de modo que privilegie o controle sobre o pessoal.
- Da mesma forma, crendo que a teoria X é a que predomina, gerentes não permitem ou não acreditam em manifestações de criatividade vindas de seus funcionários.
- A validação da teoria X ocorre de maneira corriqueira observando-se operários da construção civil: eles parecem trabalhar somente quando existe um supervisor por perto. É preciso lembrar, todavia, que, em tais grupos, combina-se a carência da necessidade básica (Maslow) – educação e salário – à forma como o trabalho é organizado e ao ambiente no qual as atividades são realizadas.
- É provável que a maioria das organizações se caracterize por estados intermediários entre as posições X e Y. É ainda provável que oscile entre os dois extremos no decorrer de sua existência. Mas, pela minha experiência pessoal, tenho a convicção de que a teoria Y deveria ser a preferida dos gerentes.

MOTIVAÇÃO PARA O TRABALHO: VISÕES E REFLEXÕES

O tema da motivação exerce especial fascínio sobre os gerentes – parece ser a chave do sucesso ao "tratar de gente". "Motivação", de acordo com o dicionário Aurélio (Holanda, 1990, p. 955), é "o ato de motivar". Este é definido por uma série de verbos, todos indicando ação. Assim, motivar é "despertar interesse", "levar", "induzir", "incitar", "estimular". Fica entendido que há alguém que motiva e alguém que é motivado. Como estamos pensando exclusivamente no campo da administração, os grandes envolvidos são os gerentes. Mas há um aspecto especial a considerar: como a motivação é operada? Ou melhor, como agem os fatores que levam à motivação?

Proponho examinarmos, juntos, uma classificação dos agentes de motivação:

1. Aqueles que vêm de fora para dentro ou **extrínsecos**:
   - Salário
   - Segurança no emprego
   - Justiça
   - Reconhecimento
   - Apoio

2. Aqueles que vêm de dentro da própria pessoa ou **intrínsecos**:
   - Desafio adequado
   - Aprendizado
   - Autonomia
   - Significado
   - Perspectivas

Temos, assim, uma lista de dez fatores ou agentes de motivação. Entre eles, estão salário e desafio no trabalho. Porém, enquanto o salário é fixado pelo gerente (ou pela empresa), o desafio adequado é proposto por ele, mas precisa ser aceito pela pessoa para ter validade.

É preciso ressaltar que todos os agentes de motivação devem ser propostos pelos gerentes. Alguns (os extrínsecos) são aceitos ou rejeitados. Se forem rejeitados, a pessoa deixa a organização. Porém, por vezes o funcionário aceita uma proposta com reserva – por motivos vários –, o que provoca efeito inverso ao desejado – ou seja, o agente é desmotivador. Exemplo: se recebo um aumento de salário de 10%, mas esperava 20%, tenho duas alternativas: peço demissão ou fico no emprego, mas com a sensação de injustiça (portanto, desmotivado).

Por outro lado, os agentes intrínsecos são propostos e sua aceitação é necessariamente "negociada", uma vez que só têm efeito se forem aceitos. Eles exigem muito mais sofisticação e competência para ser administrados. Assim, por exemplo, se quero adotar como fator motivacional a autonomia, não basta simplesmente anunciar essa intenção. É indispensável fazer todas as modificações organizacionais que permitam à pessoa de fato ter mais autonomia (isto é, menos necessidade de autorização do gerente para realizar determinadas operações).

Algumas recomendações aos gerentes

Os fatores extrínsecos gerarão motivação se as pessoas envolvidas sentirem que valores ou sistemas propostos pelos gerentes não são inferiores aos da concorrência ou daqueles dos de organizações semelhantes. Se o desejo é motivar uma pessoa a permanecer por longo tempo na organização, pode-se oferecer a ela um plano de aposentadoria, por exemplo. Todavia, esse plano não pode ser pior (em valor e em condições de uso) do que o da organização vizinha (mesmo que com atividade diferente).

Por outro lado, é preciso tomar cuidado para não exagerar em valores ou condições de salários, prêmios e outras formas de remuneração, pois a experiência mostra que tais exageros "viciam". Cria-se um ambiente em que apenas o contínuo aumento serve de motivação, não importando o que ocorrer com o mercado. Isso acontece com frequência em setores econômicos que passam por forte expansão ou em áreas controladas por sindicatos poderosos.

Os fatores intrínsecos exigem grande competência – não só para criá-los como, sobretudo, para mantê-los.

AVALIAÇÃO DE DESEMPENHO

Esse é um assunto delicado e em geral esquecido pelos gerentes, em virtude da dificuldade que lhe é inerente. Porém, trata-se de um dos pontos fundamentais para aprender a lidar com as pessoas. Afinal, queiramos ou não, elas *desejam ser avaliadas*. E, por justiça, *ser avaliado é um direito*.

As pessoas precisam saber, especialmente quando exercem uma função que lhes foi delegada, como estão sendo vistas por quem atribuiu tais tarefas.

Faço algumas reflexões:

- Avaliar é natural, estamos sempre fazendo isso.
- A dificuldade é estabelecer sistemas justos de avaliação de desempenho.

- Sistemas de avaliação simples (compreensíveis para todos) podem gerar motivação.
- Os sistemas de avaliação devem levar em conta a diferença entre causas sistêmicas e especiais.
- É indispensável ter uma entrevista com cada funcionário, no mínimo a cada seis meses.
- Compaixão é o sentimento indispensável. Lembre-se de que a palavra "compaixão" quer dizer "sentir dó do sofrimento ou do mal do outro".

No Capítulo 9, proporei ao leitor um sistema operacional com regras básicas para implementar um sistema moderno e prático de avaliação de desempenho profissional.

Antes de concluir este tópico, faço especial recomendação aos gerentes sobre conversas que venham a ter com seus liderados, mesmo que fora das entrevistas de avaliação. Refiro-me à postura mental que o gerente deve ter nesses momentos. Vejamos o diagrama a seguir:

Que sentimentos existirão? ——→ O que devo dizer? ↓	AFETO e CONSIDERAÇÃO (se fizer assim, terei o resultado abaixo)	AUSÊNCIA DE AFETO e de CONSIDERAÇÃO (se fizer assim, terei o resultado abaixo)
VERDADE	CONSTRUÇÃO	RAIVA
MENTIRA (ausência de verdade)	FRUSTRAÇÃO	GUERRA

Na primeira linha, como está indicado na coluna mais à esquerda, coloquei os sentimentos que quero inspirar em meu interlocutor. Evidentemente, ninguém em estado normal vai confessar que não terá "consideração" em relação a ele. Na realidade, o que está em jogo é a avaliação que ele fará da minha intenção. Ou seja, se tenho um bom relacionamento anterior com o entrevistado, deve predominar um sentimento de "consideração" mútuo na entrevista. Caso nossas relações não tenham um histórico favorável, é provável que comecemos a conversa na situação de "ausência de consideração".

A primeira coluna indica a forma que escolherei para dizer a verdade ou para mentir. Dizer a verdade significa que exporei, com educação mas sem rodeios, tudo que deve ser dito. Se for uma avaliação de desempenho, explico claramente o que vai mal e o que vai bem. Dizer uma mentira corresponde a uma atitude relativamente comum em conversas desse tipo: com receio de melindrar o interlocutor ou de ser mal compreendido, profere-se uma "mentirinha" ou uma "meia verdade". Exemplo, o entrevistado sempre chega atrasado no trabalho. A verdade é dizer-lhe claramente o que está acontecendo. Já a meia verdade é dizer: "Você de vez em quando atrasa..."

Os dois retângulos (segunda e terceira linhas + segunda e terceira colunas) mostram o resultado qualitativo mais provável das alternativas propostas, que são as seguintes:

- Se eu falar uma verdade no ambiente de falta de consideração, o resultado será a raiva do interlocutor. Essa situação é conhecida como "conversa curta e grossa".
- Se eu falar uma mentira em ambiente de consideração, é provável que, em algum momento, o interlocutor sinta-se frustrado (porque não aprendeu nada, já que ele conhece o próprio desempenho).
- O pior acontece quando uma "mentira" é dita num ambiente de desafeto ou falta de consideração. A situação descrita como guerra, na realidade, pode ser considerada traição ou "sacanagem".
- Por fim, a única situação cujo desfecho é construtivo é aquela em que se diz a verdade num ambiente de afeto e consideração.

A seguir, faço duas recomendações ao gerente que quer aprender a lidar com as pessoas:

- Habitue-se a conversar formalmente com seus liderados. O ideal é que tais conversas sirvam para avaliar o desempenho profissional de cada um deles.
- Construa, com cada liderado, um ambiente de afeto e consideração. Isso não é obtido com técnicas de relacionamento, mas com postura de compaixão.

RECOMENDAÇÕES PARA MELHORAR A COMUNICAÇÃO

Há na literatura especializada interessantes conselhos para melhorar a comunicação entre as pessoas e, de modo particular, entre líderes e liderados, sobretudo no que diz respeito à criação de um relacionamento de afeto e consideração.

Falemos do livro de Hyler Bracey *et al.* (1990) *Management from the heart* [Gestão do coração]. A obra conta a história de Harry, gerente de uma grande refinaria que adora seu trabalho, mas não lida bem com a pressão de seu cargo. Certo dia, quando devia anunciar uma grande demissão de funcionários, ele sente uma forte dor no peito, sendo internado às pressas. Então, vive uma experiência fantástica: uma mulher misteriosa aparece e diz que pode devolvê-lo à vida se ele mudar seu comportamento como pessoa e como gerente, aprendendo a "administrar com o coração". A seguir, ela impõe cinco regras para melhorar sua comunicação com as pessoas, a fim de criar afeto e consideração:

1. "Não me deixe de lado quando não concordar comigo."
2. "Certifique-se de que me ouviu e me entendeu."
3. "Diga-me verdades com respeito e consideração."
4. "Lembre-se de que sempre tenho uma boa intenção; cabe a você percebê-la."
5. "Reconheça a grandeza que existe em mim."

Repito-as com minha interpretação:

1. Quando não estiver de acordo com o que fiz ou disse, não me culpe.
2. Peço-lhe o favor de entender corretamente o que eu quis dizer; não me aborrecerei se você me pedir para repetir. Espero a mesma atitude de sua parte.
3. Tenho afeto e consideração por você e me comprometo a sempre lhe dizer exatamente o que penso da sua pessoa. Por favor, faça o mesmo comigo.
4. Acredite que sempre tenho uma boa intenção a seu respeito, mas é você que deve percebê-la.
5. Tenho crenças e ajo em função delas, mas cabe a você descobri-las e

reconhecê-las. Peço-lhe que me fale delas, pois isso ajudará nosso relacionamento. Comprometo-me a fazer o mesmo com você.

ENTENDENDO SEU PAPEL DE GERENTE/LÍDER

Para saber lidar com gente, é indispensável conhecer e entender o papel que se deve desempenhar.

Gerência e liderança: definições

A figura a seguir evidencia os três tipos de poder de um gerente:

FIGURA 4.2 - **PODERES DE UM GERENTE**

- **Poder de mandar:** deriva da autoridade definida para uma função organizacional para a qual a pessoa foi nomeada ou designada oficialmente. Em geral, os limites desse poder são estabelecidos.
- **Poder de fazer:** é aquele inerente a uma função organizacional; a pessoa tem autoridade (ou autonomia) para realizar determinado trabalho ou ação.
- **Poder de influir:** é o poder menos visível, mas decorre dos dois anteriores, pois dá recursos à pessoa para orientar, formar, treinar, avaliar, premiar, punir etc.

Baseado nessa configuração, defino *liderança* como *o processo de exercer influência sobre um indivíduo ou um grupo, a fim de atingir determinado objetivo em determinada situação.*

O processo de liderança é, portanto, uma função do líder, do(s) seguidor(es) e das outras variáveis da situação.

Faço, aqui, uma diferenciação entre chefe e líder: chefe é aquele que tem o poder de mandar e de fazer, mas somente o líder exerce de fato o poder de influir.

As funções básicas de um líder gerente

No decorrer de seminários para gerentes, sempre me surpreendo ao perceber que muitos são incapazes de verbalizar suas funções básicas. E, o que parece mais preocupante, eles não as praticam. Vejamos quais são elas:

- **Iniciativa:** fazer esforço concentrado em uma atividade específica, a fim de iniciar o que não existia antes, cessar o que ocorria, desviar a direção de um esforço ou modificá-lo.
- **Investigação:** acessar fatos e dados fornecidos por pessoas ou outras fontes.
- **Posicionamento:** defender um ponto de vista.
- **Solução de conflitos:** ser capaz de enfrentar e resolver problemas.
- **Tomada de decisão:** ação inerente ao desempenho da liderança. Pode ser independente (o líder responde pela decisão final) ou por delegação (trabalho em equipe).
- **Avaliação crítica** (*feedback*): processo de afastamento ou de interrupção de uma atividade a fim de estudá-la, considerar alternativas e melhorar o desempenho. Pode ser entendido também como acompanhamento.

Ligando esses pontos aos nossos filtros internos (Capítulo 3), chamo a atenção do leitor para o fato de que os filtros dos valores e do conhecimento podem interferir fundamentalmente nas três últimas funções, isto é, solução de conflitos, tomada de decisão e avaliação crítica. Eles criam a chamada inferência ou o uso de pressupostos.

Assim, os gerentes devem manter sempre atualizados – conscientemente – seus valores e seus conhecimentos. Para isso, é preciso, como em todas as atividades humanas, estar sempre disposto a aprender, a ouvir críticas e a praticar o que aprendeu.

Mais à frente, ainda neste capítulo, pretendo mostrar alguns erros ou omissões de gerentes no exercício das funções.

Observar e agir

O diagrama a seguir é essencialmente conceitual, mas pretende evidenciar um grande risco para os líderes gerentes e, ao mesmo tempo, ajudá-los a tratar adequadamente seus liderados.

Ele mostra que toda atividade humana tem dois eixos: o desafio nela inserido e a competência da pessoa designada para enfrentá-lo. Assim, se a competência é baixa e o desafio alto, estaremos na zona do estresse – ou seja, a pessoa tem muito trabalho, mas não possui o conhecimento e as ferramentas para realizá-lo.

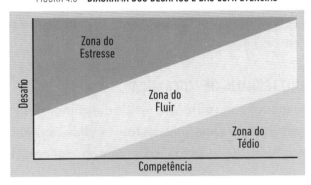

FIGURA 4.3 - **DIAGRAMA DOS DESAFIOS E DAS COMPETÊNCIAS**

Da mesma forma, se a competência é alta, mas o desafio é baixo (trabalho muito simples, sem exigências etc.), caímos na zona de tédio, pois é isso que a pessoa envolvida vai sentir.

Finalmente, quando há o equilíbrio entre o desafio e a competência, entramos na zona do fluir.

Cito alguns exemplos relativamente comuns, que teriam sido evitados se tal equilíbrio tivesse sido observado:
- **Caso 1:** Gerente designa um auxiliar muito competente como técnico de produção para supervisionar um grupo de executantes em outra área da empresa. Se o gerente não tiver o cuidado de propiciar a forma-

ção do "transferido" para a nova função de supervisor, o risco de fracasso será elevado (potencial situação de estresse).

- **Caso 2:** Diretor de escola designa seu melhor professor de matemática como adjunto (subdiretor), porém ser bom professor não significa necessariamente ter competência para ocupar esse tipo de cargo. Se não receber a formação necessária, o docente entrará na zona do estresse e fracassará no exercício da nova função (e se tornará infeliz).
- **Caso 3:** Gerente quer substituir um auxiliar, mas não deseja demiti-lo. Inexistindo uma função disponível no organograma, cria uma nova, quase sem atribuições. A pessoa transferida passa a atuar em atividades de baixo desafio, que não apelam para sua competência profissional. O indivíduo entrará na zona do tédio e seu excesso de tempo livre perturbará o líder. (Isso é relativamente comum nas organizações que não fazem demissões por desempenho abaixo das expectativas e praticam ações paliativas – quebra-galhos –, com consequências drásticas em médio prazo.)

MODELOS ORGANIZACIONAIS DE LIDERANÇA

O exame desses modelos permite-nos analisar o comportamento de gerentes que atuem em situações nas quais as funções básicas são bem caracterizadas. Mesmo apresentando casos extremos ou estereótipos, é possível aprender com eles.

Grade gerencial (modelo Blake e Mouton)

Publicado em 1964 por Robert Blake e Jane Mouton, esse modelo procura estabelecer padrões de comportamento. Os autores fazem uma distinção entre a preocupação do líder com as pessoas e com a tarefa, adotando como ponto de partida a Teoria Y de McGregor (veja neste mesmo capítulo).

O modelo é representado como uma grade: o interesse na tarefa aparece no eixo X (das abscissas) e a preocupação com as pessoas, no eixo Y (das ordenadas). Em cada eixo, adotou-se uma escala que varia de 1 (significando sempre o ponto mínimo das duas preocupações) a 9 (indicando o ponto máximo da preocupação).

FIGURA 4.4 - **GRADE GERENCIAL**

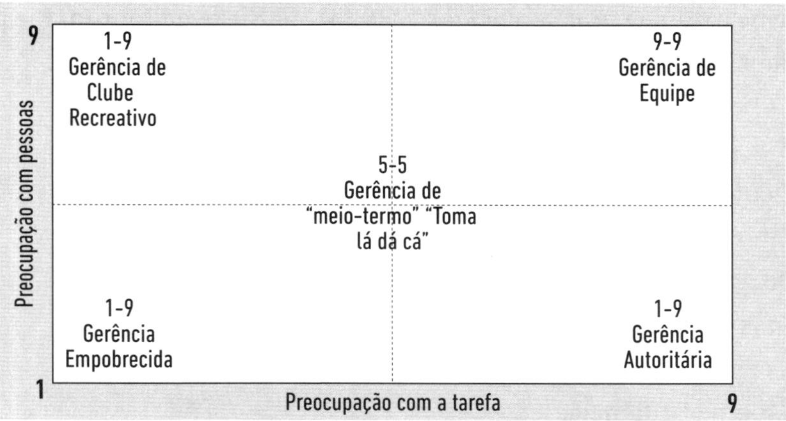

1-9 Gerência de Clube Recreativo		**9-9** Gerência de Equipe
	5-5 Gerência de "meio-termo" "Toma lá dá cá"	
1-9 Gerência Empobrecida		**1-9** Gerência Autoritária

Eixo vertical: Preocupação com pessoas (de 1 a 9)
Eixo horizontal: Preocupação com a tarefa (de 1 a 9)

Assim, observam-se quatro posições extremas (1-1, 1-9, 9-1 e 9-9) e um ponto central (5-5). Por convenção dos autores, o primeiro número de cada par sempre representa a "nota" da preocupação com a tarefa. Assim, quando classificam um grupo gerencial como 9-1, dão nota máxima à preocupação com a tarefa e mínima à preocupação com as pessoas.

Cada posição recebeu dos autores um nome ou "estilo de liderança". Cada um representa um comportamento-padrão dos líderes. Estudando-os, seria possível determinar como eles reagem às funções básicas – iniciativa, investigação, posicionamento, solução de conflitos, tomada de decisão e avaliação.

A grade gerencial foi desenvolvida, ao longo dos anos, em seminários organizados por consultores da empresa de propriedade dos autores. Durante boa parte desses seminários, cada participante optava por um estilo em que acreditasse atuar. Evidentemente, quando essa autodefinição era bem-feita, a pessoa tinha boas informações sobre sua atuação como gerente e orientações para melhorar seu desempenho.

Ao abordar esse tema nos seminários que fazíamos, André Alckmin e eu não incentivávamos os participantes a se autoidentificar, mas a procurar, entre os vários estilos, aquele que mais se aproximasse do que praticavam e a tentar, a partir dali, tirar proveito do conhecimento desenvolvido. Mantive o mesmo propósito ao incluir tal tópico neste livro.

Examinemos agora o comportamento característico de cada estilo, conforme a obra *O grid gerencial III* (1995), de Blake e Mouton. Fiz pequenas adaptações no texto para auxiliar o entendimento do leitor.

Estilo 9-1 – Gerente autoritário

- É controlador.
- Interrompe os outros.
- Decide sozinho e somente depois diz o que deverá ser feito.
- Suas decisões são definitivas.
- É exigente.
- Espera obediência.
- Tem mania de criticar.
- Entra em brigas para perder ou para ganhar.
- É enérgico.
- Tem todas as respostas prontas.
- É impaciente.
- Interroga.
- Parece sempre recomendar aos outros que mantenham distância dele.
- É dominador.
- É agressivo.
- Não hesita em censurar logo que algo ocorre.
- Vê as coisas em termos de "preto no branco".
- É teimoso.
- Age como um "feitor"– manda fazer, mas não diz por quê.

Estilo 1-9 – Gerente "clube recreativo"

- É respeitoso, agradável e compreensivo.
- Evita falar em pontos negativos.
- Não sabe dizer "não".
- Não gosta de divergências.
- É excessivamente lisonjeador.
- Anseia demasiadamente por prestar ajuda.
- Sente remorso por desatenções involuntárias.

SABEDORIA PROFUNDA EM GERENCIAMENTO

- Diz palavras atenciosas e agradáveis.
- Sensível, magoa-se facilmente.
- Dá apoio e consolo.
- Gosta de viver em harmonia com os outros.
- Não gosta de controvérsias.
- É improvável que investigue as coisas a fundo.
- Espera ouvir o que os outros têm a dizer antes de se posicionar.
- Cede para obter aprovação.

Estilo 5-5 – Gerente "meio-termo" ou "toma lá dá cá"

- É conciliador.
- Cauteloso, transige quase sempre.
- É conformista.
- Torna-se evasivo quando desafiado.
- É interesseiro e indireto.
- Negocia e prefere o "meio-termo".
- Segue precedentes.
- Evita comprometer-se.
- Entremeia comentários agradáveis com outros desagradáveis.
- Suaviza divergências.
- Permanece ao lado da maioria. Tenta "saber de que lado sopra o vento".
- Evita tomar partido. Fala vagamente.
- Espera para ver como os outros se posicionam antes de fazê-lo.

Estilo 9-9 – Gerente de equipe

- É sincero e direto.
- É confiante e determinado.
- Gosta de trabalhar.
- Busca fatos e dados.
- Focaliza os problemas reais.
- Vai até o fim no que faz (não deixa nada para trás).
- Tem espírito de "realizador".
- Identifica causas obscuras.

- É inovador; tem a mente aberta.
- Tem prioridades claras.
- Estabelece metas desafiadoras.
- Externa suas ideias.
- Mantém sua posição.
- Estimula a participação.
- Dado à reflexão, pensa grande.

Estilo 1-1 – Gerente empobrecido

- É apático.
- Age sempre como espectador.
- Adia tudo que for possível.
- Foge à responsabilidade.
- Não faz avaliações; não dá *feedback*.
- Se possível, evita interferir em qualquer discussão ou análise de problema.
- Deixa os acontecimentos seguirem seu curso.
- Não anota as coisas feitas nem aquelas por fazer.
- Não se compromete.
- Resignado, considera-se perseguido.
- Apresenta poucas opiniões espontaneamente.
- Espera que os outros tomem as providências.
- É alienado e sempre neutro.
- Parece sempre estar esperando o tempo passar.

Nos anos 1990, os autores aprofundaram o estudo inicial e acrescentaram três comportamentos-padrão (ou estilos) que não aparecem no gráfico (paternalista):

Gerente paternalista

- Age como ditador benevolente.
- É condescendente e sempre dá conselhos.
- Releva obrigações.
- Espera lealdade cega.

- Pensa saber tudo sobre tudo.
- É afavelmente exigente.
- Conserva suas prerrogativas.
- Lidera com zelo religioso.
- Faz os que dele discordam se sentir culpados.
- Gosta de se fazer de mártir.
- É moralista e perfeccionista.
- Inclinado a fazer sermões.
- Determina, em detalhe, tudo que deve ser feito.
- É "farisaico" (isto é, se aferra mais às regras do que ao espírito delas).
- Tolera discordâncias privadamente, mas ressente-se quando desafiado em público.

Gerente oportunista

- Pergunta-se sempre: o que tenho a ganhar?
- É indiferente aos inferiores hierárquicos.
- Anseia por atenção, sobretudo dos superiores.
- Procura notoriedade.
- Elogia a si mesmo, visando construir seu "nome".
- É esperto e adulador.
- Presta favores para receber algo em troca.
- É "escorregadio" e insinuante.
- Procura conhecer os pontos fracos dos outros para explorá-los.
- Só é leal a alguém ou a uma ideia se com isso obtiver vantagens.
- Tenta sempre mostrar intimidade com os superiores.
- Credita a seu favor tudo que puder.
- Toma iniciativas que promovam sua imagem.
- Toma iniciativas que sabe agradar a seus superiores.

Gerente de fachada

- Tem ambição cega e calculista.
- Faz rodeios.
- Interpreta sempre um papel; procura efeitos.

- Faz jogo duplo.
- Crê que o fim justifica os meios.
- É manipulador.
- Esconde o jogo.
- Diz-se aberto ao diálogo, mas não suporta críticas.
- Tende a blefar.
- Infringe as regras, mas quer ser reconhecido como respeitador delas.
- Valoriza sua reputação.
- Age de modo autoritário, mas sempre se escondendo atrás de um colega ou subordinado.
- Busca o poder pessoal permanentemente.

Na obra já referida *O grid gerencial III*, Blake e Mouton fazem recomendações para que os líderes melhorem seu comportamento com base no estilo em que trabalham. Tais sugestões para mudança de comportamento estão anotadas a seguir. Não são textuais, fiz pequenas alterações com fins didáticos. Para evitar repetições ou obviedades, não há sugestões para todos os estilos. Acredito, porém, que os mais importantes estão tratados. Como contribuição pessoal, classifiquei tais recomendações conforme as funções básicas dos gerentes.

Estilo 9-1 – Gerente autoritário

- Motivação:
    - Incentive seus liderados a participar da solução de problemas.
    - Evite guardar as informações só para si.
- Iniciativa:
    - Antes de dar uma ordem, tente despertar o interesse dos liderados pelo problema.
    - Pense antes de agir. Nem sempre é preciso agir com urgência.
    - Consulte colegas e liderados antes de tomar uma decisão.
- Investigação:
    - Consulte colegas e liderados; talvez eles tenham dados mais precisos que os seus.

- Resista à tendência de ignorar informações provindas de quem você não gosta.
- Preste atenção nas ideias diferentes das suas.
- Posicionamento:
  - Espere o pessoal dizer o que pensa antes de anunciar sua posição.
  - Ouça com atenção quando os outros advogarem uma postura.
  - Expresse suas reservas sobre as suas posições.
- Conflitos:
  - Tente não discutir apenas para ganhar.
  - As ideias e análises dos outros podem ser melhores do que as suas.
  - Se há divergências, faça que sejam exteriorizadas, em vez de rejeitá-las de imediato.
- Decisão:
  - Pense antes de tomar decisões no calor do momento. Consulte outras pessoas.
  - Explique as razões e as bases de suas decisões.
  - Lembre-se de que pedir ajuda não é sinal de fraqueza.
- Crítica:
  - Criticar não significa necessariamente acusar ou censurar.
  - Os *feedbacks* devem ser necessariamente de mão dupla. Tenha coragem de ouvir o que os outros pensam sobre a liderança que você exerce.

Estilo 1-9 – Gerente "clube recreativo"

- Motivação:
  - Cuidado ao ser sempre amável e solícito: os outros podem achar um exagero e desistir de lhe propor soluções.
  - Cobrar pode ser motivo de aceitação e respeito.
- Iniciativa:
  - Não adie o que precisa ser feito. Diga a si mesmo: "Eu devo..."
  - Sempre que tender a desistir de algo, reaja e tome a iniciativa.
  - Não peça a opinião dos outros para atos rotineiros.
  - Não espere sempre aprovação do chefe.

- Investigação:
  - Prepare-se melhor antes de assistir às reuniões.
  - Faça perguntas: "Por quê?" e "Por que não?"
- Posicionamento:
  - Ensaie a explicação de suas convicções antes de anunciá-las.
  - Não espere todos falarem para expor suas opiniões.
  - Deixe que os outros conheçam sua posição, dizendo claramente o que pensa.
  - Seja específico com relação ao que defende. Evite a palavra "mas". Não fique em cima do muro.
  - Evite ser prolixo; treine para dizer apenas o essencial.
- Conflitos:
  - Admita que conflitos são inevitáveis.
  - Cuidado para não parecer fraco quando tenta ignorar divergências ou passar por cima delas.
  - Se alguém discorda de você, peça para explicar por quê.
- Decisão:
  - Não adie decisões embaraçosas ou desagradáveis.
  - Ao consultar os outros, cuidado para que não pareça estar apenas ganhando tempo.
  - Muitas vezes, as pessoas não querem se envolver numa decisão que deve ser sua.
- Crítica:
  - Uma avaliação de desempenho não tem de ser necessariamente dolorosa, mas não tenha medo de fazê-la.
  - As pessoas querem ser úteis e lhe contarão tudo que você quiser saber.
  - As pessoas têm o direito de saber o que você pensa delas. Diga a verdade com afeto e consideração.
  - A correção de situações negativas (desempenho "abaixo das expectativas") é tão importante quanto o louvor pelas ações positivas (desempenho "acima das expectativas").

SABEDORIA PROFUNDA EM GERENCIAMENTO

Estilo 5-5 – Gerência "meio-termo" "toma lá dá cá"

- Motivação:
  - Verifique se as reações nos outros revelam respeito ou simplesmente são conformistas.
- Iniciativa:
  - Ataque os problemas com base na lógica da situação, sem confiar apenas naquilo que é tradicional.
  - Faça o que precisa ser feito, sem esperar a aprovação de alguém.
- Investigação:
  - Seja minucioso.
  - Não escreva relatórios pensando apenas em ser agradável.
  - Compare sempre suas interpretações com as dos outros, a fim de saber se têm o mesmo significado.
- Posicionamento:
  - Para romper a indecisão é preciso expressar convicções.
  - Demonstre suas ideias com espontaneidade.
- Conflitos:
  - Pode haver divergências sem que elas se tornem desagradáveis. Lembre-se de que uma divergência pode ser fonte de inovação.
  - Informações básicas e relato de dúvidas reduzem as divergências.
  - A franqueza e a imparcialidade retiram do conflito o aspecto "perde-ganha".
- Decisão:
  - Há decisões que só você pode tomar. Não empurre o problema para os outros.
  - Decisões tomadas no tempo certo geram respeito.
  - Forneça as razões de suas decisões; as pessoas compreenderão melhor.
  - Esteja pronto para rever uma decisão se constatar falhas.
  - É desejável sempre examinar quanto e a quem você delega.
  - A decisão por consenso é ideal desde que existam franqueza e honestidade intelectual dos membros da equipe.
  - Nem todas as decisões com base na maioria são as melhores.

- Quando houver restrições às decisões de equipe, destaque-as. Isso facilita o consenso.
- Crítica:
  - Use o *feedback* para reduzir os erros em seus planos.
  - A crítica é particularmente valiosa se for negativa e levantar dúvidas sobre algum ponto.
  - Não tenha vergonha de pedir *feedback* aos seus liderados. Isso vai encorajá-los a solucionar as verdadeiras questões que prejudicam o trabalho.

O modelo da grade gerencial parece possibilitar excelente aprendizado para os gerentes, desde que não fiquem preocupados em demasia em se enquadrar em um dos estilos.

Ademais, estou convencido de que:

- Nenhum gerente, na realidade, tem um estilo puro, único e imutável.
- Os estilos mudam conforme as circunstâncias, razão pela qual apresentarei a seguir outro modelo igualmente rico em ensinamentos que se caracteriza por incluir essa variabilidade no raciocínio.

Modelo de liderança situacional

Elaborado pelos professores americanos Paul Hersey e Kenneth Blanchard, no início dos anos 1970, teve como ponto de partida o modelo da grade gerencial (veja o tópico anterior). Os autores estabeleceram que o tipo de liderança ou estilo deve se adequar à situação vivida (daí o nome dado ao modelo).

Ter *liderança situacional* consiste em *estabelecer a correlação entre o estilo do líder, a maturidade do liderado e a situação encontrada*. Segundo o modelo, não existe um estilo de liderança ideal para todas as situações, mas estilos diversos de gerenciamento para diferentes ocasiões.

Há duas *variáveis consideradas no modelo*: o *comportamento do líder* – como ele se orienta para as tarefas e como se relaciona com seus seguidores – e o nível de *maturidade dos seus subordinados*. A maturidade consiste na capacidade de estabelecer objetivos (metas), de aceitar responsabilidades e ter aptidão para desempenhar a tarefa solicitada. Esse critério é avaliado pelo líder. Se o subordinado tem experiência e formação para desempenhar a tarefa, está apto a fazê-lo.

É essa ideia de maturidade que define *quatro estilos ou formas de liderança*, combinados com *quatro níveis de maturidade, que são os seguintes*:

1. **Comando:** adequado a pessoas com baixo nível de maturidade (os liderados não estão aptos a assumir responsabilidades ou não têm vontade de fazê-lo). Um comportamento característico nesse caso é dar muitas ordens e pouca ênfase ao relacionamento.

2. **Apoio/convencimento:** o liderado necessita conhecer a tarefa e conquistar um estímulo para executá-la. Os subordinados mostram alguma vontade, mas não se sentem preparados para assumir responsabilidades. O líder contribui apoiando a obtenção de novas ideias e disseminando conhecimento quando o colaborador necessita de ajuda.

3. **Participação:** o líder estimula o liderado a adquirir segurança na execução da tarefa e a buscar o aprendizado, aumentando suas habilidades e seu conhecimento. Ele presta apoio, porém supervisiona pouco.

4. **Delegação:** o líder mantém um contato com pouca supervisão e pouco apoio. Muitas vezes, o liderado tem autoridade para tomar decisões de ordem estratégica. Ou seja, esse estilo ocorre quando os liderados apresentam mais autonomia e liberdade, tendo conhecimento e segurança para realizar as tarefas.

Assim, o ponto forte dessa teoria é o reconhecimento da competência e da motivação como elementos-chave do processo de liderança. Os autores utilizaram o mesmo modelo da grade gerencial: um gráfico cartesiano, tendo na horizontal a preocupação com a tarefa e na vertical a preocupação com as pessoas.

Para compreender as figuras a seguir, é necessário explicitar algumas particularidades:

- O retângulo é dividido em quatro partes, denominadas quadrantes e numeradas da direita para a esquerda (a lógica dessa ordenação será entendida mais abaixo).

- Os números dos quadrantes servem como referência para os estilos de liderança. Assim, o "estilo quadrante IV" é o de "delegação", enquanto o "estilo quadrante I" é o de "comando".
- A curva desenhada procura demonstrar a evolução dos estilos, pela lógica da administração, do menor conhecimento da tarefa (quadrante I) à máxima *expertise* (quadrante 4). Por isso há flechas indicando a evolução normal (natural).

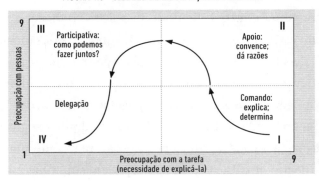

FIGURA 4.5 - **MODELO DE LIDERANÇA SITUACIONAL**

Para melhorar o entendimento do modelo, cito dois casos reais:

Caso 1 – "Estilo evolutivo sequencial": autoescola

Quando o aprendiz chega à autoescola, sua grande motivação é a tarefa de dirigir um carro (assim, aplica-se a nota mais alta, 9). Porém, naquele momento, o aprendiz não tem nenhuma preocupação com as pessoas (assim, aplica-se a nota mínima, 1). Ele não quer saber quem é o instrutor, quem são os outros alunos etc., estando, portanto, no quadrante I. Cabe ao líder (no caso, o instrutor) usar um estilo de "comando": precisa, sem delongas, explicar o que é necessário fazer para dirigir um carro e determinar que gestos e ações o aprendiz deve executar. Um equívoco grave do líder nessa situação seria, por exemplo, dar uma aula sobre "segurança dos pedestres", que não despertaria naquele momento nenhum interesse no aprendiz. Acompanhe a situação no diagrama a seguir:

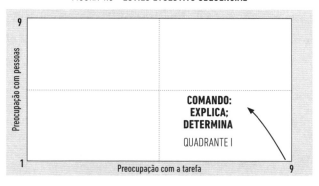

FIGURA 4.6 - **ESTILO EVOLUTIVO SEQUENCIAL**

Após algumas aulas, o aprendiz estará pronto para assumir a direção do carro da escola, em companhia do instrutor. Cabe a este (no papel de líder) entender que o aprendiz já tem os conhecimentos teóricos e práticos básicos e deseja, portanto, conduzir o veículo. Assim, como indicado no quadrante II, o instrutor deve incentivá-lo, lembrando-lhe algumas regras, mas sem reduzir sua motivação. Ou seja, nesse período, o líder estará mais preocupado (nota maior do que 5) com o aprendiz (sobretudo para que ele não desanime com eventuais erros), porém haverá uma nítida redução na preocupação com a tarefa, embora esta ainda seja maior do que 5:

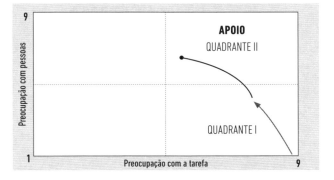

FIGURA4.7 - **ESTILO EVOLUTIVO SEQUENCIAL II**

Passado mais um tempo, quando o aprendiz já venceu o medo inicial e faz automaticamente muitos dos gestos de condução do veículo, cabe ao instrutor, ainda preocupado com a maturidade do aluno, cessar as instruções e incentivá-lo: "Muito bem!", "Você está se saindo bem", "Você será aprovado no exame"... Esse é o contexto do quadrante III. A preocupação com a tarefa ficou menor, embora a preocupação com pessoas ainda seja elevada (maior que 5):

FIGURA 4.8 - **ESTILO EVOLUTIVO SEQUENCIAL III**

Por fim, quando o instrutor deixa o carro inteiramente nas mãos do aprendiz, chega-se ao quadrante IV: não há mais nada que ensinar ou explicar, nem mais preocupação com a motivação/maturidade. Ou seja, as notas, tanto no que se refere à preocupação com a tarefa como com a preocupação com pessoas, ficam mínimas (ambas próximas de 1):

FIGURA 4.9 - **ESTILO EVOLUTIVO SEQUENCIAL IV**

SABEDORIA PROFUNDA EM GERENCIAMENTO

Caso 2 – Estilo por grupos: direção-geral de uma organização

Seja em uma empresa ou em uma escola, a direção-geral é uma função que geralmente lidera pessoas com diversos níveis de maturidade. Sem ser exaustivo, o quadro abaixo indica os casos mais típicos encontrados na vida real:

Nível de maturidade	Em empresas	Em escolas
Alto	Gerentes	Professores titulares
Médio alto	Supervisores	Professores iniciantes
Médio baixo	Auxiliares administrativos	Funcionários administrativos

Conforme explica o modelo, o líder não deve ter o mesmo estilo com todos os seus liderados diretos. Em minha opinião, os líderes deverão ter um modelo básico, embora com muita flexibilidade. Assim, em boa parte do tempo, terão seus estilos como indicado a seguir:

Nível de maturidade	Em empresas	Em escolas	Estilo preferencial
Alto	Gerentes	Professores titulares	Quadrante IV
Médio alto	Supervisores	Professores iniciantes	Quadrante III
Médio baixo	Auxiliares administrativos	Funcionários administrativos	Quadrante I ou II

Ressalto que o modelo liderança situacional tem hoje reputação menor do que aquela tida nas décadas de 1970 e 1980. Essa perda decorre mais do famigerado vício dos "especialistas" em novidades que da falta de conteúdo e de praticidade. Assim, recomendo que os gerentes usem o modelo como referência e fonte de aprendizado.

MODELO DE LIDERANÇA: INDIVIDUAL OU COLETIVO?

Para encerrar o capítulo, trago ao leitor uma tabela comparativa entre duas concepções organizacionais:

- A baseada nos indivíduos – Os psicólogos a chamam de organização em que "eu" é a palavra mais importante.

- A baseada no coletivo (em grupos de pessoas) – A palavra-chave é "nós", sendo a colaboração o conceito básico.

Na tabela a seguir, essa comparação é feita de forma simplificada, mostrando o significado de tais modelos de liderança e como os gerentes são percebidos em cada um:

LIDERANÇA BASEADA NO "EU"	LIDERANÇA BASEADA NA COLABORAÇÃO ("NÓS")
Gerentes são pessoas importantes, diferentes de todos os demais.	Gerentes são importantes na medida em que ajudam os outros a realizar suas tarefas.
Quanto mais alta a posição, mais importante ela é.	Uma organização é uma rede. Líderes encontram-se em toda parte.
As estratégias emanam do "chefe"; os demais são apenas responsáveis por implementá-las.	As estratégias são elaboradas coletivamente, por pessoas comprometidas.
A grande dificuldade de implementar estratégias é a resistência do pessoal.	As estratégias são implementadas quando entendidas pelo pessoal.
Administrar é tomar decisões e alocar recursos.	Administrar é inspirar e engajar as pessoas, partindo de ideias claras e compartilhadas.
Recompensas são dadas a gerentes, pois são eles que trazem benefícios para os acionistas.	Recompensas são dadas a todos; é o conjunto que traz benefícios para os acionistas.
A gerência é confiada àqueles que se fazem obedecer.	A gerência é confiada a quem conquista o respeito dos outros.

Identifico os dois modelos apresentados em muitas organizações atuais, embora muitas delas – em especial aquelas baseadas no "eu" – sempre estejam dispostas a negar que o adotem. De fato, as organizações procuram hoje adotar apenas posicionamentos politicamente corretos, ou seja, que atendam aos princípios éticos comumente aceitos. Mas, de modo hipócrita, muitas delas mantêm seus princípios e suas crenças escondidos no "fundo do coração", sem levar em conta que esses princípios e crenças estão a movimentá-las.

5. TRATAR DE GENTE: *HUMAN DYNAMICS*

INTRODUÇÃO

EMBORA O CAPÍTULO ANTERIOR também aborde a gestão de pessoas, aqui pretendo inserir um elemento adicional: o conhecimento *relevante* para tratar de gente.

Human Dynamics (usamos as palavras em inglês não por pedantismo, mas para mostrar que se trata de algo diferente) não é um modelo (como os que vimos no capítulo anterior), uma metodologia ou um conceito teórico, mas uma ciência – ou seja, "um saber que se adquire pela leitura, meditação, instrução, erudição e sabedoria"; "conjunto organizado de conhecimentos relativos aos processos humanos, especialmente obtidos mediante a observação, a experiência dos fatos e um método próprio" (Holanda, 1990, p. 325).

Mesmo que este livro não se destine a especialistas – sobretudo a psicólogos –, cumpre de início estabelecer as diferenças entre "processo" e "comportamento".

"Processo" (Holanda, 1990, p. 1149) é:

- "Conjunto de ações com um objetivo comum."
- "Sucessão de estados ou maneiras pelas quais se realiza uma operação."
- "Sequência de estados de um sistema que se transforma."

Já "comportamento" (Holanda, 1990, p. 355) é:

- "Conjunto de reações de um sistema dinâmico às interações com o meio em que está envolvido."

- "Conjunto de atitudes e reações de um indivíduo em face do meio social."

Uso um exemplo singelo. O processo de chupar uma laranja consiste simplesmente em fazer um corte na fruta, levá-la à boca e sugar seu sumo. Mas há diversos "comportamentos" possíveis: a) fazer o corte na metade da fruta ou no terço dela; b) pressionar a fruta com a palma da mão ou somente com os dedos; c) mordê-la ou simplesmente sugar o suco.

Human Dynamics é uma ciência que trata dos processos humanos e não dos comportamentos, como mostrarei a seguir.

UM BREVE HISTÓRICO DA DESCOBERTA E A OBRA-CHAVE

Em um dia do ano de 1979, Sandra Seagal atendia Caroline em seu consultório de psicoterapeuta. Caroline era filha de uma amiga de Sandra e tinha 9 anos de idade. Enquanto conversavam, Sandra sentiu algo incomum: por um período muito curto, ela não estava mais prestando atenção às palavras de Caroline. Em vez disso, ouvia apenas sua voz e três sons diferentes. Tendo o que se chama de "ouvido absoluto", qualidade que permite distinguir claramente a frequência dos sons (como os "afinadores" de piano), Sandra percebia que um deles era claro e os outros dois pareciam dissonantes. Aturdida com o fenômeno, dedicou-se nos dias seguintes a levantar conhecimentos a esse respeito. Com efeito, a ciência já havia associado frequências de som e luz ao corpo humano. Além disso, as mais altas frequências estavam associadas com a cabeça e as mais baixas, com os membros do corpo. Impressionada com essa primeira conexão, compartilhou o fato com colegas e professores amigos.

Juntos, fizeram outras experiências, conectando a frequência dos sons às falas de várias pessoas (inclusive bebês) em situações diversas, buscando correlações entre as frequências e o funcionamento do corpo humano. Conseguiram, então, estabelecer agrupamentos de pessoas baseados em faixas de frequência de som idênticas.

Depois de algum tempo, Sandra e seus amigos procuraram novas conexões entre as pessoas, as frequências de voz, as expressões faciais e os gestos espontâneos. Obtiveram tais dados por meio de fotos e de filmes.

Novamente a surpresa: tudo parecia perfeitamente conectado. E uma nova linha de trabalhos científicos foi engajada na University of Southern California (USC).

Em 1997, Sandra Seagal e seu marido, David Horne, publicaram um livro com as descobertas feitas nos 18 anos precedentes.

Human dynamics, publicado originalmente em 1997, foi prefaciado por Peter Senge – professor do Massachusetts Institute of Technology (MIT) e autor do *best-seller A quinta disciplina* – e lançado em português um ano depois pela Qualitymark. A tradução foi feita pela equipe da Sociedade Internacional para Excelência Gerencial (Sieg), composta por mim mesmo, André Leite Alckmin e Cássia Cristina Luvizotto.

A FUNDAMENTAÇÃO

No seu livro *A quinta disciplina*, Peter Senge questionou: "Como pode uma equipe de gerentes, todos comprometidos com seu trabalho e com QI individual acima de 120, ter um QI igual a 63?"

Uma das razões é que cada membro da equipe traz para o grupo diferenças fundamentais em sua maneira de trabalhar e ver as coisas, fato que normalmente não é reconhecido nem levado em conta. Tais diferenças podem gerar desconforto ou conflito, consumindo energia em vez de liberá-la para a criatividade e para novos aprendizados. Entretanto, quando as diferenças são reconhecidas e compreendidas, podem ser usadas em favor do bom funcionamento do grupo.

Por exemplo, imagine que uma equipe de quatro indivíduos tenha sido designada para criar um programa de desenvolvimento de pessoas para a organização. Fica claro, desde o início, que cada membro tem um ponto de vista bem distinto. Antes mesmo de começar a tarefa, um deles já exige definições – quer saber exatamente o que se entende pelas expressões "recursos humanos" e "desenvolvimento" e qual é o objetivo de longo prazo do programa em questão.

Outra pessoa acredita ser mais importante conhecer os antecedentes, o que se fez no passado; ela quer mais dados para se situar no contexto antes de considerar os próximos passos. Pergunta o que funcionou no passado e quais foram os resultados mensuráveis.

O terceiro membro concentra-se particularmente em avaliar se todos os participantes do grupo, inclusive ele próprio, se sentem à vontade, e na maneira de promover um clima favorável entre todos. Ele precisa sentir que o grupo está em harmonia antes de discutir a tarefa. Preocupa-se com a relevância do indivíduo no programa proposto e com as implicações pessoais para cada um dos participantes.

Por fim, o quarto membro da equipe deseja apenas seguir em frente. Não consegue compreender por que a equipe simplesmente não começa com algo inovador e nunca antes testado. Para ele, é evidente que os recursos humanos requerem desenvolvimento sustentado e, assim, ele pensa: "Por que todo esse 'blá-blá-blá'? Vamos logo colocar algumas ideias e partir para a ação!"

À medida que cada membro se esforça em atender às suas próprias necessidades, o conflito se acumula no grupo. Nenhum dos membros consegue compreender por que os outros não "ouvem" os colegas. A frustração acumula-se gradualmente até atingir o ponto em que o grupo não consegue mais atacar a tarefa com eficácia.

Nesse ponto, entra a nova ciência *Human Dynamics*: uma nova consciência – tanto dos sistemas de personalidade individual quanto coletiva – das interações entre tais sistemas, capaz de promover sinergia entre os diferentes processos individuais. Assim, compreendendo o funcionamento dos diferentes processos, aprende-se a melhorar os diálogos entre os interlocutores, criar equipes eficazes e realizar o potencial da organização.[1]

DEFINIÇÕES E PRINCÍPIOS BÁSICOS

Human dynamics é uma nova ciência, um novo paradigma relativo aos processos e modos de funcionamento da pessoa humana. Seu propósito é ajudar as pessoas a *descobrir seus processos* e *modos de funcionar*, isto é, as respectivas *dinâmicas humanas*.

O conhecimento de sua própria dinâmica ajuda a pessoa a reconciliar-se consigo mesma e a conhecer melhor seus talentos e suas fragilidades, tanto nos trabalhos individuais como nos grupais. Se pensarmos nos diferentes sis-

---

1. Texto traduzido do original em inglês. Esse trecho não entrou na edição brasileira.

temas humanos como instrumentos de uma orquestra, podemos dizer que *Human Dynamics* nos prepara para reconhecer as capacidades inerentes aos diferentes instrumentos, desenvolver nossa habilidade de tocá-los para, juntos, produzir uma música extraordinária.

Portanto, é mais do que uma necessidade organizacional. É uma necessidade *pessoal*.

Vamos a alguns princípios básicos dessa nova ciência.

Diz a psicologia que cada pessoa é composta de três princípios universais da personalidade humana (ou princípios de funcionamento da mente): mental, emocional/relacional e físico (ou prático).

O princípio *mental* é relacionado ao cérebro: pensar, obter valores, construir estruturas, focalizar, ter objetividade e perspectivas.

Já o princípio *emocional* é mais subjetivo, correspondendo ao relacionamento: sentimentos, comunicação, organização, síntese.

Por sua vez, o princípio *físico* é pragmático. Ele implica fazer, realizar, viabilizar a si mesmo.

Os princípios mental, emocional e físico combinam-se em cada pessoa de maneira específica e dinâmica, formando distintas "dinâmicas de personalidade" ou "formas de ser". Cada uma delas é caracterizada por diferenças fundamentais nos processos de interiorização e no modo de interagir com o mundo. É o que tentarei mostrar a seguir.

AS DINÂMICAS DE PERSONALIDADE

As dinâmicas de personalidade existem em todas as culturas, de forma relativamente consistente, ainda que em proporções diversas. Tais dinâmicas não são determinadas por cultura, idade ou sexo. Caracterizam tanto homens como mulheres e podem ser observadas em todas as faixas etárias, sem nenhuma predominância numérica.

É importante notar que cada dinâmica de personalidade tem igual valor diante das demais. Nenhuma é mais ou menos inteligente, tolerante, sensível ou dotada que outra e todas têm uma ilimitada capacidade de amadurecimento. Mas a forma como os membros de cada dinâmica funcionam é completamente diferente no que se refere à maneira de processar informações, ver o mundo, expressar suas capacidades e interagir. Cada uma tem exigências específicas para aprender, amadurecer e desenvolver suas competências. Conhecer a dinâmica de personalidade de alguém é conhecer profundamente sua forma básica de ser, seus processos fundamentais mentais/emocionais/físicos e os padrões de funcionamento e interação.

Identificando as dinâmicas

A combinação dos três princípios universais da personalidade humana, segundo uma ordem de importância relativa, define as dinâmicas. Matematicamente, resultam seis possibilidades:

Dinâmica	Posição 1	Posição 2	Posição 3
1	Mental	Físico	Emocional
2	Mental	Emocional	Físico
3	Emocional	Físico	Mental
4	Emocional	Mental	Físico
5	Físico	Emocional	Mental
6	Físico	Mental	Emocional

- **Posição 1:** é o princípio que estabelece a forma como a pessoa vê/percebe o mundo.
- **Posição 2:** é o princípio por meio do qual a pessoa processa as informações que recebe.
- **Posição 3:** é o princípio menos privilegiado.

Nomenclatura das dinâmicas e suas características

Para facilitar a identificação das dinâmicas de personalidade, cada uma delas ficou conhecida pelos "princípios" colocados nas posições 1 e 2. A posição 3 é evidentemente ocupada pelo princípio faltante, que não precisa ser explicitamente mencionado.

Assim, temos as seguintes dinâmicas:
- Mental-Física (MF)
- Mental-Emocional (ME)

- ■ Emocional-Física (EF)
- ■ Emocional-Mental (EM)
- ■ Física-Emocional (FE)
- ■ Física-Mental (FM)

Interpretando a combinação dos princípios básicos, pode-se formular o que significa cada dinâmica:

- ■ **Mental-Física:** vê o mundo como um conjunto de sistemas existentes no seu cérebro (dimensão mental) e processa as informações de forma prática (física), acessível às pessoas.
- ■ **Mental-Emocional:** vê o mundo como um conjunto de sistemas existentes no seu cérebro (dimensão mental) e processa as informações de forma emocional (relacional). Estatisticamente, essa dinâmica é muito rara (talvez inferior a 0,001%), por isso não há muitas informações sobre ela.
- ■ **Emocional-Física:** vê o mundo pelo lado emocional (relacional) e processa as informações de forma prática (física).
- ■ **Emocional-Mental:** vê o mundo pelo lado emocional (relacional) e processa as informações de forma mental (conjunto de sistemas – ou modelos – existentes no seu cérebro).
- ■ **Física-Emocional:** vê o mundo pelo seu caráter prático (físico) e processa as informações de forma emocional (relacional).
- ■ **Física-Mental:** vê o mundo pelo lado prático (físico) e processa as informações no conjunto de sistemas existentes no seu cérebro.

Mental-Física (MF)

As pessoas que têm essa dinâmica planejam de cima para baixo, do abstrato para o específico, sempre nessa sequência. Geralmente, têm o dom da perspectiva de longo alcance e do planejamento lógico para alcançar metas de longo prazo. Fazem perguntas essenciais que se iniciam com "Por quê?".

A sensibilidade das pessoas dotadas dessa dinâmica com relação a princípios e preceitos básicos permite-lhes oferecer "correção de curso" caso um grupo comece a se desviar de seu objetivo ou visão. Devido à sua objetividade natural e afinidade com a perspectiva, elas quase sempre são capazes de articular princípios ou considerações abrangentes, que unificam pontos de vista aparentemente díspares.

Porém, com frequência, permanecem caladas em um grupo, pois não sentem necessidade de articular um ponto de vista caso outra pessoa já o esteja fazendo.

Além disso, por processarem as coisas internamente, pensarem em termos lógicos e gostarem de se expressar com precisão e clareza, elas podem ter dificuldade de encontrar espaço para contribuir em um grupo menos ordenado. Esse silêncio, porém, não deve ser interpretado como desinteresse ou alienação.

Entre as frases mais usadas pelas pessoas mentalmente centradas estão: "Qual é exatamente o objetivo?", "Quais as implicações em longo prazo?" e "O que exatamente você quer dizer com...?"

Emocional-Mental (EM)

As pessoas que têm essa dinâmica – também chamada de Emocional-Objetiva – são apaixonadas por suas ideias, expressando-as com veemência. Umas das principais características dessas pessoas é a iniciativa; elas são pioneiras por excelência. Movimento é a sua diretiva interior. Procuram estabelecer a direção, o objetivo e o valor da tarefa e partem para a ação assim que possível, aprendendo à medida que avançam. São adeptas da criação de estruturas iniciais que permitem que o processo tome forma.

Mergulham em *brainstormings*, experimentos e processos infinitos de pesquisa e desenvolvimento, nos quais novas possibilidades e linhas de investigação são postuladas e exploradas, direcionadas, na maioria das vezes, ao futuro de curto prazo. Presume-se que as pessoas dessa dinâmica desejam "dominar" o grupo, quando, na verdade, estão apenas desempenhando sua função naturalmente desbravadora.

O processamento do "emocional-mental" é externo; ele tem os pés no chão. Em equipe, quase sempre é quem começa a discussão, facilita o intercâmbio de ideias e deseja que o processo continue progredindo.

Frases comumente ouvidas de um emocional-mental são: "Por que não colocar todas as ideias no quadro e priorizá-las?", "Os detalhes podem esperar", "Primeiro, vamos criar uma estrutura geral", "Já chega. Vamos adiante".

Emocional-Física (EF)

As pessoas que têm essa dinâmica – também conhecida como Emocional-Subjetiva – reagem às tarefas (e na vida em geral) de forma íntima: sentem as implicações pessoais em qualquer empreendimento, tanto em relação a si mesmas como a outros que possam ser envolvidos ou afetados. A fim de explorar, compreender e se familiarizar com essas implicações, precisam de tempo para desenvolver um processo intra e interpessoal.

Elas necessitam manter um diálogo que envolva seus sentimentos e os alheios, assim como as experiências pessoais correlatas, ao mesmo tempo que abordam um problema ou uma tarefa. Aprendem mais rápido por meio da troca de informações e do contato interpessoal.

Uma das principais motivações das pessoas emocionais-físicas é a de criar e manter harmonia. Assim, quando participam de equipes, elas têm uma dupla função: manter a harmonia do grupo e trabalhar nos assuntos em pauta e nos objetivos.

Tais pessoas são quase sempre férteis de ideias relacionadas às questões humanas envolvidas. Apesar de intuitivas, nem sempre conseguem explicar racionalmente seus sentimentos no momento em que os vivenciam. Todavia, se lhes for dado tempo para processar a situação, os emocionais-físicos serão capazes de compreender racionalmente a intuição e recomendar uma ação adequada. A capacidade intuitiva e criativa das pessoas dessa dinâmica é em geral desperdiçada pelas empresas e organizações em geral.

Frases familiares a essas pessoas: "Você está se sentindo bem?", "Preciso de tempo para processar antes de prosseguir e dar o próximo passo", "Meu sentimento é..."

Observação: o que Sandra Seagal e David Horne chamam de "capacidades e habilidades desperdiçadas" tem motivado psicólogos e estudiosos da organização a refletir sobre como tratar essa constatação. Entendo que eles se referem ao fato de que muitas organizações – ditas modernas – ficaram condicionadas a processos decisórios rápidos (e, portanto, sem adequada reflexão prévia) e a contínuos impulsos provenientes de novas ideias (que igualmente podem carecer de análises prévias). Ora, as pessoas emocionais-físicas têm dificuldade de trabalhar em tal contexto, que é muito comum nas empresas americanas. Todavia, com o decorrer do tempo, várias dessas organizações constataram ter cometido equívocos, tomado decisões inadequadas e amargado prejuízos. Tais fatos reforçaram a ideia de que essas pessoas têm papel importante nas organizações. Assim, usando outra nomenclatura, alguns estudiosos têm se referido à inteligência emocional como algo relevante para as organizações.

Física-Emocional (FE)

As pessoas dotadas dessa dinâmica, por natureza, pensam sistemicamente ou têm intuitivamente a chamada visão sistêmica.

Em qualquer empreendimento, os indivíduos físicos-emocionais são os que levam mais tempo coletando dados, assimilando-os e sintetizando-os. Eles têm um processo orgânico, que em sua maior parte se desenrola no interior do indivíduo, no tempo dele. Assim, quando dispõem de tempo adequado, são capazes de produzir resultados brilhantes: planos ou produtos detalhados, abrangentes e dotados de todas as características de inter-relacionamentos sistêmicos.

Trabalhando em equipes, os físicos-emocionais são quase sempre "caladões", preferindo a comunicação factual, "pé no chão" e pragmática.

Às vezes, têm dificuldades de contribuir para o processo grupal quando o ritmo não é compassado. Como pensam sistemicamente e são capazes de visualizar o sistema como um todo, têm muito a dizer sobre qualquer assunto em particular, desde que lhes seja dada a oportunidade de intervir.

Eles absorvem enormes quantidades de informações factuais e são capazes de se lembrar de detalhes de forma surpreendente. Conseguem sintetizar o conteúdo de qualquer reunião, pois são "registradores" naturais de tudo que for dito. Porém, podem ter dificuldade de relatar tais registros e conclusões se não tiverem tempo para assimilar tudo que ocorreu; assim, em geral protelam a entrega do trabalho.

Frases que, com certeza, se ouvem de pessoas físicas-emocionais: "Preciso ver sentido nesses parâmetros", Pode me situar mais no contexto?", "Precisamos expô-lo à situação real e não ficar apenas no campo das ideias".

Física-Mental (FM)

As pessoas que têm essa dinâmica compartilham muitas das características do grupo físico-emocional. São igualmente pragmáticas, necessitam de considerável orientação contextual e captam grande quantidade de informações. No entanto, são mais seletivas quanto aos dados assimilados e estruturam-nos mais rapidamente em função do objetivo, que desejam ver estabelecido desde o início. Quando isso não ocorre, o físico-mental sente-se muito incomodado.

Assim como o físico-emocional, pensa de forma sistêmica, porém com menos detalhes; por isso, tende a partir mais rapidamente para a ação. Como o mental-físico, tem objetividade, capacidade de construir estruturas mentais e dom para o planejamento estratégico de longo alcance. Porém, tende a trabalhar muito mais o concreto que o abstrato, preferindo tratar da realidade atual em vez de pensar nos acontecimentos futuros. Para isso, coleta fatos e dados.

Frases comuns ao físico-mental: "Qual é o objetivo?", "Qual é a realidade atual?", "Por que não fazermos um modelo para esclarecer isto?", "Para que serve?"

TRAÇOS CARACTERÍSTICOS DAS DINÂMICAS

Confirmando que a *Human Dynamics* é uma ciência, forneço a seguir alguns traços físicos e psíquicos de cada dinâmica:

Dinâmica	Qualidades pessoais
Mental-Física	objetivos • focalizados • calmos
Emocional-Mental	comunicativos • independentes • intensos
Emocional-Física	relacionais • comunicativos • criativos
Física-Emocional	quietos • práticos – adaptáveis • calmos
Física-Mental	eficientes • receptivos • tranquilos

Dinâmica	Processos de aprendizagem
Mental-Física	linear • visual • solitário • seletivo
Emocional-Mental	lateral • diálogo • interação • experimental
Emocional-Física	lateral • interpessoal • afetivo • significado
Física-Emocional	sistêmico • interativo com tarefas • polivalente
Física-Mental	sistêmico • sinestésico • processamento interno intenso

Dinâmica	Valores e afinidades
Mental-Física	perspectiva de longo alcance • lógico
Emocional-Mental	busca desafios • movimento para a frente • inovador
Emocional-Física	conexão com pessoas • harmonia
Física-Emocional	cooperação • tornar ideias em realidade
Física-Mental	pergunta: "Para que servem as coisas?" • busca padrões

Dinâmica	Fatores causadores de estresse
Mental-Física	conflito com valores pessoais
Emocional-Mental	atividades repetitivas • voltar a tratar do mesmo assunto
Emocional-Física	ambiente ameaçador • impessoalidade
Física-Emocional	falta de dados • pressão de tempo
Física-Mental	tempo insuficiente sozinho

Dinâmica	Movimentos corporais característicos
Mental-Física	postura ereta • sempre no plano vertical • refreados
Emocional-Mental	variedade de expressões faciais • flexibilidade corporal
Emocional-Física	variedade de movimentos • gestual (faz muitos gestos)
Física-Emocional	postura relaxada • movimentos de frente para trás
Física-Mental	expressão facial inalterada • poucos movimentos

Dinâmica	Como são os olhos	Movimento das mãos
Mental-Física	objetivos • fixos	sobriedade
Emocional-Mental	penetrantes	muitos gestos
Emocional-Física	expressivos	gestos dramáticos
Física-Emocional	foco difuso	gestos suaves
Física-Mental	firmes	tranquilo

Dinâmica	Processo gerencial
Mental-Física	diretivo • delega • inconsciente com relação aos efeitos
Emocional-Mental	dificuldades de delegar • muda de ideias e de rumo
Emocional-Física	dificuldades de mostrar foco • vibrante
Física-Emocional	facilidade de delegar • decisões "lentas"
Física-Mental	delega após ter confiança – precisa de tempo

IDENTIFICANDO AS DINÂMICAS

Este é um ponto fundamental na ciência desenvolvida por Sandra Seagal: só faz sentido trabalhar com *Human Dynamics* quando cada pessoa faz a sua *autoidentificação*. Ou seja, não é adequado (para não dizer inadmissível) que um consultor ou estudioso da ciência diga a uma pessoa a sua dinâmica de personalidade.

Justifica-se:

- Sendo a dinâmica o resultado de uma ciência, seu correto e adequado entendimento deve decorrer do trabalho pessoal do interessado. A autoidentificação só é possível depois de o interessado ter os conhecimentos básicos.
- A dinâmica não resulta, como acontece com simples metodologias, de análises e avaliações técnicas, baseadas em critérios objetivos. Ao contrário, trata-se de processos de funcionamento pessoais, sujeitos a variabilidades cujo domínio é exclusivamente do indivíduo envolvido. A autoidentificação decorre de uma profunda reflexão sobre si mesmo.
- Erros graves foram cometidos por pessoas que tentaram identificar as dinâmicas de outros. Essa ação pode levar a própria pessoa a ficar restrita à identificação feita por terceiros, que podem estar errados.

É importante notar que, no contexto do aprendizado e do uso de *Human Dynamics*, não existe nenhuma forma de teste nem questionários escritos com o propósito de identificar a dinâmica.

Quem tem conhecimentos avançados da ciência é capaz de identificar a dinâmica de um interlocutor, desde que o conheça bem ou tenha tido a

JOSÉ RICARDO DA SILVEIRA

oportunidade de conversar algumas horas com ele. Pessoalmente, na condição de consultor, tenho conseguido identificar a dinâmica de boa parte dos meus clientes. Todavia, *jamais* os informo sobre isso – e, se me perguntam, digo que sei, mas *não devo* informá-los, e justifico: minha informação seria apenas uma curiosidade, sem nenhum valor prático.

Julgo importante informar o leitor sobre as dinâmicas das pessoas mencionadas neste capítulo, até para que ele possa compreender melhor o conteúdo exposto até aqui. Assim:

- Sandra Seagal (a descobridora): emocional-mental.
- David Horne (coautor e parceiro de Sandra): mental-físico.
- André Alckmin (tradutor do livro e meu sócio): emocional-mental.
- Eu: físico-mental.

AS DINÂMICAS NO MUNDO – DADOS ESTATÍSTICOS

Indico a seguir a porcentagem das dinâmicas de pessoas participantes de seminários oficiais de *Human Dynamics* e de outros eventos nos quais foi respeitado o princípio da autoidentificação. (Seminários "oficiais" são aqueles realizados sob a égide da Human Dynamics International, entidade criada por Sandra Seagal para administrar a marca *Human Dynamics* em todo o mundo e preservar a transmissão fiel dos princípios da ciência.)

	Estados Unidos, Canadá e Europa	Brasil	China	Japão
Responsável pelos dados	Ver Obs. 1	Ver Obs. 2	Ver Obs. 3	Ver Obs. 3
Data dos dados	1989 a 2005	1997 a 2005	2004 a 2007	2004 a 2007
Número de pessoas autoidentificadas	Aprox. 110 mil	2.352	Aprox. 4.500	Aprox. 9.000
Mental-Físico	4%	Inf. a 1%	Inf. a 1%	Inf. a 1%
Emocional-Mental	32%	31%	18%	20%
Emocional-Físico	45%	23%	11%	16%
Físico-Emocional	9%	28%	54%	9%
Físico-Mental	10%	18%	17%	55%

Vejamos a seguir as observações sobre a origem das informações:

1. América do Norte, Canadá e Europa: números fornecidos pela Human Dynamics International. Aproximadamente 80% deles não têm registro formal de nome e endereço do participante.
2. Brasil: Sieg – Autoidentificações em seminários oficiais realizados no Brasil. Número exato, com nome e endereço do participante.
3. Ásia (Japão e China): números fornecidos pela Human Dynamics International, com base em relatórios de seminários realizados por empresas (cujos processos de formação foram devidamente credenciados pela instituição) naqueles países. São números aproximados (não sabemos se foram formalizados).

Em seu livro e nas suas palestras ocorridas antes de 2000, Sandra Seagal sempre mencionava qualitativamente as diferenças na repartição das dinâmicas entre o Ocidente e a Ásia. Foi a partir de 2004 que ela obteve dados mais seguros sobre elas. Na realidade, algumas empresas americanas, que utilizavam *Human Dynamics* em seus processos, sobretudo nos de formação e treinamento, começaram a realizar seminários especiais em suas filiais ou parcerias no Japão e na China (inclusive Taiwan).

Os números indicados na tabela anterior confirmam a enorme diferença existente, reafirmando o que Sandra (1998) escreveu: "O ambiente não exerce influência sobre o comportamento ou sobre o desenvolvimento da criança ou do adulto. As circunstâncias ambientais *não* determinam a dinâmica de personalidade, mas *agem* sobre elas, para melhor ou pior, provendo apoio ou prejudicando o sistema particular do indivíduo".

Assim, as conhecidas diferenças de funcionamento humano entre ocidentais e orientais, em geral diagnosticadas como resultantes de culturas distintas, decorrem provavelmente da diferença percentual entre as dinâmicas. Entende-se ainda o porquê da existência de minorias "japonesas" no Ocidente (pessoas com a dinâmica predominante no Japão), assim como as minorias ocidentais no Japão que têm as dinâmicas predominantes no Ocidente.

IMUTABILIDADE E GENÉTICA

Uma das perguntas mais frequentes de quem começa a se interessar por *Human Dynamics* é: "A dinâmica de uma pessoa muda com o tempo?" A resposta é *NÃO*, por dois motivos:

- De caráter teórico: se *Human Dynamics* é um processo sistêmico de cada pessoa, ele é imutável, embora evolutivo (veja o parágrafo seguinte).
- De caráter experimental: nenhum caso de "mudança de dinâmica" foi relatado, nem mesmo quando a identificação (feita por pais ou educadores) na infância é novamente realizada na condição de adulto (dessa vez, por ele mesmo).

Outra pergunta comum: "A dinâmica de personalidade é geneticamente determinada?" Transcrevo a resposta dos autores do livro (Seagal e Horne, 1998, p. 48):

> Nossas observações nos levam a acreditar que sim (ou seja, é geneticamente determinada, embora venha a ser necessária uma investigação científica abrangente para determinar esse fato de forma segura). Na nossa experiência, uma pessoa com uma dinâmica de personalidade particular normalmente tem pelo menos o pai ou a mãe com a mesma. Nos casos em que isso não ocorre, um dos avós tem aquela dinâmica. Adicionalmente, temos observado um grande número de crianças adotadas logo após o nascimento por famílias, em que ambos os pais têm dinâmicas de personalidade diferentes das crianças adotadas. Nesses casos, a maneira de ser fundamental da criança permaneceu a mesma através do tempo, apesar da cultura familiar diferente. Estas observações sugerem que a dinâmica resulta da natureza e não da criação.

Porém, a influência da criação pode ser vista em certas gradações da dinâmica. Por exemplo, se uma criança física-mental é adotada, com pouco tempo de vida, por uma família cujos membros são todos emocionalmente centrados (mental ou físico), ela pode se tornar mais apta a expressar seus sentimentos pessoais do que as crianças com a dinâmica física-mental.

Seagal e Horne continuam (*ibidem*, p. 49): "Da mesma forma, as influências ambientais – experiências de vida, exigências profissionais, cultura empresarial e assim por diante – podem, até certo grau, modificar o comportamento de um adulto, mas elas não mudarão seus processos fundamentais".

Vale a pena ressaltar que após 1998, quando *Human Dynamics* foi publicado no Brasil, vários trabalhos genéticos foram cientificamente realizados, confirmando o que, na época, não se podia afirmar rigorosamente. Todavia, por se tratar de trabalhos extremamente técnicos, tais estudos, de caráter genético, não foram incluídos na bibliografia deste livro.

COMO APRENDER *HUMAN DYNAMICS*

Há três formas práticas de iniciar-se nessa ciência: participar de um seminário oficial da Human Dynamics International, consultar um profissional devidamente capacitado, ler a obra de Seagal e Horne.

A duração do seminário oficial é, no Brasil, de três dias completos e consecutivos. Nos dois primeiros dias, os participantes dedicam-se ao conhecimento fundamental: "Quem sou eu? Quem é você?" Por meio de processo interativo de procura, envolvendo diálogos, vídeos, processos participativos e textos, é possível:

- Identificar sua dinâmica de personalidade.
- Entender o funcionamento dela e como ela contrasta com as outras.
- Explorar o seu processo de comunicação e de expressão de necessidades, confrontando-o com o de outras pessoas.
- Praticar formas de comunicação entre diferentes dinâmicas de personalidade.
- Aprender técnicas específicas a cada dinâmica de personalidade destinadas a combater o estresse gerencial e promover o desenvolvimento pessoal.

O terceiro dia é dedicado à valorização de equipes: "Como podemos trabalhar juntos?" Os participantes descobrem e experimentam a grande diversidade de meios pelos quais as dinâmicas de personalidade processam informações e se engajam na solução de problemas. Eles:

- Acompanham o processo de cada dinâmica de realizar uma tarefa, do início ao fim.
- Entendem como cada um desses processos é capaz de contribuir para otimizar o resultado do grupo.
- Compreendem a correlação entre os vários processos de aprendizado e cada dinâmica de personalidade.
- Aprendem a montar equipes equilibradas.
- Praticam a utilização plena dos dons e talentos naturais de cada dinâmica no trabalho em grupo, visando ao sucesso da organização.

Uma forma alternativa do seminário básico descrito é tratar o tema da valorização de equipes, ou seja, como trabalhar juntos em reuniões diferidas (duas a três, realizadas alguns dias após os dois primeiros dias), mas com duração suficiente para abordar os tópicos acima indicados.

Já a orientação de um profissional devidamente capacitado é feita individualmente ou em pequeno grupo. Tal processo demandará tempo importante de atuação, variável, de acordo com o ritmo das pessoas envolvidas. É preciso evitar que o profissional induza o "formando" na identificação. Quando o profissional não for oficialmente autorizado pela Human Dynamics International, não terá à sua disposição todo o material audiovisual usado nos seminários. Tal material é de uso exclusivo e controlado por aquela entidade.

O DESENVOLVIMENTO PESSOAL COM BASE EM *HUMAN DYNAMICS*

Transcrevo outro trecho da obra de Seagal e Horne (*ibidem*, p. 309):

> As dinâmicas de personalidade, identificadas pela *Human Dynamics,* não são construções teóricas estáticas, mas sistemas vivos capazes de desenvolvimento infinito.
>
> Qualquer um pode expandir a expressão de suas capacidades mental, emocional e física. Porém, cada dinâmica de personalidade segue um desenvolvimento que lhe é próprio. Esse desenvolvimento encerra dois caminhos principais: o do desenvolvimento da *personalidade integrada* e o do desenvolvimento *transpessoal.*

O caminho do desenvolvimento da personalidade integrada envolve nutrir e integrar os princípios mental, emocional e físico com suas formas mais comuns de expressão, como mente clara e objetiva (aspecto mental); um "bom coração", com habilidade de criar relacionamentos satisfatórios (aspecto emocional); e a habilidade de empreender ações eficazes e práticas (aspecto físico). A personalidade integrada demonstra uma expressão de todos os três princípios. O caminho do desenvolvimento transpessoal, por outro lado, envolve nutrir e integrar os três princípios em sua forma mais elevada, mais espiritual de expressão, tal como visão (aspecto mental), profunda compaixão (aspecto emocional) e ações dirigidas pela visão e compaixão, a serviço do bem coletivo (aspecto físico).

Embora tanto o desenvolvimento da personalidade integrada quanto o desenvolvimento da personalidade transpessoal ocorram em conjunto, fazemos distinção entre eles porque frequentemente parecem funcionar separadamente nas pessoas e seguir caminhos próprios.

Muitas pessoas estão satisfeitas com o desenvolvimento de suas personalidades integradas, mas estão alheias a uma dimensão mais profunda de sua existência. Outras podem estar sintonizadas com a dimensão transpessoal, mas não conseguem tornar as qualidades, associadas a essa dimensão, eficazes em suas vidas cotidianas porque os princípios mental, emocional e físico não estão suficientemente desenvolvidos.

Tanto o caminho de desenvolvimento da personalidade integrada quanto o caminho para o desenvolvimento interpessoal têm de ser conscientemente trilhado, para que alguém possa realizar seu potencial humano pleno.

Human Dynamics nos permite reconhecer os caminhos de desenvolvimento, próprio de cada dinâmica de personalidade, e também projetar ferramentas e práticas que facilitem a movimentação ao longo de cada caminho.

É fundamental entender que o conhecimento da nova ciência permite que cresçamos pessoal e profissionalmente.

Como vimos, cada dinâmica tem dois princípios integrados no consciente que regulam o funcionamento básico de cada um. Porém, o terceiro princípio também existe, sendo o mais fraco. Assim, o caminho do desenvolvimento é o da *integração* do terceiro princípio às diferentes dinâmicas. Podemos construir, portanto, a seguinte tabela:

Dinâmica de personalidade	O caminho da integração pessoal é o foco no princípio	Que coisas práticas procurar
Mental-Física	Emocional	Valorizar os sentimentos; dar atenção às pessoas; ter consciência subjetiva; conexão com outros; ter compaixão.
Emocional-Mental	Físico	Buscar foco, dar continuidade às ações; admitir e tratar detalhes sistêmicos; aceitar o trabalho em equipe.
Emocional-Física	Mental	Desprendimento e isenção; ter e dar perspectivas, tentar ver estruturas; não se sentir culpado pelos outros.
Física-Emocional	Mental	Desprendimento e isenção; ter e dar perspectivas; tentar ver estruturas; não se sentir culpado pelos outros.
Física-Mental	Emocional	Valorizar os sentimentos; dar atenção às pessoas; ter consciência subjetiva; conexão com outros; compaixão.

RECOMENDAÇÃO FINAL

É fundamental que o gerente conheça *Human Dynamics,* pois, assim, ele poderá progredir no conhecimento das pessoas e da melhor maneira de tratá-las.

Dessa forma, os gerentes terão:

- Mais autoconhecimento e autoestima.
- Maior entendimento dos outros e respeito às diferenças.
- Aumento da capacidade de comunicação e de relacionamento.
- Maior crescimento pessoal e profissional.
- Aumento no grau de motivação intrínseca.

Os ganhos para as organizações serão os seguintes:

- Aumento da cooperação entre os membros de uma equipe.
- Aumento da capacidade de trabalhar harmoniosamente com pessoas de origem cultural distinta.

SABEDORIA PROFUNDA EM GERENCIAMENTO

■ Maior consciência das equipes com relação à qualidade e à produtividade.

A título de curiosidade, e para que o leitor possa apreciar a diversidade humana, mostro a seguir dinâmicas de personalidade de figuras públicas, tanto brasileiras quanto estrangeiras.

Dinâmica de personalidade	Nome	Referência ou atividade
Mental-Física	Jiddu Krishnamurti	Filósofo, escritor e educador indiano
	Katharine Hepburn	Atriz
	Luiz Carlos Prestes	Líder do movimento revolucionário em 1920 e do Partido Comunista Brasileiro
Emocional-Mental	Ayrton Senna	Tricampeão mundial de Fórmula 1
	Fernando Henrique Cardoso	Ex-presidente da República
	Luiz Inácio Lula da Silva	Ex-presidente da República
	Mahatma Gandhi	Líder da independência da Índia
	Martin Luther King	Líder do movimento antissegregacionista nos Estados Unidos
Emocional-Física	Denise Fraga	Atriz
	Madre Teresa de Calcutá	Religiosa católica
	Meryl Streep	Atriz
Física-Emocional	Mário Covas	Ex-governador do estado de São Paulo
	Oscar Niemeyer	Arquiteto
	Robert Frost	Poeta americano detentor de quatro prêmios Pulitzer
	Winston Churchill	Estadista, primeiro-ministro inglês durante a Segunda Guerra Mundial
Física-Mental	Dalai Lama	Líder do Tibete e prêmio Nobel da paz
	Geraldo Alckmin	Governador do estado de São Paulo
	Nelson Mandela	Líder sul-africano na luta contra o racismo e primeiro presidente do país após o fim do *apartheid*

149

SUGESTÕES PARA APROFUNDAR O TEMA

Em muitos seminários – especialmente os chamados de "Sabedoria Profunda em Gerenciamento" –, uso trechos de filmes para ilustrar aspectos particulares de um assunto.

Como aficionado do cinema, penso que a combinação de imagens e sons com uma boa história (roteiro), e diretor e atores competentes possibilita criar um excepcional veículo de aprendizagem.

No caso particular de *Human Dynamics*, eu recomendaria ao leitor mais curioso o filme *Almas em chamas* (veja as Referências). Relatando um episódio da Segunda Guerra Mundial, a película mostra dois processos (ou estilos) diferentes de comando de um esquadrão de aviões de bombardeio. Um dos estilos é típico da dinâmica emocional-física; o outro, da física-mental.

6. APRENDER A APRENDER

INTRODUÇÃO

DEMING CHAMA O TEMA que vou abordar agora de "Teoria do Conhecimento". A expressão "aprender a aprender" é de domínio público. Adotei-a como título deste capítulo porque expressa melhor o que entendi do que Deming quis dizer. Igualmente, uso aqui os ensinamentos de Peter Senge (1990).

O QUE É APRENDER?

Aprender é entender algo que não se entendia antes. É um processo espontâneo. Aprendemos quando descobrimos algo. Todavia, não podemos confundir o "descobrir" com "decorar" ou "captar" informações. Podemos decorar um conteúdo ou captar informações sobre ele sem ter descoberto para que serve ou como utilizá-lo. É o famoso jargão do estudante do ensino fundamental e médio – e, em muitos casos, de graduados e pós-graduados: "O que vou fazer com isso?", "De que serve estudar isso?"

Aprender envolve processos quase espontâneos, oriundos de nossa maturidade cognitiva e física – como engatinhar, andar ou falar. Quando crianças, quase instintivamente, buscamos aprender. E, mesmo que existam dificuldades, elas não são tão difíceis de ser suplantadas.

Há, quase sempre, um contexto para o processo ser realizado, tal como a existência de um local físico – a escola, a sala de aula, o professor, os livros etc. Contudo, se não conseguimos aprender algo, sentimos que ficamos para trás.

Quando adultos, corremos o risco de não mais considerar esse processo algo natural, pensando que "a época passou" e não há mais nada a descobrir.

O QUE É "APRENDER A APRENDER"?

Aprender a aprender é descobrir a melhor maneira de adquirir conhecimento. Aprender matemática é diferente de aprender português, que é diferente de aprender história ou ler um livro para realizar uma prova. Todavia, pouca gente sabe disso e estuda da mesma forma para todas as disciplinas. A grande maioria dos estudantes não sabe a diferença entre esses processos e, o que é pior, nem sabe que existem diferenças entre eles.

Também a grande maioria dos adultos, funcionários de empresas, não sabe o que faz seu líder organizacional e o como agir para, quem sabe, um dia substituí-lo. As pessoas também não sabem como aprender para simplesmente receber um elogio pelo bom trabalho realizado.

Aprender a aprender não é um processo tão "natural" como o aprender apenas. Consiste em descobrir a melhor estratégia para realizar o processo de entender o que não entendíamos antes (por exemplo, aprender quais estratégias de aprendizagem são melhores para estudar matemática ou, ainda, para ser promovido no trabalho).

É, pois, um processo reflexivo, que requer um mínimo de autoconhecimento e, sobretudo, noções da chamada "Teoria do Conhecimento". Para tratar dela, começo apresentando o conceito de modelos mentais.

MODELOS MENTAIS

Um modelo mental é um mecanismo do pensamento mediante o qual o ser humano tenta explicar como funciona o mundo real. Assim, em geral:

- Ao falarmos de uma mulher, todos têm modelos mentais semelhantes – talvez diferentes nos detalhes, mas jamais se imaginaria, por exemplo, que ela tivesse chifres.
- Já ao falarmos de um touro, a grande maioria diria que ele tem chifres.
- Ao ver alguém chorando, nosso modelo mental indica que se trata de uma grande emoção – dor, tristeza ou alegria.

- Mesmo sem nunca ter visto um saci, boa parte dos brasileiros faz ideia de como ele é, por ter entrado em contato com personagens (em livros, filmes, séries) que serviriam de modelo.

Quando acontece algo nunca visto ou sentido, existe o "modelo mental" do "nunca visto", que propicia reações imprevisíveis. De modo que tudo que pensamos e fazemos resulta dos nossos modelos mentais. Somos, portanto, prisioneiros deles.

Dados científicos comprovam que em **98%** do tempo agimos de forma **inconsciente**, usando os modelos mentais que construímos ao longo da vida. Isso significa que em apenas **2%** do tempo pensamos ou agimos de forma **consciente**. É nessa mínima fração de tempo que podemos questionar ou reformular um modelo mental.

Conclusão: "aprender" é mudar os modelos mentais. "Aprender a aprender" é saber **como** mudá-los.

QUANDO NÃO HÁ UM MODELO MENTAL: TEORIA E EXPERIMENTO

Como vimos, para conhecer algo, é preciso obrigatoriamente ter um modelo. Porém, talvez ele não exista. Nesse caso, precisa-se de uma teoria, isto é, "um conhecimento especulativo, com noções gerais, e que precisa ser demonstrada" (Holanda, 1990, p. 1378).

Ocorre, então, o seguinte processo cíclico:

1. Uma *teoria* é formulada.
2. Estabelece-se uma *previsão* baseada na teoria.
3. Realiza-se uma *experiência prática*, sendo o *resultado* comparado com a previsão.
4. Se o *resultado confirma* a previsão, tem-se um *novo modelo mental*.
5. Se o *resultado não confirma* a previsão, a teoria é reformulada e *recomeça-se* o processo.

No entanto, é preciso ficar atento a uma variável fundamental: a *crença* (ou vontade) da pessoa envolvida. Ela tem papel essencial na etapa de número 5 (quando o resultado não confirma a teoria). O recomeço do processo demanda que a pessoa tenha vontade de repetir a experiência. Diz-se que tal vontade depende da crença que ela tenha na teoria; porém, na verdade, está ligada à vontade de aprender. Temos aqui um exemplo típico de sistema com *feedback* de reforço (FBR), como vimos no Capítulo 2.

A seguir, apresento o desenho esquemático e exemplos de cada etapa do processo cíclico:

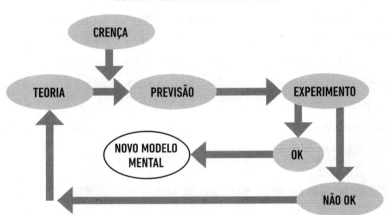

FIGURA 6.1 - **ETAPAS DO PROCESSO CÍCLICO**

Exemplo 1: uma criança que ainda não anda não sabe manter equilíbrio nem que movimentos deve fazer (não tem ainda tais modelos mentais). Porém, observando os adultos que a cercam, ela formula uma teoria sobre os processos que desconhece. Estima que deve se erguer pelas pernas e tenta. Na maioria das vezes o resultado é negativo, mas ela tenta novamente até que um dia tem sucesso. Dali em diante, repetirá o que aprendeu de forma inconsciente. No bebê, o fator crença é alimentado pela contínua observação que faz das crianças que andam e das vantagens que estas obtêm.

Exemplo 2: um adulto que nunca andou de bicicleta e não sabe como pô-la em movimento. Como já viu outras pessoas fazê-lo, formula uma "teoria" de como movimentar as pernas, sentar-se e conduzir o veículo. Repete várias vezes os movimentos e os gestos, até que em determinado momento obtém o resultado desejado: consegue manter-se sobre a bicicleta e deslocar-se sem percalços. Está criado, para essa pessoa, um novo modelo mental. O fator crença pode ser alimentado pela: a) necessidade de usar a bicicleta; b) autoestima (não quer se passar por incapaz). Porém, sabe-se que inúmeros indivíduos, ao fracassarem após algumas tentativas, desistem de andar de bicicleta; faltou-lhes a crença.

A IMPORTÂNCIA DAS CRENÇAS

O parágrafo anterior mostra que as crenças têm influência essencial sobre o ser humano. Elas são o agente ativo para alcançar objetivos e permitem dar significado e direção à vida. Sem elas, não se aprende mais, não se criam nem se alteram modelos mentais.

Nenhum sistema de aprendizado funciona sem que se levem em conta as crenças dos envolvidos. Quando um indivíduo diz "Não tenho mais nada a aprender" ou "Nunca vou aprender a fazer tal coisa", na realidade ele perdeu suas crenças.

Como a crença é pessoal, o leitor pode perfeitamente entender que saber lidar com as pessoas tem profunda relação com aprender a aprender.

Cito alguns exemplos para reforçar o papel do líder na administração da crença de seus liderados:

1. Um erro operacional é cometido; reunir-se com a(s) pessoa(s) envolvida(s) para criticá-la(s) não resolve nada e destrói crenças – a vontade de refazer, a autoestima, o orgulho pelo trabalho etc. Provavelmente, é melhor dizer: "Bola pra frente".
2. Um funcionário parece incapaz de realizar certa tarefa que faz parte de suas atribuições. Talvez a melhor atitude do líder seja deixar de lado tudo que foi feito antes em formação e treinamento para aquele funcionário e recomeçar – se possível, com uma metodologia diferente.

QUANDO UM FATO NOVO OCORRE E NÃO HÁ UM MODELO MENTAL

Frequentemente, deparamos com fatos novos ou inusitados. Vejamos alguns exemplos:

1. Você está olhando as vitrines das lojas de um *shopping* quando ouve um alarme de incêndio. Em seguida, um bombeiro uniformizado passa a

seu lado e pede-lhe para ajudá-lo a desenrolar a mangueira que está numa caixa, muito perto de você.

2. Você está participando de um seminário quando, de repente, o coordenador/ facilitador lhe pede para pegar o microfone e comentar um assunto que lhe é inteiramente desconhecido.

Vou descrever o processo que se passa em cada caso:

Sua primeira reação é de perplexidade. Você ainda não tem consciência completa do fato e não sabe o que fazer. Os psicólogos chamam esse estado de **inconsciente incompetente** (sigla ii).

1. Algum tempo depois, você se esforça, toma consciência do que está acontecendo, mas ainda não sabe o que fazer. Esse estado é chamado de **consciente incompetente** (ci).

2. No estado seguinte, você continua consciente do que está acontecendo e começa a agir, fazendo o que pode ou deve. Esse processo é chamado de **consciente competente** (cc).

3. Por fim, algum tempo depois, você estará fazendo, quase automaticamente e bem à vontade, o que lhe foi pedido, sem necessidade de pensar muito. Esse estado é chamado de **inconsciente competente** (sigla ic).

Em resumo:

1. **Estado ii:** é a fase inicial; pode-se permanecer nele, se não souber aprender. Normalmente, existe estresse.

2. **Estado ci:** o indivíduo evolui para um estágio de consciência, com perspectiva de aprendizado. Mas necessita de esforço para pensar.

3. **Estado cc:** é a fase de consciência e de aprendizado e exige grande esforço mental.

4. **Estado ic:** fase em que um modelo mental é substituído ou se cria um novo; aqui, volta-se à inconsciência com novo conhecimento.

Exibo, com frequência, nos seminários de formação que conduzo, trechos de filmes. Para esse processo de construção de novos modelos mentais, recomendo dois (veja mais informações nas Referências):

- *2 filhos de Francisco* – Num trecho do filme, o pai compra uma sanfona e entrega-a ao filho, e este não tem a menor ideia de como tocá-la (ii). Algum tempo depois, o garoto começa a emitir sons, sem saber como transformá-los em música (ci). Depois, começa a prestar atenção num músico profissional, pede aulas e começa a tocar, sem destreza (cc). Mais tarde, passa a tocar com desembaraço (ic).
- *Feitiço do tempo* – Phil Connors (Bill Murray), o homem do tempo de uma emissora de televisão, vai com uma produtora (Andie MacDowell) fazer a cobertura da comemoração anual do "Dia da Marmota", numa pequena cidade da Pensilvânia (EUA). Depois do evento, eles são obrigados a passar a noite na cidadezinha por culpa de uma tempestade de neve. No dia seguinte, Phil é despertado pelo radiorrelógio, com a mesma música e a mesma festa do dia anterior. Na manhã seguinte, a mesma cena: o radiorrelógio desperta... e tudo se repete. Após tentar de tudo (e fracassar) para conquistar a produtora, Phil vive experiências extraordinárias, porém nas circunstâncias do dia anterior. E assim se passam vários dias, todos iguais. Ele entra em desespero e somente alcança seus objetivos quando começa a aprender a mudar seus modelos mentais.

MODELOS MENTAIS COLETIVOS – OS PARADIGMAS

A palavra "paradigma" é explicada no dicionário Aurélio (Holanda, 1990, p. 1041) como "modelo". Fritjof Capra (1982, p. 24) cita que Thomas Kuhn definiu o termo como uma "constelação de realizações – concepções, valores, técnicas etc. – compartilhada por uma comunidade científica e utilizada por ela para definir problemas e soluções legítimos". A palavra também é usada como sinônimo de "preconceito" – "conceito ou opinião formada antecipadamente, sem maior ponderação ou conhecimento dos fatos" (Holanda, 1990, p. 1136).

Está comprovado que a intitulada "cultura organizacional" de uma entidade é composta pelos paradigmas nela existente. Assim, mostrando a correlação entre o aprender a aprender e o modelo mental de uma organização, é possível deduzir o papel que os gerentes possam ou devam desempenhar.

Assim como certos paradigmas prejudicam uma organização, outros podem alavancá-la. Essa distinção é igualmente fundamental. Lembro, ainda, que é possível se organizar para *criar* paradigmas.

Alguns exemplos de paradigmas clássicos nos meios sociais:

- "Loura burra!"
- "Os portugueses são burros."
- "Pobre não tem vez!"
- "Político é ladrão."
- "Mulher é sempre 'barbeira' no trânsito."

Exemplos de paradigmas clássicos nas organizações empresariais:

- "Todo patrão é ladrão."
- "Sem controle, ninguém trabalha."
- "Para subir, precisa ser 'puxa-saco'."
- "Mulher bonita é sempre promovida."

Como nascem os paradigmas?

Não tenho a intenção de fazer aqui uma análise profunda dos processos de formação dos paradigmas. Acredito que eles surjam nas "bordas" (na periferia) das organizações e, progressivamente, vão ganhando adeptos e propagando-se até que sejam adotados pela maioria.

Vejo como exemplos dessas "bordas" ou periferias criadoras de paradigmas:

- Teorias criadas por acadêmicos ou estudiosos.
- Análises de conjuntura feitas por pensadores, acadêmicos e profissionais consultores.
- Internamente, a chamada "rádio-peão".

Cito um paradigma parcialmente responsável pela crise iniciada em 2008 nos Estados Unidos, que ainda estamos vivendo atualmente: "O mercado imobiliário é a grande fonte de prosperidade e de rentabilidade financeira". Ao que se sabe, não foram os bancos que criaram o paradigma, mas sim os agentes do mercado de imóveis.

Outro paradigma famoso – citado por Peter Senge (1990, p. 165) – foi um dos responsáveis pela grande crise da indústria automobilística americana: "Carros são, antes de tudo, símbolos de *status* social; portanto, o modelo é mais importante que a qualidade".

Atuação dos paradigmas

É importante constatar que eles:

- Influenciam todo o grupo (comunidade, organização, família) em que estão "instalados". Exemplo clássico são as empresas familiares: o paradigma comum é o de que somente pessoas da família são capazes de dirigi-las de forma produtiva e rentável.
- Deixam o grupo cego para outros modelos, teorias e crenças. Exemplo: apesar de muitos alertas, nenhum banco ou instituição financeira foi capaz de questionar se a "pujança do mercado imobiliário" era apenas uma "bolha".
- Têm uma capacidade intrínseca (sistêmica) de se renovar e se aperfeiçoar. Exemplo: durante anos, a indústria automobilística conseguiu mostrar a conexão entre carros e sucesso pessoal. A publicidade sempre mostrava pessoas bem-vestidas e conhecidos modelos profissionais ao lado de veículos, sem nenhuma preocupação de fornecer dados sobre o desempenho de tais automóveis.
- São justificados pelo próprio grupo envolvido que procura – num processo inconsciente – distorcer fatos e dados para justificá-los. Somente o que se "encaixa" com eles flui com facilidade. Exemplo: durante anos, os bancos publicaram informações para justificar o "sucesso do mercado imobiliário", apesar dos muitos avisos de alguns especialistas de que tais informações eram equivocadas.
- Atuam como "filtros", eliminando toda e qualquer influência contrária ou que possa induzir a mudanças.

A troca de paradigmas

Ela é possível, desde que, internamente ao grupo, um ou mais líderes tenham forte crença em uma nova teoria e sejam capazes de formular previsões e experimentos. Diz Fritjof Capra (1982, p. 24), citando Thomas Kuhn: "Mudanças de paradigma ocorrem sob a forma de rupturas descontínuas e revolucionárias".

Assim, as grandes oportunidades para mudar de paradigma são as chamadas crises, durante as quais resultados pioram, tensões entre pessoas se agravam, não se enxergam mais objetivos e a crença diminui. Durante algum tempo, dois paradigmas "concorrentes" instalam-se e formam-se grupos de apoio a cada um deles. Um clima de "cisma" pode surgir no grupo e somente terminará quando um dos paradigmas for finalmente extinto.

CASOS REAIS NOS QUAIS OS PARADIGMAS TIVERAM PAPEL EXEMPLAR

Caso 1: uma empresa multinacional, com atividade básica industrial e número elevado de funcionários, começando a ser pressionada pela concorrência, precisava melhorar a qualidade de seus produtos e serviços. O paradigma vigente era: "A melhoria da qualidade se faz atuando nos processos industriais e nas pessoas que neles trabalham; os instrumentos de ação serão a estatística e a formação/treinamento". Durante dois anos, o trabalho evoluiu e os resultados apareceram, mas foram julgados modestos por um novo grupo interno formado num processo sucessório normal dentro da empresa. Um paradigma concorrente foi proposto: "Qualidade é resultado de mudanças conceituais modernas, que precisam envolver a alta gerência em primeiro lugar".

Os "defensores" do paradigma concorrente conseguiram obter grande repercussão para as suas ideias externamente à empresa (meios jornalísticos e acadêmicos), que igualmente se traduziu em progressivo apoio interno. Durante mais dois anos, os dois paradigmas conviveram, mas o primeiro deles acabou desaparecendo. Paralisou-se o trabalho nas unidades industriais. Entretanto, mudanças organizacionais importantes ocorreram a seguir e a crença no paradigma vigente referente à qualidade foi perdendo força. Quatro anos mais tarde, o segundo paradigma morreu; deixou um grande legado teórico, embora sem ações eficazes na área industrial.

Caso 2: uma empresa familiar, produtora de equipamentos de alta tecnologia, passou a sofrer com perda de rentabilidade. O paradigma vigente até então era: "Somente familiares sabem dirigir a empresa". Um consultor externo propôs outro paradigma: "É preciso profissionalizar parcialmente a direção da empresa". Depois de algum tempo, o presidente dispôs-se a fazer um experimento, criando uma direção colegiada na qual gerentes que não pertenciam à família tivessem a oportunidade de participar do planejamento estratégico, discutir e acompanhar a evolução das ações estratégicas e tomar decisões operacionais na administração da rotina da empresa. Durante certo tempo, os dois paradigmas conviveram com alguma dificuldade, até que finalmente o original foi abandonado e a "profissionalização parcial", adotada. Em consequência, a rentabilidade da empresa voltou a crescer.

EDUCAÇÃO, ANDRAGOGIA E AS PREOCUPAÇÕES PARA OS GERENTES

A educação, no sentido clássico, refere-se às fases da infância, adolescência e juventude. Na realidade, ela diz respeito a toda vida humana, em todos os seus aspectos. Atua sobre o desenvolvimento do ser humano com a intenção de integrá-lo no modo de ser social vigente e de conduzi-lo a aceitar e buscar os fins coletivos.

A educação, por meio de seus vários mecanismos, busca desenvolver no indivíduo a capacidade de adaptação a determinado universo cultural e de intervenção neste. Ela é efetivada por meio de um conjunto de ações que procuram inserir nos indivíduos princípios, regras e habilidades de determinada sociedade. Assim, a educação não é somente escolar.

No início deste capítulo, mencionamos que a educação consiste em fazer o homem aprender e, depois, aprender a aprender. Repetidas vezes, Deming reitera que o gerenciamento precisa de formação e treinamento. Sendo rigoroso na linguagem, ele se refere a uma parte da educação: a relativa aos adultos. Diferentemente da pedagogia, destinada a crianças, a andragogia – ou educação continuada – refere-se à educação de homens e mulheres para o trabalho.

Conheço inúmeros profissionais que, de modo equivocado, pensam que fazer adultos aprenderem é simplesmente criar uma "escola formal" dentro das organizações. Quando são interrogados sobre o aprendizado, afirmam que ele é feito por meio de vários cursos formais, mas na realidade isso não é suficiente. Os gerentes devem se preocupar com o aprender a aprender e contribuir nesse processo.

PROCESSOS BÁSICOS DE APRENDIZAGEM

Há dois processos básicos de aprendizado: ciclo do conhecimento e ciclo da ação. Examinemos cada um deles.

Ciclo do conhecimento

É composto pelas seguintes etapas:

1. Os conceitos e as metodologias são objeto de estudo individual teórico, têm dificuldade crescente e demandam tempo.
2. Depois de dominar os conceitos e as metodologias básicos, o aprendiz desenvolve novas crenças, baseadas na interpretação do que aprendeu.
3. O aprendiz passa a ter um novo comportamento pessoal, baseado no que aprendeu e nas suas novas crenças.
4. O aprendiz passa a ter um novo comportamento grupal (ou social).

Esquematicamente, é assim:

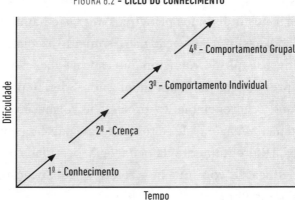

FIGURA 6.2 - CICLO DO CONHECIMENTO

Esse é o ciclo básico do aprendizado em sala de aula, também chamado de **"processo de aprendizado intencional"**. Ele permite concluir que a mudança da maneira de pensar nos faz mudar nossa forma de agir.

Exemplo: um estudante de Medicina aprende, nos cinco anos de curso, todos os conhecimentos técnicos profissionais próprios da profissão. Aprende também o significado de ser médico e os valores correlatos à profissão – por exemplo, respeitar os pacientes e comportar-se de determinada maneira diante deles. Ao final do processo, aprende como os médicos se comportam na sociedade (infelizmente, pode também aprender comportamentos politicamente incorretos, como o corporativismo).

Ciclo da ação

É composto pelas seguintes etapas:

1. O aprendiz aprende um comportamento grupal (social).
2. O aprendiz passa a ter um novo comportamento pessoal, baseado no que aprendeu na etapa anterior.
3. O aprendiz desenvolve novas crenças, baseadas no aprendizado comportamental precedente.
4. Finalmente, o aprendiz aprende os conceitos e as metodologias teóricos que justificam suas novas crenças e seu comportamento.

Esquematicamente, é assim:

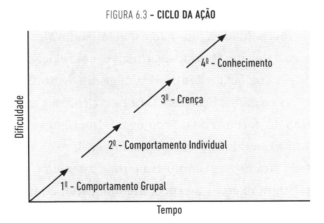

FIGURA 6.3 - **CICLO DA AÇÃO**

Esse é o típico processo de formação no trabalho (também chamado "on the job", "de quartel" ou, ainda, "situacional", ou seja, aquele que se processa nas condições de trabalho). É muito comum, mas infelizmente praticado de forma inconsciente e, portanto, pouco eficaz.

É no ciclo da ação que os gerentes são chamados a atuar. Assim como no ciclo do conhecimento, vemos nesse processo que a mudança da maneira de agir faz que também mudemos nossa forma de pensar.

Vamos a alguns exemplos.

- **Serviço militar obrigatório:** ele dá um dos nomes ao processo – "de quartel". O aprendiz (um recruta) chega ao quartel com pouca educação formal, sem conhecer as regras e os valores do sistema militar, como disciplina, ordem, respeito etc. Durante certo tempo (cerca de um ano), o recruta aprende a se comportar na tropa (grupal); tem lugar certo para estar a cada momento; realiza exaustivamente os movimentos coletivos; opera instrumentos específicos, inclusive armas; decora códigos e regras pessoais e coletivas. Mais tarde, seu comportamento individual passa a ser fortemente marcado pelas regras coletivas e ele, pelo menos naquela situação, é obrigado a agir de acordo com elas (desenvolvendo uma crença). Finalmente, mesmo que não siga a carreira militar, a pessoa teve um aprendizado com conteúdo.

- **Especialista em processo industrial:** o processo de formação de um especialista – tipo soldador de tubulações de alta pressão – insere-se preferencialmente no ciclo de ação. É normal que o aprendiz, nesse caso, seja soldador, mas não especializado. Mesmo tendo algum tempo em sala de aula (tempo desprezível em relação ao total), quase sempre ele será colocado dentro de um grupo de profissionais, aprenderá com eles os dados básicos e fará suas próprias experiências (sob a supervisão do gerente ou dos colegas). Depois, aprenderá o fundamental para a qualidade do seu trabalho (valores = crenças) e, finalmente, terá todos os conhecimentos técnicos e operacionais necessários para exercer a especialidade. (Meu comentário: mesmo sem se enquadrar exatamente no modelo que descrevi acima, pergunto ao leitor: não é pelo exemplo de comportamento coletivo, dado pelo gerente e pelos bons profissionais, que um aprendiz mais aprende?)

- **Músico erudito profissional:** todos sabemos que a formação de um músico erudito se faz necessariamente com conhecimentos formais, ou seja, é obrigatório o ciclo do conhecimento.
- **Atleta de alto desempenho** (por exemplo, um jogador de futebol): a formação de tal tipo de atleta exige muita formação em grupo, com treinamentos coletivos, definindo como obrigatório o ciclo da ação.

CASOS DE USO MISTO DOS DOIS CICLOS

Levando em conta a nossa fase infantojuvenil, todos tivemos um aprendizado pelo ciclo do conhecimento. Todavia, mesmo considerando unicamente a fase adulta, algumas atividades usam de forma explícita e de forma alternada os dois ciclos.

Exemplo 1: um músico profissional erudito provavelmente aprendeu a sua arte numa escola formal (ciclo do conhecimento) e fazendo parte de uma orquestra de renome.

Exemplo 2: para formar um bom dirigente para uma empresa multinacional, normalmente se contrata um profissional originário de uma escola de primeiro nível (ciclo do conhecimento); passado algum tempo, esse executivo é enviado a outro país, onde passa por um ciclo de ação. Posteriormente, passa por novo ciclo do conhecimento cursando uma pós-graduação ou um MBA. Mais tarde, volta a aprender situacionalmente (ciclo da ação).

RESUMO DE ALGUMAS LIÇÕES DE PETER SENGE

A fim de estimular o leitor a ler *A quinta disciplina* (Deming, 1990, p. 133-234), ousei fazer um pequeno resumo do trecho no qual Senge aborda o que ele chama de "organizações de aprendizagem".

As cinco disciplinas para aprender

1. **Questione seus modelos mentais.** Segundo ele, para aprender, tanto pessoal como coletivamente, os modelos mentais (e os paradigmas) precisam necessariamente ser questionados.
2. **Esteja aberto a outras ideias.** A recomendação é clara: você aprende se estiver atento às ideias dos outros, dentro e fora da organização.

3. **Busque objetivos comuns por meio do compartilhamento de ideias.** Com isso, evita-se o risco de que ideias sejam impingidas, como em um livro de receitas.

4. **Procure o aprendizado em grupo.** Senge faz, a propósito dessa disciplina, a famosa pergunta que já mencionei antes: "Como é possível que um grupo de administradores com QI individual acima de 120 tenha um QI coletivo de 63?" E conclui: devido à falta de aprendizado em grupo.

5. **Adote um raciocínio (ou pensamento) sistêmico.** Ele afirma: "É esta disciplina [a quinta] que integra as outras quatro, fundindo-as num conjunto coerente de teoria e prática, evitando que sejam vistas isoladamente como simples macetes ou o último modismo para efetuar mudanças na organização". E completa: "O raciocínio sistêmico está sempre mostrando que o todo pode ser maior do que a soma de suas partes".

As causas mais frequentes dos problemas de aprendizagem nas organizações

Senge (1990, p. 28) escreve:

> Não é por acidente que a maioria das organizações não consegue aprender. A maneira como elas são estruturadas e administradas, como os cargos são definidos e, o mais importante, como todos são ensinados a raciocinar e a interagir, criam graves deficiências de aprendizagem, deficiências estas que atuam apesar de todos os esforços de pessoas inteligentes e empenhadas. [...] Geralmente, quanto mais elas se esforçam para resolver problemas, piores os resultados.

Em seguida, Senge (*ibidem*, p. 28-35) indica as sete condições que provocam deficiências de aprendizagem, nomeando-as por frases emblemáticas. Podemos dizer que são os grandes equívocos gerenciais que resultam na inapetência de aprender:

1. **"Eu sou meu cargo."** A função ocupada pelo funcionário passa a ser sua identidade, como se ele estivesse preso a ela dentro da organização; ele não sente nenhuma responsabilidade pelo todo. Senge cita outra frase emblemática para o mesmo sintoma, em resposta à pergunta "Quem é você?": "Eu sou torneiro mecânico" (quando, na realidade, o

uso de um torno mecânico faz parte das operações necessárias à produção de determinado artigo).

2. **"O inimigo está lá fora."** A frase é típica de quem busca culpados pelo que acontece. Os "inimigos" podem ser tanto internos – de outras áreas da empresa – como externos, inclusive clientes. É comum ouvir: "Se a engenharia deixasse de mexer nos processos, a produção funcionaria melhor". Ou, então: "Como pode uma pessoa comprar o produto do concorrente, que é muito pior do que o nosso?"

3. **A ilusão de ter o comando.** Senge escreve: "A moda é ser proativo". Assim, os gerentes julgam ser "obrigatório" reagir a toda situação que julguem ter saído de controle. Tipicamente, desconhecem a regra sistêmica que recomenda "deixar o sistema esfriar" antes de agir. Além disso, como escreve Senge, na maioria das vezes, "proatividade" é "reatividade" disfarçada. E, sabemos, "reatividade" não permite aprender.

4. **A fixação em fatos.** Condição na qual o gerente se preocupa demasiadamente com fatos e dados (faturamento, orçamentos, lucros, produtos concorrentes etc.) sem ver o que está por trás deles. Pode ser levado a pensar sempre em "causas especiais". Tendo visão sistêmica e entendendo de variabilidade, é indispensável levar em consideração a diferença entre causas "especiais" e "sistêmicas" (veja o Capítulo 3).

5. **A parábola do "sapo cozido".** Para entender essa condição, é preciso lembrar que, ao colocarmos um sapo numa panela quente, ele pula imediatamente para fora, pois o calor lhe é insuportável. Todavia, se o animal for colocado na panela com água fria, mas com aquecimento progressivo, ele permanecerá lá até ser cozido. Isso mostra a dificuldade das organizações de trabalhar e conviver com processos lentos e graduais.

6. **A ilusão de aprender com a experiência.** Em muitas situações, o gerente quer improvisar. Não tendo um modelo, mas apenas uma "teoria", ele é obrigado – como já ressaltei – a formular uma "previsão", mas sem nenhuma base. Por exemplo, se sua teoria refere-se a um horizonte que vai além de sua possibilidade de controlá-lo, como a reação de pessoas de outras áreas organizacionais, ele ficará sem base para atuar (sem experiência precedente). Talvez ele decida ir em frente, supondo que aprenderá com o

experimento. Mas, possivelmente, não aprenderá nada, pois só poderá experimentar o novo modelo na sua área de atuação e não em áreas afins; ou seja, a criação de novo modelo será apenas parcial e possivelmente inconclusiva. Essa condição estabelecida por Senge refere-se, pois, ao "exercício arriscado" de tentar analisar problemas importantes das organizações, decompondo-os em problemas menores e fazendo experiências.

7. **O mito da equipe de direção unida e infalível.** Peter Senge faz menção à "equipe administrativa". Resolvi colocar um nome mais amplo, pois é o que parece acontecer. Com efeito, é muito comum nas organizações que a direção queira preservar a sua imagem, "escondendo" dos demais setores eventuais dificuldades ou divergências internas. Por força dessa posição, a direção perde completamente a capacidade de aprender e, com isso, toda a organização sai prejudicada.

As leis da quinta disciplina

No Capítulo 4 de seu livro, Senge enumera as leis sistêmicas que regem o aprendizado nas organizações. Ele o faz de forma agradável, usando aforismos que facilitam a compreensão. Pensar e refletir sobre elas me parece fundamental para que os gerentes possam efetivamente conduzir com eficiência o aprender a aprender dentro das organizações.

1. **"Os problemas de hoje provêm de soluções de ontem."** Muitas vezes, os gerentes se esquecem de olhar o que aconteceu no passado. É provável que o problema de hoje decorra de uma solução dada a problema semelhante (ou não) tempos atrás. Isso acontece porque há troca de gerentes e os novatos não sabem o que se passou antes (ou seja, há o risco de perda de "memória").

2. **Quanto mais você insiste, mais o sistema resiste."** Essa lei está relacionada ao chamado *feedback* de equilíbrio (veja o Capítulo 3). Esse fator é intrínseco a grande parte dos sistemas. Exemplo típico dessa lei ocorre quando determinado produto de uma empresa começa a perder vendas. É preciso avaliar se ele não atingiu o "fim de vida" – sem essa avaliação haverá grandes investimentos em propaganda sem que os resultados de venda melhorem.

SABEDORIA PROFUNDA EM GERENCIAMENTO

3. **"O comportamento melhora antes de piorar."** Essa lei chama a atenção para os riscos ilusórios que podem ocorrer em curto prazo. Por vezes, tratam-se os sintomas de um problema com aparente sucesso, mas um pouco mais tarde eles reaparecem com força. É preciso lembrar que os sistemas têm o chamado tempo de espera (veja o Capítulo 4).

4. **"Uma saída fácil geralmente nos conduz de volta à porta de entrada."** Essa lei evoca a tendência de aplicar as mesmas soluções a problemas diferentes. Por óbvio, se uma solução dada a um problema pudesse ser aplicada a outro, não haveria necessidade de aprendizado – portanto, o trabalho seria menor. O risco, porém, é saber se a solução é efetivamente válida.

5. **"A cura pode ser pior que a doença."** Isso parece óbvio, mas costuma ser ignorado nas organizações. A busca de soluções fáceis agrava o problema. Um exemplo comum é encontrado nas organizações em que a administração das pessoas é integralmente transferida para uma "gerência de recursos humanos", em vez de ser de responsabilidade de cada líder.

6. **"Mais rápido significa mais devagar."** Essa lei é um alerta contra a mania de muitos gerentes, que pensam que é preciso fazer tudo cada vez mais rápido. Já ressaltei o risco que a reatividade, praticada de forma reiterada, pode causar nas organizações. É necessário pensar, aprender, antes de agir ou reagir; é preciso ter paciência e levar em consideração o tempo de espera de cada sistema. Cabe aqui um ditado: "O ótimo é inimigo do bom".

7. **"Causa e efeito não estão intimamente relacionados no tempo e no espaço."** Ao contrário do que diz o senso comum, determinada "causa" não provoca um "efeito" imediato. Senge (1990, p. 70) escreve: "Existe uma discrepância fundamental entre a realidade nos sistemas complexos e nossa maneira de encarar a realidade. [...] O primeiro passo para corrigir essa discrepância é abandonar a noção de que 'causa e efeito' andam lado a lado".

8. **"Pequenas mudanças podem gerar grandes resultados, mas as áreas de maior alavancagem são em geral as menos evidentes."** Essa lei ilustra o chamado "princípio da alavancagem". Embora neces-

sitem de conhecimento para ser resolvidos, grandes problemas podem ser solucionados com ações muito simples, mas com efeitos amplos e diversificados (efeito alavanca)". Cito um exemplo que presenciei e muito me marcou: determinada indústria tinha muita dificuldade de fazer os operadores de uma área (sujeita a forte variação de qualidade dos produtos) participarem da identificação das causas dos problemas. Várias ações foram tentadas: a) formação e treinamento em sala de aula e no local; b) fixação de textos e fotos com explicações; c) inserção de um consultor no local. Por fim, o melhor resultado foi obtido com a instalação de vários terminais de computadores, de fácil acesso e contendo informações técnicas. Isso permitiu que os trabalhadores tratassem das causas de um grande número de problemas.

9. **"Você pode 'assobiar e chupar cana', mas não ao mesmo tempo."** É preciso respeitar os fatores tempo e espaço; além disso, eventuais dilemas podem ser resolvidos mais facilmente se forem examinados pelo raciocínio sistêmico, colocando-se os fatores numa ordem, examinando-os em separado e verificando como atuam no sistema.

10. **"Dividir o elefante ao meio não produz dois elefantinhos."** Tanto Kauffman como Senge mostram que, para entender um sistema, ele não deve ser repartido. Ou seja, não faz parte do raciocínio sistêmico decompor um sistema para facilitar a solução de problemas. Assim, a sabedoria do gerente está em identificar corretamente os sistemas envolvidos na análise que precisa fazer, tomando cuidado para não fragmentá-los. Muitas vezes, problemas organizacionais precisam ser tratados como se compusessem um único sistema, mas composto de vários subsistemas, valendo a mesma regra para estes últimos.

A importância da visão compartilhada

Senge (1990, p. 190) afirma: "Poucas forças nas relações humanas têm o poder de um objetivo que é de todos". Trata-se, a meu ver, da visão compartilhada. O autor expressa seu pensamento por meio de algumas citações:

■ "No seu nível mais simples, uma visão compartilhada é a resposta à pergunta: 'O que queremos criar?'"

- "Visão compartilhada é vital para a organização em contínuo aprendizado, porque proporciona foco e a energia para a aprendizagem."
- "Uma visão compartilhada é aquela com a qual muitas pessoas estão verdadeiramente comprometidas, porque reflete a visão pessoal delas."
- "Uma visão compartilhada, especialmente se for intrínseca, exalta aspirações pessoais."
- "Visão compartilhada induz naturalmente à coragem."
- "Numa empresa, a visão compartilhada muda a relação entre as pessoas e a companhia. Não é mais a 'empresa deles' e passa a ser a 'nossa empresa'. É o primeiro passo para permitir que pessoas que desconfiam umas das outras passem a trabalhar juntas."
- "Não se pode ter uma organização que aprende sem uma visão compartilhada. É ela que enobrece os objetivos, impele novas formas de pensar e agir. A aprendizagem pode ser difícil, até mesmo dolorosa. Com a visão compartilhada estamos mais propensos a abandonar ideias arraigadas."
- "Visão compartilhada favorece correr riscos e experimentar; permite obter comprometimento em longo prazo. Construtores de catedrais sabem que o resultado do seu trabalho levará 100 anos para ficar pronto."

O que fazer para criar uma visão compartilhada

Senge (1990) relaciona as ações que os gerentes devem executar para criar essa visão, essencial para aprender. Eu as resumo a seguir na forma de recomendações que o gerente deve fazer a seus liderados:

- Encoraje-os a procurar visões e objetivos pessoais relativos à organização e a si mesmos.
- Incentive-os a expor suas visões pessoais e a integrá-las numa visão coletiva.
- Não imponha visões autoritárias, vindas de cima para baixo; se possível, combata-as dentro da própria organização.
- Não tenha pressa para obter consenso; este depende da visão compartilhada.
- Adote a postura de escutar seus liderados antes de falar.

- Promova a participação de todos, estimulando escolhas; exceto em casos excepcionais, aplique as decisões coletivas.

OUTROS CONCEITOS DE APRENDIZADO

Na parte final deste capítulo, quero contribuir com alguns conhecimentos esparsos, que recomendo ao leitor examinar. Penso que eles possam ser ferramentas importantes no processo de aprender a aprender.

O processo PDCA

Relativamente conhecido e praticado – muitas vezes de forma intuitiva – por inúmeros gerentes, esse processo foi desenvolvido por Walter Shewhart em 1939. Deming diz que quando realizava seus trabalhos no Japão, em 1950, chamou-o de "ciclo de Shewhart", mas depois os japoneses o adotaram sob o nome de "ciclo de Deming". Mais tarde, passou a ser identificado pelas primeiras letras das palavras, em inglês, que identificam suas quatro etapas.

O PDCA foi usado com vários propósitos, mas eu o considero especialmente útil no processo de aprender a aprender. Ele é composto de quatro etapas, como indicado no esquema abaixo:

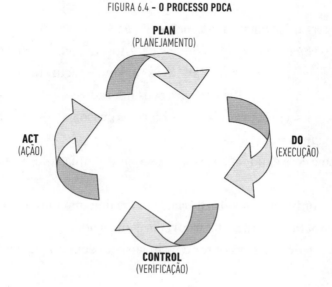

FIGURA 6.4 - O PROCESSO PDCA

O ciclo começa pelo planejamento. Em seguida, a ação – ou o conjunto de ações – planejada é executada, inicialmente em caráter limitado ou na forma de testes. Depois, verifica-se se o que foi feito estava de acordo com o planejado. Por fim, realiza-se a ação ampla que visa eliminar ou ao menos mitigar defeitos no produto ou na sua execução. Periodicamente os resultados são confrontados com o planejado, refazendo-se testes e ajustes e configurando o caráter "circular" do modelo.

Os passos são os seguintes:

- **Plan** (planejamento): estabelece-se uma meta ou identifica-se o problema (aquilo que impede o alcance da meta); analisa-se o fenômeno (analisar os dados relacionados ao problema); analisa-se o processo (descobrir as causas fundamentais dos problemas) e elabora-se um plano de ação (que necessariamente estabelece uma fase de teste).
- **Do** (execução): realizam-se as atividades de teste conforme o plano de ação.
- **Check** (verificação): monitoram-se e avaliam-se os resultados; processos e resultados são confrontados com o planejado por meio de indicadores (objetivos, especificações e estado desejado); consolidam-se as informações, em geral confeccionando relatórios.
- **Act** (ação): age-se de acordo com o avaliado e com os relatórios; eventualmente, elaboram-se novos planos de ação, a fim de melhorar a qualidade, aprimorando a execução e corrigindo eventuais falhas.

O PDCA é um ótimo processo de aprendizado porque induz o gerente a ser prudente: agir em pequena escala; testar, antes de implantar mudanças. É um excelente recurso quando não se tem certeza do resultado de uma mudança ou de um novo processo.

Vale mencionar as recomendações que sempre faço às organizações nas quais ajudo a implantar um novo processo:

- Todos os gerentes envolvidos devem conhecer bem o novo processo.
- Eles mesmos devem testá-lo ou escolher um pequeno grupo ou área da organização para fazê-lo.

- Após algum tempo, é preciso analisar os resultados e fazer eventuais correções.
- Se for necessário, devem-se fazer correções e refazer o teste. Porém, se tudo tiver ocorrido sem dificuldades, pode-se aplicar o processo ao conjunto para o qual tinha sido previsto.

A ação tipo "prato feito" – isto é, concebida e produzida sem se perguntar ao cliente o que ele deseja e desconsiderando a variabilidade das pessoas e dos sistemas – é muito praticada, mas sujeita a fracassos.

Por outro lado, o PDCA é um excelente recurso de aprendizado para trabalhos repetitivos, que não demandam conhecimentos mais sofisticados. Foi muito usado durante a Segunda Guerra Mundial para formar e treinar operários para a indústria armamentista e no Japão pós-guerra.

O aprendizado difere conforme o tipo de problema

No Capítulo 3, abordei a diferença conceitual entre problemas simples e complexos. Procurei igualmente fazer recomendações para evitar ações equivocadas e ineficazes quando se tratam tais problemas sem levar em consideração suas particularidades e o raciocínio sistêmico.

Faço agora algumas observações e recomendações sobre o aprendizado nesse mesmo contexto. Para facilitar o entendimento refaço a tabela com as diferenças entre os dois tipos de problema:

PROBLEMAS SIMPLES	PROBLEMAS COMPLEXOS
Têm solução lógica.	O tratamento não é essencialmente lógico.
Desenvolvem-se de forma sequencial.	Exigem a presença de mais pessoas para tratá-los.
Têm causa especial (estão fora da variabilidade sistêmica).	As causas são sistêmicas (estão dentro da variabilidade do sistema).
Geralmente têm solução universal.	A abordagem é negociada.

É possível chegar então à tabela seguinte, sobre o processo adequado de aprendizagem:

PROBLEMAS SIMPLES	PROBLEMAS COMPLEXOS
Procure um especialista da disciplina ou assunto.	Forme um grupo para analisar e aprender; os especialistas podem atrapalhar.
O ciclo do conhecimento é adequado; quem sabe ensina!	O ciclo da ação é o adequado; é provável que um grupo organizado aprenda tudo sobre o assunto.
A qualidade exigida é o "saber".	A qualidade exigida é o "participar".
O tempo de aprendizado é menor.	O tempo de aprendizado é maior.
O gerente precisa acompanhar e "cobrar" o resultado.	O gerente precisa animar, motivar e ter paciência.

Cito alguns exemplos reais nos quais os resultados foram ruins em consequência da forma inadequada de aprendizagem.

Caso 1: uma empresa contratou um especialista em redação de textos para resolver o problema dos atrasos de seus engenheiros na elaboração de relatórios escritos. Na realidade, o problema não era de redação, mas sim do roteiro básico do documento. O especialista nada ajudou, mas algumas reuniões dos engenheiros com o diretor da área permitiram simplificar o roteiro, eliminando perda de tempo com dados e informações desnecessárias. Os atrasos deixaram de acontecer.

Caso 2: o novo síndico de um condomínio residencial de alto nível, sendo executivo de empresa, pensou que deveria aplicar princípios gerenciais na administração do imóvel. Assim, criou várias comissões para estimular a participação dos condôminos. A mais notável delas era a de "manutenção", que deveria analisar e supervisionar os trabalhos necessários para manter o condomínio em bom estado. Passados alguns meses, e mesmo tendo a referida comissão se reunido a cada 15 dias, as reclamações eram muitas. Vazamentos não eram consertados a tempo e provocavam danos. Alguns locais ficaram às escuras. Por fim, quando o elevador social ficou em pane por três dias, os condôminos se reuniram e pediram ao síndico para desistir da comissão de manutenção, devolvendo a função ao zelador (o especialista) – capaz de se inteirar dos problemas rapidamente e de tomar, no devido tempo, as providências operacionais.

A "fórmula" da mudança

Coloquei a palavra "fórmula" entre aspas a fim de indicar que não se trata de uma equação matemática. Embora ela possa ser expressa em tal linguagem (veja a seguir), ela é interessante para o aprendizado sobre mudanças em processos organizacionais.

Atribuída aos americanos Richard Beckhard e David Gleicher, a chamada "Fórmula da Mudança" tem a seguinte expressão:

$$C = \frac{A \times B \times D}{R}$$

Em que:

C = prontidão e/ou **disposição** para a mudança.

A = percepção dos **inconvenientes** da situação atual.

B = percepção da **conveniência** da situação desejada.

D = percepção do **resultado dos primeiros passos**.

R = **risco** percebido ou a ser enfrentado.

Assim:

1. Não existe a menor possibilidade de mudar qualquer coisa ou processo sem que os envolvidos estejam interessados ou dispostos a fazê-lo. Em um sistema no qual os atores estão satisfeitos ou alienados, a possibilidade de mudança é praticamente nula.

2. Porém, um dos fatores que podem provocar a vontade de mudar está na percepção de inconvenientes na situação existente. Quando algo não vai bem, pode existir vontade para corrigir.

3. Não há processo de mudança sem que exista uma visão do "novo" ou da "alternativa". Ninguém pensa em mudança sem refletir sobre o que acontecerá depois.

4. A fórmula implicitamente recomenda fazer a mudança "aos poucos", por etapas. Assim, aqueles que dela usufruirão poderão, progressivamente, entusiasmar-se com os resultados e, em consequência, reiterar a vontade de mudar.

5. A fração matemática indica um denominador, que é o "risco" que deverá ser enfrentado pelos atores, fator inversamente proporcional à vontade de mudar. Se as pessoas envolvidas avaliam que o risco que acompanha a mudança é elevado, a vontade de mudar diminui. Ao contrário, se os envolvidos na mudança não veem grandes riscos, isso ajuda a promovê-la.

Usando a fórmula da mudança

1. Estabeleça seus argumentos sobre os inconvenientes que existem hoje. Se for um produto, relacione em detalhe o que dizem os clientes. Se for um processo, faça um inventário de todos os inconvenientes, sobretudo os sistêmicos.
2. Delineie com precisão o que deverá acontecer no futuro. Quanto mais detalhes você der, maior será a vontade de aceitar sua proposta.
3. Planeje fazer a mudança com pequenos passos. É muito mais difícil fazer as pessoas aceitarem propostas que têm uma única saída. Os pequenos passos possibilitam testar nova saída quando uma não der certo.
4. Estude todos os riscos envolvidos e avalie as probabilidades de que cada um deles ocorra, anotando a alternativa que você pode oferecer em cada caso.
5. Sobretudo, e finalmente, seja um promotor da mudança. Assuma os riscos, "dê a cara para bater".

Para encerrar este capítulo, transcrevo uma frase que sempre marcou minha vida: "Feliz aquele que transfere o que sabe e aprende o que ensina" (Cora Coralina, poetisa, 1899-1985).

7. MODELO GERENCIAL INTEGRADO: ROTINA *VERSUS* INOVAÇÃO

DURANTE MINHA VIDA PROFISSIONAL, ouvi explicações e interpretações, as mais variadas e às vezes desconexas, a respeito de quatro termos ligados ao gerenciamento de organizações:

- Planejamento estratégico
- Inovação
- Rotina
- Melhoria contínua

Neste capítulo, procuro dar ao leitor uma visão sistêmica sobre o que representam esses quatro conceitos no que se refere ao gerenciamento. Foi pensando na integração deles que André Alckmin e eu desenvolvemos um modelo que chamamos de "gerencial integrado". Vou descrevê-lo a seguir, em etapas cronológicas, a fim de facilitar seu entendimento.

Quando começou a chamada Revolução Industrial, surgiram as primeiras organizações comerciais e industriais. Empiricamente, os primeiros administradores definiram a "missão" de suas entidades e seus "valores" (ou crenças). Também estabeleceram as regras gerais básicas de funcionamento (o que chamo de "políticas"):

A ORGANIZAÇÃO
Missão, Valores,
Políticas

Algum tempo depois, na segunda década do século 19, e antes da Primeira Guerra Mundial, alguns estudiosos – especialmente Taylor, em 1911, e Fayol, em 1916 – tornaram públicos estudos sobre a "administração de empresas".

A teoria e a prática do gerenciamento tiveram grande impulso desde então, sobretudo durante a Segunda Guerra Mundial: tratava-se de conceitos e metodologias que ajudavam na administração do dia a dia. Chamamos esse conjunto de "rotina", usando o sentido mais estrito da palavra, que é "a sequência de atos ou procedimentos que se observam por força do hábito" (Holanda, 1990, p. 1260).

A ORGANIZAÇÃO
Missão, Valores,
Políticas

A ROTINA

Terminada a Segunda Guerra Mundial e com a necessidade de reconstruir o mundo, os cientistas começaram a falar em "produtividade" e "qualidade". A voz mais forte que se ouviu foi a de Edward Deming, sobretudo no seu esforço extraordinário de recuperar a capacidade produtiva do Japão, entre 1950 e 1960. As teorias sobre qualidade multiplicaram-se nas décadas de 1970 e 1980, tornando-se uma verdadeira tendência em matéria de gerenciamento. André e eu denominamos esse período de "melhoria contínua", terminologia que foi cunhada recentemente para englobar todos os processos e metodologias que permitem melhorar sistematicamente a rotina.

Vejamos exemplos de processos de melhoria contínua:
- Planos de qualidade
- Certificação ISO ou equivalente
- Grandes operações de comunicação
- Programas de relacionamento
- Sistemas estruturados de remuneração de pessoal
- Sistemas de avaliação de desempenho profissional

As ações de melhoria contínua são estratégicas, mas não necessariamente decorrem de um planejamento estratégico.

Ao criar o diagrama anterior, surgiu-nos a ideia de definir que os processos envolvidos nos três círculos diziam respeito à organização do gerenciamento do dia a dia e seguiam o que chamamos de "eixo horizontal de gerenciamento".

Os ensinamentos militares e as teorias modernas sobre marketing fizeram surgir um novo campo nos estudos da administração de organizações: o planejamento estratégico. As toscas ideias de planejamento que vigoravam até 1970 passaram a ser abordadas de forma mais científica e estruturada. Deming foi de novo pioneiro na área, acompanhado de outro grande cientista da qualidade, Joseph Juran (1904-2008).

André e eu tivemos, como funcionários da empresa Rhodia, a oportunidade de aprender muito sobre o assunto com o professor Scott Sink, da Virginia Polytechnic Institute and State University (veja as Referências). Com a orientação de Sink, um processo estruturado foi implantado na Rhodia em 1985, com excelentes resultados.

Assim, nosso modelo incorporou o plano estratégico:

Entretanto, no caso da Rhodia, surgiram dificuldades. Muitos gerentes sentiram que o planejamento estratégico – base do professor Scott Sink – exigia grandes esforços conceituais e rigorosos exercícios teóricos. As estratégias pareciam bem pensadas e adequadas, porém a metodologia não previa um acompanhamento detalhado das ações que deveriam permitir aplicar as estratégias. Ou seja, havia muito trabalho escrito, mas pouca prática.

Vários setores da empresa começaram, então, a estabelecer processos e métodos para explicitar e controlar as ações. Na época, como executivo, me empenhei em fazer um acompanhamento mais estrito das ações estratégicas. O modelo, na ocasião, foi assim desenhado:

JOSÉ RICARDO DA SILVEIRA

Por volta de 1990, André Alckmin fez um primeiro contato com Peter Senge (do Massachusetts Institute of Technology – veja as Referências e o Capítulo 6). Senge nos fez pensar em como usar o raciocínio sistêmico no planejamento estratégico que aplicávamos. Começamos, assim, a criar uma nova metodologia, baseada na "quinta disciplina" de Peter Senge, o *compartilhamento*, e nosso modelo passou a ter a seguinte configuração:

Finalmente, quando chegamos a esse desenho, André e eu concluímos que é essencial para os gerentes entender que o planejamento estratégico está em outro momento do gerenciamento. Ele é bem diferente da rotina e da melhoria contínua. Assim, o modelo permitia mostrar um *"eixo vertical"*, a grande fonte de inovação das organizações.

Em resumo, é indispensável tratar o "eixo vertical" – que abrange o planejamento estratégico (mesmo que não compartilhado) – e o estabelecimento e o controle das ações estratégicas *em momentos distintos do trabalho*.

Resultados obtidos em diversas organizações permitem fazer um resumo qualitativo, mostrando o alcance dos dois eixos de gerenciamento. O eixo horizontal produz resultados de pouca monta, mas frequentes. O gráfico abaixo procura ilustrar isso:

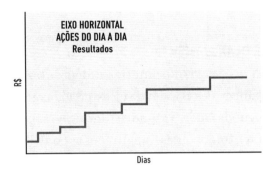

Já o típico resultado do eixo vertical deriva de poucas ações, mas que resultam em ganhos importantes. Em um diagrama, apresenta-se assim:

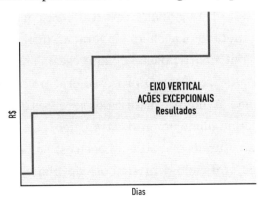

No próximo capítulo, tratarei especificamente dos conceitos e das metodologias do planejamento estratégico compartilhado.

8. PLANEJAMENTO ESTRATÉGICO COMPARTILHADO

DOIS CONCEITOS DE PLANEJAMENTO

COMO RELEMBREI NO CAPÍTULO anterior, a ideia de fazer um planejamento estratégico das organizações passou a ser estudada com mais tecnicidade a partir do final da Segunda Guerra Mundial (devido ao sucesso do planejamento estratégico militar), tomou mais ímpeto com as contribuições de Deming e Juran e foi tema obrigatório de diversas organizações a partir de 1970.

Porém, até 1990 (ou seja, antes que as ideias de Peter Senge começassem a ser entendidas), o planejamento estratégico conhecido e praticado era aquele que batizei de "normal" (outros nomes possíveis: "centralizado" "sistêmico", "natural", "tradicional"): estruturado e conduzido por técnicos competentes, com metodologias bem elaboradas, que, em momentos bem precisos, contava com a participação do alto escalão da organização (proprietários, acionistas, diretores). O processo era, em boa parte do tempo, realizado em gabinete. A imensa maioria dos gerentes que trabalhou em organizações que fizeram planejamento estratégico, mesmo que esporadicamente, de forma estruturada ou não, conheceu esse modelo. Ainda hoje, ele é, de longe, o mais praticado. Um símbolo do planejamento estratégico "normal" é visível em estruturas organizacionais por meio da existência de diretores ou de assessorias de planejamento.

O processo alternativo é o planejamento estratégico compartilhado (PEC), objeto deste capítulo. Ambos os processos fazem parte do eixo vertical, conforme o modelo proposto neste capítulo.

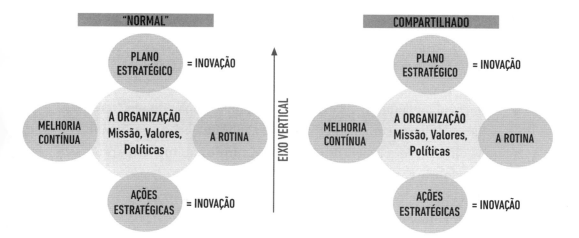

Não farei, neste livro, qualquer outra menção ao planejamento estratégico normal, pois não tive experiências concretas em praticá-lo e minha contribuição teórica seria nitidamente inferior à de outros estudiosos.

Todavia, vou mencionar alguns aspectos metodológicos semelhantes ao modelo compartilhado, apenas para mostrar as diferenças conceituais entre os referidos processos.

DEFININDO O PEC

O PEC é um dos processos que permitem fazer o planejamento estratégico de qualquer entidade, seja ela de caráter empresarial ou de qualquer outra natureza, como entidades sociais, esportivas etc. Ao contrário do planejamento estratégico normal, que trabalha com órgãos especializados, esse processo permite que aquelas pessoas que dirigem a entidade e as que vão realizar as ações estratégicas sejam os autores de todas as etapas. Por essa razão, ele é chamado de "compartilhado", pois nada é imposto ou preparado de antemão.

Nenhuma etapa do processo é realizada sem que um consenso entre os participantes seja obtido. Empreendimentos (entidades e empresas) que adotaram esse processo confirmam que ele os levou ao sucesso. São essas experiências bem-sucedidas que confirmam sua eficiência e eficácia.

AS CRENÇAS E O PEC

Para que o PEC funcione, é essencial crer:

- na vantagem concorrencial de fazê-lo;
- que a sabedoria coletiva é superior à individual;
- que o planejamento estratégico, quando compartilhado, tem mais chance de gerar comprometimento do que aquele feito em gabinete;
- que um PEC se gerencia de forma diferente da habitual e dos processos de melhoria contínua;
- que ele é um contínuo aprendizado, que exige persistência e tempo para ter eficiência e eficácia.

METODOLOGIA DO PEC

A metodologia usada é a de obter decisões sucessivas para as seguintes etapas, em ordem cronológica:

1. **Intenção/crença**.
2. Fixação da **missão** da organização.
3. Estabelecimento da **visão de futuro**.
4. **Constituição do grupo especial do PEC**.
5. **Análise de ambiente** externo e interno.
6. **Escolha da estratégia**, válida para determinado período.
7. **Escolha das ações estratégicas** para o mesmo período.
8. Organizar as **medições para acompanhamento e controle**; realimentar o sistema periodicamente.

De modo esquemático:

METODOLOGIA DO PLANEJAMENTO ESTRATÉGICO COMPARTILHADO - PEC

O FATOR TEMPO

A pergunta lógica que se pode fazer é: "Com que frequência se faz o planejamento estratégico compartilhado?" No planejamento "normal", é comum ouvir comentários sobre planos decenais, quinquenais etc. No caso do planejamento estratégico compartilhado, a resposta é sempre "anual". A razão é simples: sendo um trabalho compartilhado, que envolve grupos especiais, os resultados têm grande variabilidade. Além disso, há o fator motivacional: refazendo-o anualmente, os participantes têm a oportunidade de aprender mais e de desenvolver o sentimento de orgulho pelo trabalho realizado.

ETAPA 1 – INTENÇÃO/CRENÇA

Nessa fase, os dirigentes da organização fazem uma *profissão de fé* nos conceitos do planejamento estratégico compartilhado. Essa é a condição essencial para o sucesso do PEC. Na prática, é necessário que os dirigentes tenham uma ideia clara dos conceitos e da metodologia e se engajem – sem reservas – no processo por no mínimo um ano. Esse é o período mínimo para um teste.

Na minha experiência, o grande risco é um posicionamento do tipo "vamos ver no que dá". A direção da organização não pode ficar alheia ao processo, pois se isso ocorrer o compartilhamento passa a ser um faz de conta destinado ao fracasso.

Considerando ser anual a frequência de realização do PEC, recomendo que a diretoria da organização faça, a cada 12 meses, um pronunciamento formal, reafirmando as crenças no processo.

ETAPA 2 – FIXAÇÃO DA MISSÃO DA EMPRESA

A missão é o propósito essencial que a organização se impõe. Ela resulta de um sentimento dos fundadores e dirigentes que precisa ser entendido e vivenciado. Assim, descrever a missão é um exercício difícil. Não se trata de um simples texto, como muitos imaginam. O exercício do compartilhamento entre um grande número de pessoas pertencentes à organização, em muitos casos que presenciei, foi o grande trunfo.

Como referência, transcrevo três textos públicos de missão de organizações:

- Johnson & Johnson (www.jnjbrasil.com.br): "Ser uma companhia de saúde, higiene e beleza que cresce acima do mercado através de superior satisfação do consumidor e dos clientes".
- Fundação de Rotarianos de São Paulo, mantenedora do Colégio Rio Branco e das Faculdades Rio Branco, de São Paulo (www.frsp.org/site/pt/): "Servir com excelência, por meio da educação, formando cidadãos éticos, solidários e competentes".
- Amil Assistência Médica (www.amil.com.br): "Viabilizar a uma parte significativa da sociedade o acesso a uma medicina de alta tecnologia e qualidade".

Na prática, a fixação da missão se faz uma única vez (embora possa ser revista em casos especiais). Assim, considerada a frequência anual, essa etapa normalmente se resume a revê-la, confirmá-la e entendê-la.

ETAPA 3 – ESTABELECIMENTO DA VISÃO DE FUTURO

A visão de futuro é a obra que a organização pretende concretizar dentro de determinado período. É o alvo, o objetivo do trabalho que está sendo planejado. A obra visada deve ser descrita com o maior número possível de detalhes. O período visado deve ser superior a 20 anos.

Vejamos os textos de visão de futuro das três organizações já citadas:

- Johnson & Johnson: "A Johnson & Johnson do Brasil promoverá o bem-estar de cada pessoa, fazendo parte de sua vida, pelo menos uma vez por dia, desde sua infância até a maturidade".
- Fundação de Rotarianos de São Paulo: "Ser referência nacional e internacional na área da educação".
- Amil Assistência Médica: "Ser a melhor, a maior e mais feliz das empresas".

Na prática, como na Etapa 2, o estabelecimento da visão de futuro se faz uma única vez (embora possa ser revista em casos especiais). Assim, considerada a frequência anual, essa fase deve se resumir a revê-la, confirmá-la e entendê-la.

ETAPA 4 – CONSTITUIÇÃO DO GRUPO ESPECIAL DO PEC

Essa fase é o ponto-chave do processo. Da qualidade desse grupo resultará a qualidade do PEC. *Ele deve ser escolhido pela direção da organização* (proprietário, presidente, diretor-geral, diretoria estatutária etc.). Denomino essa direção de nível N.

O grupo deve ter as seguintes características:

1. O número total de componentes não deve ser inferior a 20 nem superior a 60. Recomendo que tenha entre 40 e 60 participantes, para permitir maior diversidade de opiniões e de percepções sobre a realidade da organização.

2. Pelo menos 75% das pessoas que fizerem a escolha devem compor o grupo. Ou seja, se há uma diretoria estatutária com quatro pessoas, três delas devem compor o grupo. Porém, seria desejável que todos fossem membros.

3. Todos os funcionários do nível N-1 (aqueles que se reportam ao nível N) devem necessariamente integrar o grupo.

4. Outros funcionários do nível N-2 (aqueles que se reportam ao nível N-1) poderiam também ser convidados a integrar o grupo.

5. Em casos especiais, outros atores do sistema organizacional podem fa-

zer parte do grupo: clientes, fornecedores, membros da comunidade que interage com a organização etc.

Esse grupo não fará parte da estrutura organizacional (isto é, nunca aparecerá em organogramas). Os componentes também deverão ser considerados "intuito-persona", ou seja, não representam uma função organizacional.

Outra regra fundamental para o correto funcionamento do grupo é a inexistência de qualquer relação hierárquica dentro dele.

Salvo casos especiais, cada grupo tem um "mandato" de um ano, que é a duração de um ciclo do PEC. Recomendo não fazer trocas de participantes durante esse período, salvo casos de força maior.

ETAPA 5 – ANÁLISE DE AMBIENTE INTERNO E EXTERNO

Essa fase é realizada com todo o grupo reunido, no que chamo de "sessão inicial do PEC", que continua nas etapas 6 e 7. Seu objetivo é identificar o ambiente (no sentido mais amplo) – interno e externo – em que a empresa está inserida.

Por ambiente interno entende-se o conjunto de elementos que envolvem os funcionários da empresa, os clientes e suas respectivas organizações empresariais, fornecedores (inclusive bancos), prestadores de serviços, organizações sociais que interajam com a organização etc.

O ambiente externo é composto pelo sistema econômico-financeiro e social de cada localidade, estado e região em que a organização estiver presente e pelo sistema econômico-financeiro e social do país e do mundo.

A metodologia a usar é a conhecida análise SWOT (*strength, weakness, opportunities, threatness*) – em português, forças, oportunidades, fraquezas e ameaças. Assim, estuda-se o ambiente interno e externo de cada uma dessas rubricas.

Vejamos rápidas explicações sobre essas quatro classificações:

- **Forças:** são os pontos fortes da organização; tudo que contribui para que ela cresça e ganhe relevância na comunidade e diante dos concorrentes.

- **Fraquezas:** são os pontos fracos; tudo que prejudica a organização, inclusive seus funcionários; tudo aquilo que a faz perder clientes, amigos, simpatizantes; todas as condições que a fazem perder negócios para os concorrentes.
- **Oportunidades:** são condições, fatos ou dados gerados ou provocados por *agentes externos à organização* que podem permitir ganhos e alavancar resultados internos.
- **Ameaças:** são condições, fatos e dados gerados ou provocados por *agentes externos à organização* que podem provocar perdas, maus resultados e efeitos indesejáveis à organização.

A sessão do PEC é vital para seu sucesso. Ela dura, considerando as três etapas envolvidas (análise de ambiente, escolha de estratégia e escolha das ações estratégicas), de dez a 18 horas. Ou seja, no caso mais favorável (organização mais simples) durará um longo dia de dez horas de trabalho contínuo (com interrupções apenas para refeição e café) ou dois dias de trabalho (de nove horas cada um) nos casos mais complexos.

Faço as seguintes recomendações de ordem técnica:

- É preciso ter um facilitador/animador para a sessão: alguém que esteja habituado a trabalhar com grupos e seja capaz de permitir que todos os participantes tenham a oportunidade de se expressar. O facilitador pode realizar outras tarefas em paralelo, como ajudar a direção a formar o grupo do PEC. Mostrarei outras contribuições mais adiante.
- Estabelecer regras (típicas da metodologia do diálogo) para evitar que alguns participantes monopolizem as intervenções orais. Basicamente, trata-se de limitar cada intervenção a um máximo de três minutos.
- Não permitir que participantes usem *notebooks* durante a sessão, uma vez que tal uso acarreta desvio de atenção.
- O facilitador deve dar explicações sobre cada uma das dimensões da análise de ambiente, insistindo nas definições referentes a "oportunidades" e "ameaças" (evitando usar as duas palavras no seu sentido amplo e corrente).

O processo recomendável para a análise de ambiente

Geração silenciosa: cada participante é convidado a escrever, em folha de papel individual, o que ele avalia como relevante em cada uma das opções – forças, fraquezas, oportunidades e ameaças –, sem se preocupar em abordá-las uma de cada vez. Tais avaliações são chamadas de "percepções individuais sobre o ambiente".

6. Quando a maioria dos participantes termina de escrever, cada um explicita a percepção individual que julgar mais importante, lembrando que ele terá oportunidade de mencionar todas. Esse procedimento permite que as primeiras intervenções de cada participante sejam aquelas que mais se repetirão com outros membros do grupo, que não precisarão repeti-las depois (ganha-se tempo). Cada percepção narrada é registrada no *flip chart* e classificada pelo próprio participante (é ele que dirá se se trata de uma fraqueza, de uma força etc.). Isso é importante porque uma mesma percepção – e com a mesma redação – pode ser classificada em grupos diferentes.

7. Após sucessivas rodadas, durante as quais cada participante é solicitado a enunciar suas percepções, constata-se que não há mais propostas. O facilitador deve então ler tudo que foi anotado, devidamente agrupado nas quatro classificações. Essa leitura, em voz alta, permite aos participantes eliminar percepções individuais repetidas. As eventuais eliminações de proposições devem ter o apoio do grupo (por meio de uma votação simbólica).

8. Inicia-se o processo de transformar as percepções individuais em coletivas. Consiste em obter dos participantes uma *priorização* de tudo que foi anotado, ou seja, o que eles consideram de fato muito relevante e vital para a organização. Recomendo usar um processo de votação que consiste em distribuir uma mesma quantidade de adesivos coloridos a todos os participantes. Para fixar o número de adesivos a distribuir, divide-se o número de percepções individuais anotadas pelo número de participantes e multiplica-se o resultado por cinco. Assim, se tivermos 80 proposições anotadas (nas quatro dimensões) e 50 participantes, o número de adesivos a distribuir é de oito (recomendo que em nenhum caso sejam

distribuídos menos de três). Distribuídos os adesivos, os participantes são convidados a colar um ou mais deles em frente às percepções que julgarem as mais vitais para a organização, independentemente de se tratar de força, fraqueza, oportunidade ou ameaça. Tal processo é realizado propositadamente de forma anárquica, a fim de permitir aos participantes prováveis interações e/ou comentários sobre suas prioridades.

9. O facilitador conta os votos e seleciona entre cinco e dez percepções individuais mais votadas. Se tiver havido grande dispersão dos votos, recomendo refazer a votação com uma lista das mais votadas e a metade dos adesivos. A nova lista (cinco a dez percepções) é devidamente anotada em folha à parte do *flip chart* e agora chamada de percepção coletiva, pois reflete o pensamento do grupo.

ETAPA 6 – ESCOLHA DA ESTRATÉGIA PARA DETERMINADO PERÍODO

A grande dificuldade dessa etapa é a homogeneização do conceito e a definição do termo "estratégia", uma vez que na linguagem corrente ela tem distintas conotações.

Estratégia "é a arte de aplicar os meios disponíveis com vista à consecução de objetivos específicos" (Holanda, 1990, página). Eu prefiro outra definição: "É o caminho que se escolhe para alcançar a obra desejada" (no caso, a visão de futuro).

Sendo um caminho, uma estratégia nunca é permanente; vale para um período determinado, sendo alterada sempre que as condições ambientais e as hipóteses de base mudarem.

Embora não seja obrigatório, recomendo que a estratégia seja decomposta em duas partes:

■ Estratégia para dez anos (uma única, obrigatoriamente).

■ Estratégia para um ano: o ideal é que exista apenas uma estratégia por período. Todavia, por motivos específicos, podemos ter duas. A(s) estratégia(s) é (são) necessariamente formalizada(s)/escrita(s) mas confidencial(ais), permanecendo seu conhecimento restrito aos diretores da organização e aos participantes do grupo PEC.

O processo recomendável para conduzir o trabalho do grupo nesta fase é:

Fase 1: promover um pequeno diálogo sobre o conceito e as definições de estratégia a fim de homogeneizar os conhecimentos dos participantes.

Fase 2: pedir ao grupo para pensar na estratégia de longo prazo ou naquela para dez anos. Lembrar que o raciocínio sistêmico (veja o Capítulo 2) nos leva a concluir que em qualquer negócio ou atividade só há duas possibilidades: crescer ou morrer. Assim, a estratégia para dez anos precisa ser de crescimento, que deve ser escolhida com base especialmente na visão de futuro. Algumas frases podem ajudar na reflexão:

- Empresa pequena deve ser apenas uma empresa que está no começo.
- Desafios e crises são elementos do cotidiano e não exceções.
- Ter um ambiente de negócio hostil não é desculpa. É preciso vencer em qualquer situação.
- Deve haver transparência total nos objetivos e no relacionamento. O informal está condenado a ser pequeno.

Assim, depois de certo tempo, o facilitador pede sugestões ao grupo. Geralmente há poucas propostas, que são registradas no *flip chart*; a seguir, um processo decisório por votação aberta é realizado.

Fase 3: é a mais difícil para grupos novos (que fazem a sessão inicial do PEC pela primeira vez), devido às dificuldades conceituais em torno da palavra "estratégia". Relaciono algumas das recomendações que faço por ocasião das sessões que facilitei para várias organizações:

1. Estratégia não é um *slogan*; precisa representar uma *resposta* aos pontos levantados na análise de ambiente (e nesse momento recomendo reler, uma a uma, as percepções coletivas).
2. Ao pensar na estratégia é preciso distinguir o "quê" do "como", uma estratégia é o "que" vamos fazer, o "como" será tratado na etapa seguinte do processo (ações estratégicas).
3. A estratégia precisa ser enunciada, na medida do possível, em poucas palavras, pois deve ser facilmente memorizada. O enunciado de uma estra-

tégia deve indicar ação; ela não pode ser genérica ou um simples tratamento de sintomas, como "estratégia de preços", "estratégia de recursos humanos", "estratégia de marketing", "estratégia financeira" etc.

4. A estratégia não é um "plano de negócios".

Exemplos de estratégias reais e famosas:

- Da Segunda Guerra Mundial – a invasão da Normandia: "Encurtar a guerra".
- De um grande fabricante de máquinas agrícolas: "Cercar o cliente; onde ele estiver, ficar ao lado".
- De uma grande montadora de veículos no Brasil: "Facilitar a venda por financiamento".
- Da filial de multinacional no Brasil: "Reduzir custos".
- De filial de multinacional no Brasil: "Ter um cliente preferencial" (para monitorar crise de qualidade de produtos).
- Para multinacional do ramo da moda: "Vender seletivamente para clientes de referência".
- Para uma rede de supermercados: "Desafiar o cliente consumidor a comprar mais barato".

Após as recomendações, o grupo é solicitado a apresentar propostas de estratégias para o ano. Repete-se o processo da Etapa 5:

- Geração silenciosa, com cada participante registrando em papel suas propostas.
- Leitura das propostas pelos participantes – um a um – e registro no *flip chart*.
- Leitura pelo facilitador, com comentários sobre o conteúdo (se alguma das propostas não for configurada como estratégia possível, o facilitador ou outro participante deve deixar isso claro).
- Decisão grupal sobre adotar uma ou mais estratégias (sempre alertando que mais de uma estratégia pode gerar problemas de foco).
- Escolha da estratégia; se o número de propostas for grande (superior a dez) – o que é raro –, deve-se usar o sistema de votação por adesivos.

ETAPA 7 – ESCOLHA DAS AÇÕES PARA O MESMO PERÍODO

O trabalho nessa fase é escolher e descrever todas as ações que decorrem da estratégia escolhida.

Ressalva importante: um dos pontos fundamentais do PEC é que a participação obrigatoriamente se estende às ações. Ou seja, os participantes do grupo PEC é que devem executá-las. Seria absurdo que não o fosse! Isso deve ficar bem claro ao iniciar a Etapa 7, evitando a tendência de escolher ações irrealistas.

O processo recomendável para conduzir o trabalho do grupo nesta fase é:

1. Novamente usa-se o processo de geração silenciosa. Se houver mais de uma estratégia, as respectivas ações devem ser separadas.

2. Quando a maioria dos participantes terminou de escrever, cada um explicita a ação que julga a mais importante, lembrando que ele terá oportunidade de mencionar todas. Cada proposta é registrada no *flip chart*.

3. Após sucessivas rodadas, em que cada participante é solicitado a enunciar suas propostas de ação, constata-se que não há mais propostas. O facilitador lê em voz alta tudo que foi anotado e eliminam-se eventuais propostas repetidas ou que não configuram ações estratégicas. Um equívoco comum, sobretudo em grupos sem experiência, é a formulação de propostas que não representam ações, mas desejos. Exemplos desses equívocos são proposições do tipo: "agir com motivação", "combater o desânimo com incentivos" etc.

4. As eventuais eliminações de proposições devem ter o apoio do grupo (com uma votação simbólica).

5. Inicia-se o processo de priorização, ou seja, o que os participantes consideram de fato relevante e vital para a organização.

6. Recomendo usar o processo de votação já descrito na Etapa 5 (análise de ambiente), que consiste em distribuir uma mesma quantidade de adesivos aos participantes. As regras para determinar o número deles por participante são as mesmas. Mantenho a recomendação de que em nenhum caso sejam distribuídos menos de três adesivos. Depois que eles forem distribuídos, os participantes serão convidados a colar um ou mais na frente das propostas que sejam mais vitais para a organização e atendam à condição obrigatória de ser realizadas pelo grupo.

7. O facilitador conta os votos e reescreve as propostas, ordenando-as pelo número de votos recebidos. Se houver grande número de empates, recomendo refazer a votação, utilizando metade das etiquetas ou, excepcionalmente, por votação nominal.

8. O grupo decide quantas ações estratégicas vai adotar. Essa fase é primordial, por isso deve-se proceder da seguinte maneira: o grupo divide-se em subgrupos contendo entre sete e dez participantes (explicarei a razão desse limite na Etapa 8); cada subgrupo responsabiliza-se por uma única ação. Assim o grupo estabelecerá quantas ações vai abordar no período de um ano (ou seja, as mais votadas na lista feita na Fase 5).

ETAPA 8 – MEDIÇÕES E REALIMENTAÇÃO DO SISTEMA

As seguintes regras passam a existir a partir do momento em que são formados os subgrupos. Estes:

- Devem se conscientizar de que não são unidades autônomas do PEC, mas resultantes do esforço para tornar o grupo mais eficiente. Isso significa que cada subgrupo tem de prestar contas de seu trabalho ao grupo PEC pleno.

- Terão de reunir-se obrigatoriamente uma vez por mês, por um período máximo de três.

- Deverão se organizar para realizar a ação estratégica que lhes foi incumbida.

- Deverão relatar mensalmente suas atividades ao grupo PEC para conhecer e avaliar o funcionamento (realimentação) dos subgrupos. O grupo PEC se reunirá uma vez por mês, por no máximo duas horas.

A realização de reuniões mensais (que correspondem a uma medição e permitem a realimentação) é essencial ao funcionamento do PEC. A experiência de muitas organizações confirma essa necessidade.

Considerando o caráter essencial das reuniões mensais, recomenda-se que cada subgrupo tenha um número de participantes suficientemente grande, a fim de levar em conta as inevitáveis variabilidades da vida: doenças, viagens, impedimentos temporários de qualquer outra natureza.

RECOMENDAÇÃO FINAL

O planejamento estratégico compartilhado exige:

- Persistência e constância de propósitos.
- Conhecimento dos conceitos e das metodologias envolvidos.
- Disciplina tática (respeito estrito aos métodos e às regras).
- Disciplina organizacional (respeito a cronogramas e a prazos).

Assim, recomendo que a organização interessada em obter os resultados desse moderno processo destaque um funcionário para cuidar preferencialmente (em alguns casos exclusivamente) do PEC.

INFORMAÇÕES COMPLEMENTARES PARA O BOM USO DO PEC

Tempo necessário para o PEC

- Atividades prévias (estabelecimento da missão e da visão de futuro): como já expliquei, essa atividade é em geral realizada uma única vez. O processo participativo é desejável, mas diferente do PEC.
- Sessão inicial do PEC (análise de ambiente, escolha da estratégia, escolha das ações estratégicas, medições e organização dos subgrupos): a duração mínima é de dez horas consecutivas, e a máxima, de 18 horas, repartidas em dois dias consecutivos.
- Medição e realimentação (funcionamento por um ano após a sessão inicial do PEC): máximo de três horas por mês por subgrupo e duas horas por mês de reunião plenária do grupo PEC para ouvir os relatórios dos subgrupos e tomar eventuais medidas corretivas.

Atividades motivacionais para iniciantes na sessão do PEC

- Os participantes do grupo PEC devem receber um "convite" pessoal, escrito pelo dirigente mais graduado (presidente, diretor-geral etc.) da organização, que ressalte a importância do trabalho a ser desenvolvido.
- Os participantes devem receber, previamente à sessão inicial, os textos referentes à missão e à visão de futuro da empresa, com eventuais comentários.

- Preparar a análise de ambiente com um questionário para reflexão prévia, sem exigência de resposta escrita. A seguir, exemplos desse questionário.

Para análise externa:

1. Como se comportará a economia brasileira no próximo ano? Continuará crescendo?
2. O poder de compra do brasileiro continuará crescendo?
3. O poder de compra das classes C, D e E continuará aumentando?
4. Que setores econômicos brasileiros serão mais privilegiados se o crescimento econômico prosseguir?
5. Se houver redução no crescimento, que setores econômicos sofrerão mais?
6. Que perspectivas o público em geral terá em relação a produtos e serviços? Que tipo de exigências fará? Preço? Qualidade de produtos? Qualidade de atendimento?
7. Qual a perspectiva de crescimento do setor _____ no Brasil?
8. Existe forte tendência de consolidação do setor _____ no Brasil? Quão veloz será esse processo?
9. Quais as grandes tendências desse mercado?
10. Qual é a perspectiva de rentabilidade no setor de ___ nos próximos anos?
11. Qual é o melhor posicionamento da empresa para crescer e ter mais rentabilidade?
12. Que atrativos novos a organização pode ter?
13. Quem são nossos concorrentes?
14. A quem (setor ou empresa) devemos nos comparar? Quem usar para fazer *benchmarking*?
15. Parcerias seriam bem-vindas para a empresa? De que tipo?
16. Nossa marca é valiosa para nossos clientes? Que valor ela teria, caso fosse vendida?

Para análise interna:

1. Temos valores (crenças) bem definidos? São conhecidos e praticados por todos os gerentes e funcionários?

2. Nossas políticas são bem definidas? São conhecidas e praticadas por todos os gerentes e funcionários?

3. Temos procedimentos bem definidos? Há muitos ainda para formalizar? São conhecidos e praticados por todos os diretores, gerentes e funcionários?

4. Políticas e procedimentos engessam a organização, atrapalhando seu funcionamento?

5. No que nos distinguimos de nossos concorrentes?

6. No que somos melhores que as organizações que são referências para nós?

7. Nossa estrutura organizacional (organograma) é adequada? O que precisaria ser melhorado?

8. Somos capazes de manter uma boa comunicação interna?

9. Somos capazes de manter uma boa comunicação com os clientes?

10. O que seria uma boa comunicação?

11. Todos os nossos funcionários estão permanentemente informados do que se passa na empresa?

12. Nosso relacionamento com os clientes é satisfatório? O que precisaria melhorar?

13. Qual é o nosso diferencial de marketing em relação aos concorrentes?

14. Nossa gestão é profissional, ou seja, trabalha com critérios objetivos, buscando eficiência e eficácia?

15. O que precisamos fazer para melhorar nossa gestão?

16. Temos uma boa gestão previsional (orçamento) e um bom controle de receitas e despesas? Temos um bom instrumento de gestão de custos?

17. Temos as competências necessárias para enfrentar nossos desafios estratégicos? O que falta?

18. Temos sistemas de formação adequados para alcançar as competências requeridas?

19. Como está a motivação de nossos funcionários? Quais são os problemas existentes?

20. Como está o clima organizacional? Temos conceitos e ferramentas adequados para tratar os conflitos organizacionais e pessoais?

Recomendações para ter subgrupos eficientes e eficazes

■ Os participantes precisam imperativamente compreender que o desempenho do subgrupo resulta de trabalhos individuais e coletivos, mas é o último que predomina. *O sucesso do subgrupo é sempre coletivo.*

■ Os participantes devem compartilhar o entendimento da missão, ou seja, o objetivo do trabalho a ser realizado.

■ Os objetivos precisam ser decompostos e detalhados, com entendimento compartilhado por todos.

■ Nenhum participante tem o direito de se escusar ou de recusar realizar trabalhos, tarefas, reuniões.

■ As etapas básicas de um estudo de processo são: a) mapear o processo, fazendo seu diagrama detalhado com fluxo de entradas e saídas; b) analisar causas e efeitos; c) gerar hipóteses e experimentos de melhoria; d) manter contato com as pessoas envolvidas no processo, fazendo-as opinar sobre hipóteses e experimentos; e) propor novas estruturas organizacionais (estruturas geram comportamentos); f) planejar e executar as ações de implementação das mudanças (melhorias).

■ É essencial definir um sistema de medições para acompanhar a evolução do trabalho do subgrupo. Recomendo o uso do sistema Emart (especificação, medidas, agressividade desejada, relevância e tempo). Primeiro, especificam-se a meta e o marco. Depois, definem-se prazos/duração de etapas, custos e outros resultados que possam ser cifrados. Então, distinguem-se, dentro das metas, as diferenças de qualidade e intensidade possíveis, sempre optando por aquela que for mais "agressiva" (embora ao alcance do subgrupo); na realidade, esse item evita que o subgrupo fuja da tendência de realizar um trabalho medíocre. Em seguida, compartilha-se a relevância do trabalho realizado para a rede; define-se (se possível numericamente) como os resultados do trabalho do subgrupo vão impactar os resultados da rede. Por fim, estabelece-se um cronograma completo, a fim de acompanhar o avanço do trabalho.

9. AVALIAÇÃO DE DESEMPENHO PROFISSIONAL

INTRODUÇÃO

A AVALIAÇÃO DE DESEMPENHO profissional dos funcionários de uma organização é um processo sistêmico, cuja fundamentação conceitual se encontra no Capítulo 2 deste livro.

Os resultados de tal avaliação devem permitir:

- À organização conhecer melhor seu pessoal e orientar o desenvolvimento pessoal e profissional de cada um dos funcionários.
- Ao funcionário ter as informações necessárias para melhorar seu desempenho profissional e orientar-se no autodesenvolvimento.

Essencialmente três pontos devem ser lembrados como direitos do funcionário:

- Ter seu desempenho profissional avaliado periodicamente.
- Saber como e por que recebe determinada avaliação.
- Ter a possibilidade de se manifestar sobre o resultado de sua avaliação.

O SISTEMA QUE PROPONHO

A proposta que se segue resulta de mais de 30 anos de vivência específica nesse tema. Partindo de conceitos e práticas de uso corrente, introduzi outros conceitos, métodos e regras que permitiram chegar ao sistema que agora apresento. Acompanhei, tanto na posição de agente como na de consultor, mais de 30 casos de organizações distintas que aplicaram tal sistema com sucesso, tanto do ponto de vista da organização como em relação às pessoas envolvidas.

Descrevo-o a seguir, comentando suas diferenças em relação a outros sistemas existentes.

PRINCÍPIOS BÁSICOS E JUSTIFICATIVAS

1. **É indispensável ampla divulgação** aos funcionários dos conceitos e da metodologia. Criar homogeneidade de conceitos e a possibilidade de um colega tirar dúvida com outro. Isso gera um ambiente favorável entre os funcionários.

2. **É necessária uma avaliação a cada seis meses de trabalho.** Tempos mais longos podem levar a esquecimentos de fatos e dados que justifiquem a avaliação; tempos mais curtos podem banalizar o processo.

3. **A avaliação de cada funcionário é feita pelo seu líder imediato.** Alguns sistemas propõem alternativas que considero irrealistas e desprovidas de senso prático – várias avaliações da mesma pessoa aumentam o tempo gasto, sem trazer benefícios evidentes. Tais alternativas são, entre outras: a) avaliação também por um liderado, quando for o caso; b) avaliação por um colega (em paridade de situação); c) avaliação a 360 graus: quatro avaliadores (o líder, dois colegas de mesmo nível hierárquico e um liderado).

4. **A avaliação complementar deve ser feita por um segundo líder que exerça a função de "cliente interno" do "avaliado".** Para se assegurar de que a avaliação seja a mais justa possível, é necessário ouvir outro líder que não aquele do avaliado. Em caso de divergências graves entre os dois avaliadores, o caso é submetido à análise do supervisor de nível n+1 (sendo n o nível do líder avaliador).

5. **O roteiro para a avaliação deve ser o mais simples possível,** capaz de ser contido em uma única página do Word. Roteiros complexos costumam ser longos e de difícil implementação.

6. **As notações para as avaliações são padronizadas:** usa-se um critério qualitativo, por meio do qual o desempenho é comparado àquele que o avaliador considera "normal", "adequado", "desejável". Ou seja, o

desempenho poderá ser acima, dentro ou abaixo das expectativas do avaliador. Mais adiante darei definições operacionais para essas classificações subjetivas. É muito difícil – se não impossível – fugir da subjetividade em processos de avaliação. Optei pela classificação em apenas três opções para reduzir a carga emocional do avaliador que não tem formação básica nem especial para esse tipo de exercício. Acredito que outros sistemas de avaliação com mais de três critérios não reduzam a subjetividade.

7. **Os resultados precisam ser formalizados,** ou seja, registrados em documentos. Processos desestruturados, isto é, que não exigem registro por escrito, tendem a se tornar, com o decorrer do tempo, descomprometidos com os procedimentos; além disso, sem a formalização, a memória fica frágil. (Os documentos têm caráter confidencial, ficando acessíveis apenas à alta administração da organização e à área que estruturalmente se ocupar da gestão de pessoas.)

8. **É indispensável a existência de uma entrevista formal de apresentação dos resultados:** o líder, dentro do prazo definido no processo, deve obrigatoriamente chamar o liderado para uma entrevista, em sala adequada, durante a qual haverá dois momentos: a) o líder comenta o resultado da avaliação; b) o avaliado assina o documento, atestando ter havido a entrevista e podendo fazer observações por escrito, comentando ou contestando o que ouviu. A entrevista é um dos pontos essenciais do processo; nesse momento as duas pessoas podem exercitar as boas regras de comunicação interpessoal e, ao mesmo tempo, construir pontes para o futuro (veja o Capítulo 4).

9. **A duração média de cada avaliação deve ser inferior a duas horas por funcionário por semestre** (incluindo todas as fases como mostrarei mais adiante neste mesmo capítulo). Vários casos reais de organizações (como o caso 6 do Capítulo 1) que adotaram roteiros para a avaliação muito longos (embora tecnicamente bem-feitos) exigiram dedicação elevada (às vezes de várias horas) para completar o processo. Salvo casos especiais, os gerentes não dispõem desse tempo e podem ser levados a simplificar o processo ou a não cumpri-lo na íntegra.

SABEDORIA PROFUNDA EM GERENCIAMENTO

10. **É fundamental a existência de uma avaliação sistemática global do processo:** isso significa que existirá um controle central que zelará para que nenhum funcionário deixe de ser avaliado no prazo previsto; além disso, tal controle realizará avaliações estatísticas do conjunto de resultados (veja mais adiante observações a esse respeito). Sabendo que haverá tal controle, os avaliadores observarão os prazos. Finalmente, haverá uma forma de controle do processo pela direção (diretoria, presidência etc.) da organização.

11. **Os avaliadores precisam ser formados e treinados:** além de prever processo de formação e treinamento na introdução do sistema, a organização deve providenciar atividades para reciclar conhecimentos e, sobretudo, formar e treinar os novos avaliadores (aqueles que, por motivos diversos, passam a integrar posteriormente tal grupo). De forma especial, os avaliadores devem conhecer as diferenças entre causas sistêmicas e especiais, condição indispensável para haver justiça. É equivocado pensar que conhecimentos não precisam ser reciclados, uma vez que todo sistema vivo sofre alterações.

12. **É indispensável um exame sistemático dos resultados pela alta direção da organização.** Considero esse princípio um dos pontos básicos do processo, pois somente fazendo tal exame a alta direção demonstrará interesse pelo sistema, podendo ainda corrigi-lo, se for o caso.

Formalização

Recomendo que a organização manifeste-se publicamente por ocasião da introdução do sistema. Se usar a nomenclatura sugerida para a documentação (veja o Capítulo 13), editar uma política e um procedimento.

Operacionalização

A seguir, as regras que recomendo aplicar para respeitar os princípios indicados:

- Todo funcionário deve ser avaliado e receber o resultado dessa avaliação a cada seis meses, a contar do dia de sua admissão na empresa. Aceita-se uma variação de 30 dias nesse prazo.

205

- Tal avaliação será realizada conforme os critérios predefinidos a seguir (veja o próximo tópico). A avaliação do desempenho das funções gerenciais e de supervisão terá critérios diferentes, o que exige a existência de dois modelos distintos (veja os formulários no tópico "Fatores de avaliação específicos para funções gerenciais e de supervisão").

- A avaliação se divide em duas partes: a que é feita pelo líder direto do funcionário e a realizada pelo líder de uma seção cliente, conforme definição a ser dada pelo gerente da área, de forma permanente ou a cada caso.

- Exceto em casos especiais, é recomendável que se siga a ordem antes indicada.

- Para cada critério de avaliação será usado um dos três conceitos seguintes: a) supera as expectativas (SE); b) dentro das expectativas (DE), abaixo das expectativas (AE).

- Ao final da avaliação, será também pedido que o avaliador indique o *conjunto* do desempenho do funcionário por um desses três conceitos, a título de conclusão. Não se trata de fazer uma média das notações dadas a cada critério, mas de realizar uma avaliação global, mesmo que ela possa contrariar a maioria das notações por critério.

- Um funcionário tem um desempenho *dentro das expectativas* quando executa suas atividades e tarefas normalmente, na cadência admitida como correta e adequada, apresentando resultados tanto em volume como em qualidade dentro daquilo que seja aceito como o ideal e tendo um comportamento pessoal e social conforme as boas práticas. Toda vez que um funcionário ultrapassa esses limites de "normalidade", diferenciando-se de seus colegas, ele pode ter seu desempenho notado como *supera as expectativas*. No outro extremo, quando um funcionário, por motivos diversos, mostrar um desempenho nitidamente inferior à grande maioria de seus colegas, ele deve ser notado com *abaixo das expectativas*.

- Para chegar a tais conclusões, e em respeito à justiça, os avaliadores devem: a) observar fatos e dados relevantes, evitando deixar levar-se por preconceitos ou julgamentos emocionais; b) considerar fatos e dados relativos a todo o período da avaliação (isto é, os seis meses) e não somente ocorrências dos últimos dias ou meses, recomendando-se que os líderes façam anotações relativas a seus liderados à medida que fatos e dados aconteçam (evitando confiar excessivamente na memória); c) levar em conta que, estatisticamente, a grande maioria (90 a 95%) das pessoas apresenta desempenho normal (ou seja, dentro das expectativas), sendo pouco provável que grande parte do efetivo avaliado tenha alta porcentagem de notações SE e AE; d) lembrar que uma avaliação SE pode induzir (embora nunca seja um compromisso) a uma promoção do funcionário que a obtiver; e) conscientizar-se de que uma avaliação AE pode induzir (sobretudo quando for obtida duas vezes, seguidas ou não) à demissão do funcionário.

- Se houver discrepância entre as conclusões dos dois avaliadores, a decisão final será de um diretor ou do gerente da área.

- A conclusão da avaliação será comunicada ao funcionário dentro do prazo máximo de sete dias após ter sido realizada pelo segundo avaliador. Essa comunicação será feita pelo líder do funcionário, por meio de entrevista pessoal especialmente convocada para essa finalidade, na qual também serão comentadas as eventuais discrepâncias entre a autoavaliação do funcionário e a avaliação feita pelos líderes.

- *O funcionário deve assinar o documento de avaliação*, podendo registrar por escrito suas observações sobre ela (inclusive discordando dela). Quando esse registro ocorrer, o documento deve ser encaminhado para conhecimento de um diretor ou gerente da área.

- Os documentos de avaliação de desempenho devem ser encaminhados ao órgão interno que se ocupa da gestão de pessoas imediatamente após a entrevista com o funcionário. Tais documentos ficarão arquivados com a ficha funcional dele. É de responsabilidade da área de gestão de pessoas manter um controle das avaliações de desempenho, alertando os respectivos líderes e gerentes, assim como a alta administração, sobre atrasos na realização das avaliações.

FATORES DE AVALIAÇÃO COMUNS A TODOS OS FUNCIONÁRIOS

1. **Obtenção de resultados:** capacidade de obter os resultados esperados de sua função, tais como quantidades produzidas, cumprimento de

prazos, realização de tarefas estipuladas, atendimento às determinações recebidas etc.

2. **Sensibilidade para a qualidade:** capacidade de entender o propósito de cada atividade e tarefa (adequação ao uso), realizando-a de forma que satisfaça as exigências do cliente.

3. **Pontualidade e assiduidade:** capacidade e competência para cumprir horários e compromissos; de modo especial, o compromisso com a organização de estar presente, todos os dias, para realizar seu trabalho.

4. **Relacionamento interpessoal:** competência para colaborar com seus pares e com a hierarquia, visando ao progresso da organização e à melhoria contínua da qualidade de vida no trabalho. Capacidade para perceber que seu desempenho profissional é função do desempenho profissional de seus colegas.

5. **Honestidade:** virtude que consiste em mostrar fidelidade à empresa, respeitando seus valores morais e físicos. Atitudes e comportamento marcados pelo respeito às suas obrigações, sobretudo acatando os procedimentos estabelecidos.

6. **Senso de responsabilidade:** "senso = faculdade de apreciar, julgar, entender"; "responsabilidade = qualidade de ser responsável, isto é, de responder pelos seus próprios atos ou pelos de outrem". Assim, o senso de responsabilidade se expressa por atitudes e comportamentos, demonstrando que o funcionário age conscientemente para cumprir seus deveres profissionais e funcionais, zelando para que os colegas também o façam.

FATORES DE AVALIAÇÃO ESPECÍFICOS PARA FUNÇÕES GERENCIAIS E DE SUPERVISÃO

1. **Planejamento e organização:** capacidade e competência para conduzir adequadamente a área de responsabilidade do supervisor, respeitando os procedimentos existentes e propondo melhorias.

2. **Liderança:** capacidade de obter dos funcionários sob sua responsabilidade (inclusive funcional) a máxima eficiência e eficácia.

3. **Comprometimento:** conjunto de atitudes e comportamentos que ajudam a promover o contínuo progresso da organização e de seus funcio-

nários, sempre atuando de forma coletiva (senso de formação de equipe).

4. **Formulários recomendados:** reproduzo a seguir formulários usados em muitas organizações que atendem às especificações do processo:

Formulário para todos os funcionários

Nome do funcionário:
Função:
Admissão:
Período avaliado: de _____ a _____

Fator	SE		DE		AE	
	Líder	Cl	Líder	Cl	Líder	Cl
1. Obtenção de resultados						
2. Sensibilidade para a qualidade						
3. Pontualidade/ assiduidade						
4. Relacionamento interpessoal						
5. Honestidade						
6. Senso de responsabilidade						
Conceito geral						

Legenda: Líder = líder imediato; Cl = cliente

Parecer do avaliado: _____

Assinaturas

_____
Avaliador (líder)

_____
Avaliador (cliente)

_____
Avaliado (funcionário)

Formulário para funções gerenciais e de supervisão

Nome do funcionário:
Função:
Admissão:
Período avaliado: de ____ a ____

Fator	SE		DE		AE	
	Líder	Cl	Líder	Cl	Líder	Cl
1. Obtenção de resultados						
2. Sensibilidade para a qualidade						
3. Pontualidade/ assiduidade						
4. Relacionamento interpessoal						
5. Honestidade						
6. Senso de responsabilidade						
7. Planejamento/ organização						
8. Liderança						
9. Comprometimento						
Conceito geral						

Legenda: Líder = líder imediato; Cl = cliente

Parecer do avaliado: _____

Assinaturas

_____
Avaliador (líder)

_____
Avaliador (cliente)

_____
Avaliado (funcionário)

OBSERVAÇÕES FINAIS

Posturas da organização prejudiciais ao sistema de avaliação

Chamo a atenção do leitor para os equívocos que podem destruir um sistema de avaliação de desempenho profissional:

- Admitir um "faz de conta", isto é, aplicar os princípios e as regras parcialmente ou apenas em casos especiais.
- Improvisar (não fazer a formação e o treinamento adequados).
- Permitir a burocratização (ou mecanização) do processo, aceitando avaliações feitas sem respeito aos princípios, omitindo as entrevistas, apenas cumprindo um calendário.
- Tornar o processo inconsequente, isto é, sem que ele sirva de base para aumento de salários, promoções e demissões.
- Não ter controle sobre o processo, tanto no que se refere ao respeito ao cronograma quanto no que se refere à qualidade.

Como garantir a perenidade do processo

Penso que um processo como o que descrevi neste capítulo deve ser feito para "sempre" (pelo menos num horizonte de dez anos). Para isso, as seguintes condições são recomendadas:

- Vontade política da alta administração.
- Vontade e entusiasmo dos funcionários.
- Existência de um coordenador, função organizacional que zelará pelos princípios e pela operação do sistema, mantendo contato direto com a alta administração. O coordenador pode ainda supervisionar outros processos organizacionais, como o planejamento estratégico compartilhado (veja o Capítulo 8).

Controle estatístico dos resultados

Dedico o final deste capítulo a uma orientação baseada em conhecimentos de estatística e no acompanhamento de casos reais. Em tese, pelo conhecimento de variabilidade, pode-se supor que uma distribuição-padrão das avaliações de desempenho profissional seja:

- 90% dentro das expectativas.
- 5% acima das expectativas.
- 5% abaixo das expectativas.

Todos os casos reais que acompanhei enquadram-se nas faixas acima. Assim, essa é uma forma de medir a qualidade das avaliações dentro de uma organização: se as porcentagens referentes aos três critérios forem muito diferentes daquela que informo acima, é recomendável rever o conhecimento dos avaliadores e/ou reforçar a formação e o treinamento referente ao sistema.

10. AVALIAÇÃO DE DESEMPENHO OPERACIONAL

INTRODUÇÃO

TODA ORGANIZAÇÃO PRECISA AVALIAR/MEDIR seu desempenho operacional, seja global ou parcial. Em toda sua obra, Deming menciona a palavra "medir", sempre insistindo que somente medindo resultados é possível saber se uma organização está progredindo ou não. Assim, pretendo neste capítulo ajudar os gerentes na elaboração de sistemas de avaliação do desempenho operacional de suas organizações.

Por mais estranho que pareça, grandes e pequenas organizações efetuam medidas de desempenho, mas poucas de fato integram tais medidas em sistemas capazes de orientar com segurança suas ações estratégicas ou de melhoria contínua (veja esses conceitos nos Capítulos 7 e 8).

Além disso, muitas organizações dispõem de "indicadores", mas não lhes conferem um caráter oficial, institucional. Sem uniformidade de critérios, de cálculo e até mesmo de apresentação, sempre que for necessário utilizá-los como base para tomar uma decisão pode-se perder tempo para confirmar números, compartilhar hipóteses e interpretar resultados.

O SISTEMA QUE PROPONHO

Proponho a construção de um sistema que chamo de "indicadores oficiais de avaliação do desempenho operacional", que possibilite à alta administração da organização medir – institucionalmente – sua evolução operacional. Daqui para a frente, quando mencionar "indicadores", estarei sempre me referindo aos oficiais. Procurarei fazer recomendações tanto a empresas como a organizações sem fins lucrativos, tais como aquelas do chamado terceiro setor.

Os dois conceitos básicos apresentados a seguir balizam a minha proposta.

CONCEITOS BÁSICOS

1. "O primeiro passo para a qualidade é julgar e agir com base em fatos. Fatos são dados como comprimento, tempo, volume, etc. Ideias não apoiadas em fatos têm mais probabilidade de ser influenciadas por opiniões pessoais, exageros e impressões erradas"[1].

2. "Dados fora do contexto ou incorretos não têm validade como também são, às vezes, prejudiciais. É preciso saber a natureza dos dados e quais deles devem ser selecionados"[2].

3. O "controle estatístico de processos" (CEP) é a aplicação da teoria das probabilidades e dos conhecimentos matemáticos ao controle numérico de processos humanos, industriais ou administrativos, nos quais a variabilidade dos dados é inerente.

4. A ciência estatística define como "população" um conjunto de dados numéricos, que resultam do funcionamento de um sistema, com limites parametrizados bem definidos, sujeito à variabilidade ao acaso (ou aleatória).

5. A ciência estatística define que, toda vez que um sistema tenha seus componentes ou limites paramétricos alterados, a população é alterada.

6. Toda vez que um sistema tem algum dos seus componentes ou limites paramétricos alterados *sucessivamente*, diz-se que ele *não* está sob controle estatístico. Ou seja, o sistema *não está estável*. Nesses casos, a teoria estatística *não se aplica*!

7. A ciência estatística prova que todo sistema estável tem sua respectiva população definida por alguns fatores. No caso de dados medidos

---

1. Palavras proferidas por Deming em seminário realizado em Boston, em 1991, e anotadas pelo autor.
2. Idem.

SABEDORIA PROFUNDA EM GERENCIAMENTO

(como comprimento, volume, pressão, distâncias etc.), tais fatores são a média aritmética (μ ou x) e o desvio-padrão (σ). Tais sistemas têm sua variabilidade expressa graficamente nas chamadas curvas normais.

Um dos teoremas da teoria das probabilidades define que para ter certeza de que um elemento (medida) faz parte de uma população, é preciso usar uma variabilidade equivalente a três vezes o desvio-padrão (3σ) em torno da média (μ). Em outras palavras, uma população tem a sua variabilidade sistêmica definida por uma média (μ) e pelos limites:

- **LIC = limite inferior de controle** = Média (μ) – (menos) 3σ;
- **LSC = limite superior de controle** = Média (μ) + (mais) 3σ.

Nesse intervalo, encontramos com 99,8 % de probabilidade a variação normal do sistema.

8. É preciso estar consciente da existência de causas sistêmicas e especiais para os fatos e conhecer a forma adequada de tratá-las (veja o Capítulo 3).

PRINCÍPIOS BÁSICOS

1. É indispensável que cada indicador tenha uma definição operacional que estabeleça o critério da medição, a variável ou atributo medido e o método de cálculo (veja conceitos e prática no Capítulo 3).

2. Cada indicador deve estar ligado ao sistema global da organização ou a um dos seus subsistemas.

3. O número de indicadores deve ser limitado. Um número muito grande pode dispersar a atenção da alta administração, além de exigir um volume de informações custoso e provavelmente inútil.

4. Exceto em casos especiais, a frequência de medição deve ser *mensal*. Sabemos, todavia, que certos indicadores são pouco expressivos quando analisados mês a mês; essa variabilidade deve ser levada em consideração.

5. A escolha dos indicadores é chamada de "problema simples" (isto é, que não precisa de especialista), devendo ser feita em comum acordo com os gerentes (ou diretores) que o utilizarão. Um consultor pode ajudar no processo de análise e tomada de decisão.

6. O sistema oficial não restringe o uso de outros indicadores (auxiliares ou complementares) mais ao gosto ou à forma de ver de cada diretor ou gerente. Porém, tais indicadores terão sempre caráter pessoal e secundário perante o sistema oficial.

7. É indispensável dar caráter visual aos indicadores, expressando-os por intermédio de gráficos cartesianos.

8. O sistema deve ter um gestor, que terá a responsabilidade de:
    - Recolher na origem os dados necessários para lançamento nas tabelas ou introdução nas fórmulas de cálculo, se houver.
    - Fazer uma análise crítica dos dados recolhidos para detectar erros de medição ou de registro.
    - Efetuar os cálculos necessários para exprimir os indicadores na forma prevista na definição operacional.
    - Lançar os resultados no documento oficial do sistema.
    - Divulgar, no prazo previsto, os resultados mensais.

9. Um comentário mensal, que sintetize os resultados mais importantes, deve ser feito pelo principal executivo da organização ou pelo gestor do sistema.

O SISTEMA NA PRÁTICA

1. O sistema de avaliação de desempenho operacional é constituído de indicadores – parâmetros estabelecidos em comum acordo entre os usuários (membros da alta administração, diretores, gerentes).

2. É indispensável que o sistema tenha uma forma privilegiada de circular dentro da organização, seja mediante acesso especial (evidentemente de forma controlada) nos sistemas informatizados, seja por meio de documentos eletrônicos ou em papel, devidamente destacados.

3. A análise dos resultados mensais deve seguir rigorosamente os princípios do controle estatístico de processos.

4. É interessante utilizar gráficos para mostrar os resultados. Veja uma sugestão de modelo no final deste capítulo.

EXEMPLOS DE INDICADORES

A relação a seguir mostra exemplos reais. São indicadores de organizações elaborados com a minha participação e utilizados regularmente. A fim de não sobrecarregar o leitor, eliminei, de grande parte das definições operacionais mostradas a seguir, anotações e detalhes específicos de cada organização. Na vida real, tais detalhes e anotações – como indicar exatamente como encontrar um número ou determinado documento – são muito importantes.

Em indústrias

Indicador 1 – Total das vendas (expresso em reais e em porcentagem sobre o mês anterior)
Definição operacional: somatório do valor em reais de todas as notas fiscais ou nota de débito, emitidas do primeiro ao último dia útil do mês em referência.
Objetivo: medir o desempenho comercial da empresa.

Indicador 2 – Total das vendas de produtos novos (expresso em reais)
Definição operacional: somatório do valor em reais de todas as notas fiscais ou notas de débito, emitidas do primeiro ao último dia útil do mês em referência, apenas para os produtos identificados oficialmente (por nota da diretoria) como "novos".
Objetivo: medir o desempenho técnico (P&D) da empresa.

Indicador 3 – Ebitda (expresso em porcentagem)
Definição operacional: o lucro bruto é o resultado das vendas líquidas (total das vendas menos impostos de qualquer natureza, pagos no mesmo período) menos o total das despesas. A Ebitda (palavra que vem da expressão inglesa "earnings before income tax, depreciation and amortization") é o lucro bruto menos as despesas operacionais, excluindo-se destas a depreciação e as amortizações do período e os juros, em porcentagem do total de vendas.

Objetivos: medir o desempenho econômico-financeiro global da empresa; avaliar o lucro referente apenas ao negócio, descontando qualquer ganho financeiro.

Indicador 4 – Fluxo de caixa (expresso em porcentagem do total de vendas)
Definição operacional: saldo no último dia útil de cada mês da conta caixa: total de entradas em dinheiro menos saídas em dinheiro; o valor lançado é a porcentagem do saldo dividida pelo total de vendas (Indicador 1).
Objetivos: medir o desempenho financeiro da empresa (liquidez); medir a qualidade dos clientes.

Indicador 5 – Total de despesas (expresso em reais e em porcentagem sobre o mês anterior)
Definição operacional: somatório de todas as despesas pagas no mês, exceto impostos, investimentos e dividendos. Calcula-se ainda a porcentagem do valor do mês em relação ao valor do mês anterior.
Objetivo: medir o desempenho operacional e a qualidade do gerenciamento.

Indicador 6 – Evolução do preço médio de venda (expresso em reais)
Definição operacional: resultado da divisão do valor total das vendas líquidas (vendas totais menos os impostos diretamente proporcionais) pelo número de artigos vendidos (esse número é obtido do sistema de notas fiscais).
Objetivo: medir o desempenho comercial.

Indicador 7 – Comparação custo _standard versus_ custo real (expresso em porcentagem)
Definição operacional: a comparação é feita para os produtos A e B (que perfazem aproximadamente 80% do volume total produzido pela empresa); o custo real é aquele indicado no controle orçamentário do mês, sendo comparado – em porcentagem – ao custo previsto no orçamento para o mesmo mês. Observação: quando forem muitos os produtos que representam 80% do volume total de vendas de uma empresa, escolhem-se os mais represen-

tativos, mas recomenda-se não ultrapassar cinco unidades a fim de não dispersar a análise.

Objetivo: medir o desempenho da área de produção industrial e a qualidade do gerenciamento.

Indicador 8 – Resíduos industriais (medido em porcentagem)

Definição operacional: é o somatório dos resíduos industriais (em quilos) obtidos na produção de A + B (veja a definição do Indicador 7), expresso em porcentagem do volume (quilos) produzido. Observação: como no Indicador 7, essa medição pode ser estendida a mais produtos (recomenda-se não ultrapassar cinco deles).

Objetivo: medir o desempenho da área de produção industrial, a qualidade do gerenciamento e a estabilidade do sistema de produção.

Indicador 9 – Estoques industriais (expresso em reais)

Definição operacional: somatório de todos os valores em reais dos estoques físicos registrados no último dia útil de cada mês.

Objetivo: medir o desempenho da área de produção industrial, a qualidade do gerenciamento e a estabilidade do sistema de produção.

Indicador 10 – Perdas no estoque (expresso em reais)

Definição operacional: valor obtido pela área de logística e confirmado pela auditoria interna, correspondendo à diferença entre o que consta nas fichas de estoque e o que foi encontrado na conferência física feita, por amostragem, no último dia útil de cada mês.

Objetivo: medir o desempenho da área de produção industrial e a qualidade do gerenciamento.

Indicador 11 – Pedidos em atraso (expresso em reais)

Definição operacional: somatório dos valores dos pedidos que estavam programados para entrega dentro do mês e não foram entregues; o controle é realizado pela diretoria comercial e baseado nos pedidos que estão registrados e nas notas fiscais emitidas no mês.

Objetivo: medir o desempenho da área de produção industrial e a qualidade do gerenciamento.

Indicador 12 – Estoque de produtos acabados (expresso em reais)
Definição operacional: somatório dos valores registrados no "armazém de produtos acabados" (ou "almoxarifado de saída") no último dia útil de cada mês.
Objetivo: medir o desempenho da área comercial e a qualidade do gerenciamento.

Indicador 13 – Produtos novos: número de projetos concluídos (medido em números)
Definição operacional: somatório do número de projetos concluídos com sucesso, isto é, com o lançamento de um produto novo, conforme definido e aprovado pela diretoria, dentro do mês considerado.
Objetivo: medir o desempenho da área de P&D.

Indicador 14 – Atrasos na produção (expresso em toneladas)
Definição operacional: valor resultante da comparação entre o total do programa de produção e o total de produção realizada até o último dia útil de cada mês.
Objetivo: medir o desempenho da área de produção industrial e a qualidade do gerenciamento.

Indicador 15 – Não conformidades
Definição operacional: total de não conformidades, registradas segundo o processo vigente, em todas as áreas industriais, expresso em porcentagem de todas as operações controladas e registradas pelos agentes de qualidade, dentro do mês considerado. Observação: deve existir uma definição operacional de não conformidade, que varia de empresa para empresa.
Objetivo: medir o desempenho da área de produção industrial e a qualidade do gerenciamento.

Indicador 16 – Total de funcionários (expresso em números)
Definição operacional: total de funcionários registrados oficialmente no último dia útil de cada mês.
Objetivo: medir o desempenho do gerenciamento de pessoas.

Indicador 17 – Valor de vendas por funcionário (expresso em reais)
Definição operacional: valor resultante da divisão do total de vendas (Indicador 1) pelo número total de funcionários (Indicador 16).
Objetivo: medir a produtividade da empresa.

Indicador 18 – Relação entre funcionários diretos e indiretos (expresso em porcentagem)
Definição operacional: valor resultante da divisão do número de funcionários classificados – nominalmente – como diretos pelo diretor industrial (ou assemelhado) pelo número total de funcionários (Indicador 16).
Objetivo: medir o desempenho do gerenciamento da empresa, comparando os funcionários diretamente ligados à área produtiva com aqueles em funções de apoio.

Indicador 19 – Horas extras
Definição operacional: valor resultante da divisão do total de horas trabalhadas em horas extras (definição constante do contrato coletivo e/ou acordo sindical) pelo total de horas trabalhadas até o último dia útil de cada mês. O resultado é expresso em porcentagem.
Objetivo: medir a quantidade de trabalho extraordinário.

Indicador 20 – Absenteísmo (expresso em porcentagem das horas trabalhadas)
Definição operacional: total de horas não trabalhadas pelos funcionários, por motivos diversos, dividido pelo total de horas trabalhadas no mês considerado.
Objetivo: medir o desempenho do gerenciamento da empresa, considerando que ausências, por qualquer motivo, podem ser objeto de ações gerenciais preventivas.

Indicador 21 – *Turnover* ou rotatividade

Definição operacional: obtém-se o número de funcionários que deixaram de trabalhar na empresa (pedido próprio de demissão ou demissão patronal) do primeiro ao último dia útil de cada mês. Não são computados os afastamentos provisórios – inferiores a 30 dias – por licença médica ou qualquer outro motivo, férias ou casos de licença-maternidade. O número encontrado é dividido pelo número obtido no Indicador 16, sendo o resultado expresso em porcentagem.

Objetivo: medir o desempenho do gerenciamento de pessoas com relação à motivação e a eventuais desperdícios em formação e treinamento.

Indicador 22 – Taxa de frequência de acidentes

Definição operacional: anota-se o número de acidentes ou acidentados (com e sem lesão) por milhão de "horas-homem" trabalhadas entre o primeiro e o último dia útil de cada mês. Calcula-se pela fórmula: $F = N \times 1.000.000/H$, na qual N = número de acidentados e H = "homens-hora" trabalhadas.

Objetivo: medir o desempenho do gerenciamento de pessoas no que se refere à segurança do trabalho.

Indicador 23 – Taxa de gravidade de acidentes

Definição operacional: anota-se o tempo T computado oficialmente (conforme normas) perdido por acidentes do trabalho entre o primeiro e o último dia útil de cada mês. Calcula-se pela fórmula: $G = T \times 1.000.000/H$, na qual T é o número mencionado acima e H é o total de horas-homem trabalhadas.

Objetivo: medir o desempenho do gerenciamento de pessoas no que se refere à segurança do trabalho.

Indicador 24 – Horas de formação e treinamento de operadores

Definição operacional: somam-se todas as horas ocupadas por funcionários operadores em sala de aula (devidamente registradas em folhas de presença).

Objetivo: medir o desempenho do gerenciamento de pessoas e a competência dos processos de formação e treinamento.

SABEDORIA PROFUNDA EM GERENCIAMENTO

Indicador 25 – Horas de formação e treinamento de supervisores e gerentes
Definição operacional: somam-se as horas ocupadas por supervisores e gerentes em sala de aula (devidamente registradas em folhas de presença).
Objetivo: medir o desempenho do gerenciamento de pessoas e a competência dos processos de formação e treinamento.

Em empresa comercial de franquias

Indicador 1 – Faturamento bruto (expresso em reais)
Definição operacional: somatório do valor em reais de todas as notas fiscais abatidas das notas de débito emitidas do primeiro ao último dia útil do mês em referência.
Objetivo: medir o desempenho comercial da empresa.

Indicador 2 – *Royalties* recebidos (expresso em reais)
Definição operacional: somatório do valor em reais de todas as notas fiscais abatidas das notas de débito emitidas, referentes ao pagamento de *royalties*, do primeiro ao último dia útil do mês em referência (esse valor está incluído no faturamento bruto).
Objetivo: medir o resultado do trabalho básico da empresa.

Indicador 3 – Faturamento líquido (expresso em reais)
Definição operacional: com base no valor do Indicador 1, retiram-se todos os impostos de qualquer natureza pagos no mesmo período (é necessário verificar a definição operacional dos impostos).
Objetivo: medir o desempenho comercial da empresa.

Indicador 4 – Despesas operacionais (expresso em reais)
Definição operacional: somatório de todas as despesas pagas no mês, exceto impostos, investimentos e dividendos.
Objetivo: medir o desempenho gerencial.

Indicador 5 – Despesa média por loja (valor médio em reais)

Definição operacional: é o resultado da divisão das despesas operacionais (Indicador 4) pelo número total de lojas que estão em operação no último dia do mês em referência.

Objetivo: avaliar quanto se tem gasto direta ou indiretamente com cada loja.

Indicador 6 – Percentual de despesa operacional sobre *royalties*

Definição operacional: é o resultado da divisão das despesas operacionais (Indicador 4) pelo valor de *royalties* (Indicador 2) expresso em percentual do valor da despesa operacional apurados do primeiro ao último dia útil do mês em referência.

Objetivo: avaliar a evolução da proporção das receitas e despesas diretamente operacionais.

Indicador 7 – Percentual de despesa com pessoal sobre despesa total

Definição operacional: inicialmente se apura o valor das despesas com pessoal do primeiro ao último dia útil do mês em referência. É o resultado da divisão das despesas com pessoal pelo valor das despesas operacionais (Indicador 4). Observação: é importante que a empresa disponha de um plano de despesas, no qual sejam definidos operacionalmente tais agrupamentos de despesas.

Objetivos: medir a participação de gastos com pessoal sobre o total. Indiretamente, medir a participação do complemento (demais despesas) sobre o total.

Indicador 8 – Investimentos (expresso em reais)

Definição operacional: somatório de todos os valores pagos entre o primeiro e o último dia útil de cada mês, no que se refere a investimentos (veja a definição desse termo mais abaixo).

Objetivo: medir a evolução da empresa e a competência gerencial de administrar o crescimento físico dela.

Indicador 9 – Resultado operacional (expresso em valores e em porcentagem do faturamento bruto)

Definição operacional: é o valor do faturamento líquido (Indicador 3) menos as despesas operacionais (Indicador 4). Esse valor em reais é dividido pelo faturamento bruto, obtendo-se um valor percentual deste. Ou seja:

Valor do resultado operacional = faturamento líquido – despesas operacionais

Resultado operacional = valor do resultado operacional/faturamento bruto

Objetivo: medir a competência financeira da empresa para pagar as despesas fixas e gerar um resultado operacional, reaplicar em investimentos e remunerar seus acionistas.

Indicador 10 – Capital de giro (expresso em reais)

Definição operacional: o total de contas a receber (TCR) é obtido somando-se todas as faturas de contas a receber (clientes, cartões, empréstimos, cheques pré-datados) em aberto (não recebidas) no horário de fechamento do último dia do mês. O total de contas a pagar (TCP) é obtido somando-se todas as faturas de contas a pagar (fornecedores, despesas diversas, impostos, folha de pagamento, franqueadora, empréstimos e investimentos) em aberto no horário de fechamento do último dia útil do mês. O capital de giro é definido como o resultado da seguinte operação aritmética: valor do estoque mais o disponível em caixa/bancos (saldo bancos) no horário de fechamento do último dia do mês, mais o valor do total de contas a receber (TCR), menos o valor do total de contas a pagar (TCP). Ou seja:

Capital de giro = valor do estoque + saldo bancos + TCR – TCP.

Objetivo: medir a capacidade financeira da empresa e a respectiva competência gerencial.

Indicador 11 – Liquidez corrente

Definição operacional: determina quanto a empresa tem a receber em relação a cada unidade monetária que deve pagar no mesmo período, excluindo os recebíveis (contas a receber) vencidos há 180 dias ou mais. Inicialmente se apuram os direitos, somando-se valor de estoque, total a receber (excluindo o que venceu há mais de 180 dias) e saldo de contas correntes. A liquidez é definida pela divisão dos direitos pelo total do contas a pagar.

Objetivo: medir a capacidade financeira da empresa e a respectiva competência gerencial.

Indicador 12 – Pessoal (efetivo de mão de obra)

Definição operacional: é o número de pessoas contratadas, inclusive diretores – em qualquer regime (CLT ou contrato escrito ou verbal) –, que estejam prestando serviço à empresa – em qualquer regime de horário. Esse número é apurado no fechamento da empresa, no último dia útil do mês de referência.

Objetivo: medir a quantidade de pessoas que trabalham dentro da empresa.

Indicador 13 – **Produtividade dos funcionários** (expresso em reais por pessoa)

Definição operacional: é o resultado da divisão do valor do faturamento bruto (Indicador 1) pelo número de pessoas (Indicador 12).

Objetivo: medir o valor da contribuição média dos funcionários para o resultado comercial e financeiro da empresa.

Indicador 14 – *Turnover* ou rotatividade de pessoal

Definição operacional: registra-se o número de funcionários que deixaram de trabalhar na empresa (por qualquer motivo – pedido próprio de demissão ou demissão patronal) durante o período que vai do primeiro ao último dia útil de cada mês. Não são computados os afastamentos provisórios – inferiores a 30 dias – por licença médica ou qualquer outro motivo, férias ou casos de licença-maternidade. O número encontrado é dividido pelo número obtido no Indicador 12, sendo o resultado expresso em porcentagem deste último.

Objetivo: medir o volume de troca de funcionários (fator ligado à motivação) e os eventuais desperdícios em formação e treinamento profissional.

Indicador 15 – Horas de formação e treinamento com pessoal

Definição operacional: define-se como "horas de formação e treinamento" a medida do tempo que cada funcionário da empresa (inclusive diretores, estagiários e prestadores de serviço) esteve presente em atividades de formação e treinamento, realizadas tanto internamente como em organizações externas, em cursos presenciais ou a distância. As horas são contadas em valores de meia hora, sendo tempos inferiores a esse número computados como 30 minutos. Tais horas são medidas entre o primeiro e o último dia útil de cada mês.

Objetivo: medir o volume de recursos alocados em formação/treinamento, podendo-se fazer uma análise qualitativa pelo desempenho comercial da empresa.

Indicador 16 – Número de horas trabalhadas em consultoria

Definição operacional: é o número total de horas que consultores trabalharam entre o primeiro e o último dia útil de cada mês, seja internamente (inclusive em estudos e reuniões), seja em recintos de franqueados. As horas são contadas em valores de meia hora, sendo tempos inferiores a esse número computados como 30 minutos.

Objetivo: medir o tempo de consultoria oferecido.

Indicador 17 – Número de horas trabalhadas em informática

Definição operacional: é o número total de horas que os funcionários da área de informática trabalharam entre o primeiro e o último dia útil de cada mês, seja internamente (inclusive em estudos e reuniões), seja em recintos de franqueados. As horas são contadas em valores de meia hora, sendo tempos inferiores a esse número computados como 30 minutos.

Objetivo: medir o tempo utilizado nessa área, servindo para avaliar sua eficiência e eficácia.

Indicador 18 – Número de cadastros de candidatos à franquia

Definição operacional: quantidade de cadastros efetuados, no site da empresa, entre o primeiro e o último dia útil de cada mês. São contados apenas os indivíduos (CPF distintos), pois nesse campo não há repetição.

Objetivo: medir o desempenho de ações de marketing e expansão para o público de candidatos à franquia.

Indicador 19 – Número de *test-drives* efetuados

Definição operacional: é o número de *test-drives* ocorridos entre o primeiro e o último dia útil de cada mês, coordenados pela área de expansão. Só se contam os *test-drives* que ocorrerem de fato; os que foram desmarcados são cancelados.

Objetivo: medir a quantidade de candidatos que chegaram à etapa final do processo de aprovação.

Indicador 20 – Número de pré-contratos assinados

Definição operacional: é o número de candidatos que assinaram pré-contrato de franquia entre o primeiro e o último dia útil de cada mês.

Objetivo: medir a quantidade de pré-contratos assinados. Comparando-os com o número de cadastros, de *test-drives* e de lojas inauguradas, é possível apurar o grau de adesão em cada etapa.

Indicador 21 – Número de reclamações recebidas de franqueados

Definição operacional: é o número de reclamações recebidas por qualquer meio (conversa pessoal, carta, telefonema, e-mail) entre o primeiro e o último dia útil de cada mês. Para esse fim, todas as comunicações orais referentes a reclamações são obrigatoriamente registradas e encaminhadas por e-mail ao responsável interno pelo registro, até no máximo duas horas após o recebimento da comunicação.

Objetivo: medir a qualidade do tratamento oferecido aos franqueados.

Complemento das definições operacionais: glossário

- Impostos diretamente proporcionais: sobre o faturamento da franqueadora incidem os impostos PIS, Cofins e ISS. Estes serão abatidos diretamente do faturamento, independentemente da data de vencimento deles.
- Despesas fixas: é todo valor *pago* no mês considerado (mesmo que se refira ao mês anterior), referente a despesas do plano de despesas-pa-

drão da empresa, tais como: aluguéis, despesas de pessoal, provisionamento de despesas de pessoal, remuneração de sócios, despesas gerais, com veículos, seguros, comunicações, propaganda, publicidade, impostos e taxas diversas (não atrelados às vendas), de viagem etc. Não são consideradas despesas fixas investimentos de qualquer natureza, bem como *leasing*, pagamento de consórcios e de empréstimos bancários ou pessoais. Como mencionei, é muito importante que cada empresa tenha uma definição operacional para esse item.

■ Investimentos: é todo valor *pago* no mês considerado (mesmo que se refira ao mês anterior) referente a despesas imobilizadas ou pagamento de *leasings*. Não confundir com despesas de manutenção.

■ *Test-drive*: atividade que faz parte do processo de seleção de franqueados. Apresentam-se ao candidato o conceito do negócio e os desafios do empreendimento por meio do contato prático com a rotina de uma loja. Assim, ele vivencia todos os procedimentos que são realizados diariamente, da abertura da loja ao encerramento do expediente.

Em organização não governamental assistencial (creche)

Indicador 1 – Número de crianças assistidas

Definição operacional: é o número de crianças registrado na ficha oficial definida no convênio com a Prefeitura Municipal, no último dia útil do mês.
Objetivo: conhecer o volume do trabalho desenvolvido e prestar contas ao poder público.

Indicador 2 – Média de idade das crianças atendidas

Definição operacional: a idade das crianças atendidas é registrada nas fichas oficiais (em meses de vida). Somando todas as idades e dividindo pelo número de crianças atendidas (Indicador 1), obtém-se o valor desejado. A idade das crianças deve ser atualizada mensalmente.
Objetivo: prestar contas ao poder público e angariar donativos de particulares.

Indicador 3 – Total de despesas (em reais)

Definição operacional: é o somatório de todas as despesas realizadas no período entre o primeiro e o último dia de cada mês. Somente são aceitas despesas com comprovantes.

Objetivo: medir um item fundamental para a vida da organização.

Indicador 4 – Total de despesas com a alimentação dos assistidos (em reais)

Definição operacional: é o somatório das despesas especificamente destinadas à alimentação das crianças assistidas. Somente são aceitas despesas com comprovantes.

Objetivo: medir item fundamental para a vida da organização. A comparação com o Indicador 3 mede a eficiência do gerenciamento da organização.

Indicador 5 – Total de despesas com pessoal (em reais)

Definição operacional: é o somatório de todas as despesas com o pagamento de pessoal dentro do mês (do primeiro dia ao último dia). Tais despesas correspondem à folha de pagamento (pessoal registrado e ocupado em tempo integral) e às gratificações pagas por trabalhos excepcionais, sempre mediante recibo; quando for o caso, incluir eventuais impostos.

Objetivos: medir item fundamental para a vida da organização e prestar contas ao poder público.

Indicador 6 – Total de despesas exceto pessoal (em reais)

Definição operacional: é o valor que resulta da diferença entre o total das despesas (Indicador 3) e o total de despesas com pessoal (Indicador 5).

Objetivos: medir item fundamental para a vida da organização e prestar contas ao poder público.

Indicador 7 – Valores recebidos dos órgãos públicos (em reais)

Definição operacional: é o somatório dos valores creditados na conta corrente da organização entre o primeiro e o último dia útil de cada mês, independentemente de que órgão fez o crédito.

Objetivo: esse indicador não serve para controle dos créditos definidos em convênios formais com órgãos públicos, mas para totalizá-los e poder servir para demonstração a terceiros.

Indicador 8 – Valores recebidos por doação privada (em reais)

Definição operacional: é o somatório dos valores creditados na conta corrente entre o primeiro dia e o último dia útil de cada mês, diretamente por doadores privados ou indiretamente por meio de depósitos em cheque ou dinheiro.

Objetivo: medir a receptividade da organização perante o público.

Indicador 9 – Valores médios recebidos por doação (em reais)

Definição operacional: número obtido dividindo o valor atingido no Indicador 8 pelo número de doadores privados (cujos nomes são devidamente registrados, salvo caso particular no qual o doador quer permanecer anônimo; nesse caso, o doador é registrado com apenas um número sequencial, que comprove futuramente sua existência).

Objetivo: medir a receptividade da organização perante o público.

Indicador 10 – Situação do caixa (em reais)

Definição operacional: é o saldo na conta corrente no banco no último dia útil de cada mês, acrescido de eventual valor em dinheiro ou cheque recebido em doação (que ainda não tenha sido depositado), mais o valor em espécie mantido no "caixinha" para uso emergencial, devidamente validado pelo presidente da organização nesse mesmo último dia útil do mês.

Objetivo: medir a evolução da situação financeira.

Indicador 11 – Número de voluntários registrados

Definição operacional: é o número de pessoas registradas, no último dia útil de cada mês, como voluntárias no documento específico que permite comprovar a inexistência de vínculo empregatício.

Objetivo: medir a eficiência da organização em recrutar voluntários.

Indicador 12 – Número de voluntários ocasionais

Definição operacional: é o número de pessoas que não são registradas em documento específico, mas dedicaram algum tempo à organização durante o mês. Esse número é registrado pelo presidente mediante a comunicação verbal de funcionários.

Objetivo: embora não seja rigoroso, pois não é apoiado em documentos, esse número indica a eficiência em recrutar voluntários, especialmente entre funcionários de empresas que valorizam e incentivam o trabalho social.

Indicador 13 – Número de horas trabalhadas

Definição operacional: é o número total de horas que funcionários e voluntários trabalharam entre o primeiro e o último dia útil de cada mês, seja internamente (inclusive em estudos e reuniões), seja em atividades externas (visitas a doadores, a bancos, a fornecedores etc.). As horas de trabalho dos funcionários são obtidas diretamente da folha de pagamento; as dos voluntários constam de documento específico, controlado pelo presidente.

Objetivo: medir a qualidade de gerenciamento.

Indicador 14 – Número de visitas a empresas

Definição operacional: é o número total das visitas a empresas, realizadas entre o primeiro e o último dia útil de cada mês, para divulgar as obras e obter apoio financeiro. Tais visitas são obrigatoriamente relatadas por escrito, conforme padrão existente.

Objetivo: medir a eficiência do trabalho de obtenção de apoio por parte de pessoas jurídicas (e, indiretamente, de funcionários dessas empresas).

Indicador 15 – Número de inserções na mídia

Definição operacional: é o número de notícias, comentários e menções ao nome da organização em qualquer espécie de mídia, ocorridos entre o primeiro e o último dia de cada mês. O registro é feito em documento específico (citando dia e órgão).

Objetivo: medir a capacidade de divulgação.

MODELO DE GRÁFICO

1. Sendo uma planilha Excel, a plotagem do gráfico é feita automaticamente.
2. É possível lançar valores complementares, embora não de forma gráfica.
3. Permite visualizar a série histórica dos últimos *quatro* anos.
4. Oferece facilidade de preenchimento em suporte eletrônico ou papel.

Parâmetro:

Definição operacional:

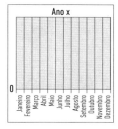
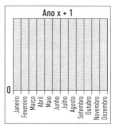
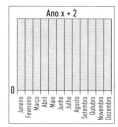

Janeiro		
Fevereiro		
Março		
Abril		
Maio		
Junho		
Julho		
Agosto		
Setembro		
Outubro		
Novembro		
Dezembro		
Média anual		

Janeiro		
Fevereiro		
Março		
Abril		
Maio		
Junho		
Julho		
Agosto		
Setembro		
Outubro		
Novembro		
Dezembro		
Média anual		

Janeiro		
Fevereiro		
Março		
Abril		
Maio		
Junho		
Julho		
Agosto		
Setembro		
Outubro		
Novembro		
Dezembro		
Média anual		

Janeiro		
Fevereiro		
Março		
Abril		
Maio		
Junho		
Julho		
Agosto		
Setembro		
Outubro		
Novembro		
Dezembro		
Média anual		

11. GESTÃO PREVISIONAL: ORÇAMENTO E CONTROLE ORÇAMENTÁRIO

INTRODUÇÃO

Um pouco de história

ATÉ OS ANOS 1930, as empresas acompanhavam a evolução dos seus negócios basicamente por meio do "caixa" (tesouraria) e do faturamento. Considerava-se ter bom desempenho quando, ao fim de determinado período, havia recursos suficientes para pagar as dívidas e ainda sobrava para investimentos (decididos *a posteriori*). Os dados contábeis (balanços e balancetes) confirmavam ou não os resultados do caixa. Aliás, um grande número de empresas menos evoluídas só decidia sobre investimentos depois de publicado o balanço.

A noção de capital de giro como instrumento de gestão não era conhecida, o que foi determinante para a famosa crise de 1929 (ainda hoje muito lembrada...).

No início da década de 1960, estudos de professores americanos mostraram a importância de introduzir um gerenciamento econômico-financeiro mais dinâmico, o que permitiria às organizações decidir sobre seus negócios (especialmente sobre os investimentos) sem esperar os resultados contábeis (que eram extremamente lentos) ou baseados em valores do caixa. Com a evolução dos negócios na década de 1970, o interesse por tais ferramentas cresceu sobremaneira.

Nascia então a ideia de gestão previsional, sendo a palavra "orçamento" (*budget*) seu instrumento essencial.

SABEDORIA PROFUNDA EM GERENCIAMENTO

A partir daí, grandes empresas começaram a montar seus próprios sistemas, alguns dos quais muito complexos, exigindo grande quantidade de recursos humanos e a ajuda da incipiente informática da época.

Aos poucos, percebeu-se que o importante na gestão previsional era mais a rapidez na obtenção das informações que a precisão destas. Assim, já nos anos 1980, com a informática mais desenvolvida e eficaz, obtinham-se informações analíticas de resultados mensais nos primeiros cinco dias úteis do mês seguinte e havia tempo para fazer as correções gerenciais imediatas. Esse sistema passou a ser aplicado também em médias e pequenas empresas.

Uma imagem

A condução das empresas sem sistema de gestão previsional se assemelha à condução de um automóvel com para-brisa total ou parcialmente vedado: o motorista é obrigado a recorrer aos retrovisores para verificar se não atropelou ninguém ou bateu num obstáculo.

MINHA EXPERIÊNCIA PESSOAL

Embora eu tenha tido experiências em 11 organizações, cito a seguir apenas os cinco casos mais relevantes, pela magnitude e pelo conjunto da obra.

- **Empresa X:** participei da introdução da gestão previsional em 1966, ano em que elaboramos o primeiro orçamento, usando *software* especial (extremamente complexo). Em 1976, implantei o sistema nas filiais industriais da empresa no Nordeste, já usando sistemas operacionais mais simples. Em 1986, estabelecemos uma ponte entre os sistemas contábeis (contas a pagar e a receber) e a gestão previsional, o que promoveu enorme facilidade operacional e grande precisão (antes, os documentos contábeis passavam pela gestão previsional antes de ir para a contabilidade).
- **Empresa da área alimentícia:** introduzi o sistema em 1993, com a participação de especialistas de um banco de investimentos. Tal sistema, que envolvia várias razões sociais, era híbrido (utilizava parte da contabilidade), uma vez que havia exigências especiais de investidores.
- **Empresa industrial de alta tecnologia:** baseado em planilhas Excel, introduzi o sistema em 1998, conferindo enorme rapidez às tomadas de

decisão. Foi possível também medir o resultado dos trabalhos de planejamento estratégico e melhoria contínua, nela desenvolvidos com a minha participação; o crescimento e o resultado operacional da empresa foram da ordem de 100% em cinco anos.

- **Empresa de prestação de serviços:** o sistema foi implantado em 2003, sempre com base em planilhas Excel e aperfeiçoado com macros especiais. Sendo uma empresa familiar, o processo de gestão previsional deu mais segurança aos proprietários nas ações estratégicas e promoveu a expansão do negócio. O resultado operacional cresceu 60% em dois anos.
- **Empresa de franquias:** introduzi o sistema, em 2010, na empresa-mãe e em duas outras agregadas, igualmente baseado em planilhas Excel. Isso permitiu que os sócios tivessem clareza imediata quanto aos números essenciais e à segurança no processo de expansão.

Uma ressalva: não sou, nem nunca fui, especialista da área financeira, em particular no que se refere a processos ligados às áreas de tesouraria, contabilidade e fiscal. Assim, *é provável que existam diferenças entre a terminologia que uso neste capítulo e a utilizada comumente pelos especialistas nas áreas referidas.*

CONCEITOS E OBJETIVO DA GESTÃO PREVISIONAL

Como já vimos, o objetivo da gestão previsional é permitir à direção da organização tomar decisões sobre o futuro com base em uma estimativa de resultados previstos.

O conceito básico é a *participação de gerentes e funcionários no gerenciamento das receitas e despesas.* Assim, é fundamental que o processo seja inspirado na sabedoria profunda em gerenciamento, como expliquei nos Capítulos 1 a 6. Evidentemente, cabe à alta direção da organização agir para que o discurso seja cumprido na prática. Na minha experiência, não existe a menor chance de sucesso quando o processo não for orientado e controlado pela diretoria. A presença de um consultor deve se limitar ao apoio conceitual e técnico.

A gestão previsional possibilita padronizar as ações de redução de despesas e de aumento das receitas, além de exercer controle sobre as receitas e sobre o capital de giro (quando for o caso). Dessa forma, trata-se de uma função organizacional completamente distinta da contabilidade e da área fiscal. A ela não se aplicam os conceitos e as regras contábeis e fiscais, e vice-versa. Por isso, sugiro sempre aos gerentes responsáveis pela alta administração *a criação de uma área organizacional específica para cuidar da gestão previsional*. Na sequência, chamarei essa área de "coordenador" (sinalizando que provavelmente se trata de função ocupada por um único funcionário).

Metodologia da gestão previsional

Em consequência do conceito básico, a metodologia é participativa, sendo representada pela correlação entre funcionários e centros de custo, ou seja, contas nas quais são lançadas receitas e despesas pelas quais cada funcionário tem *responsabilidade* direta. Expressamente não escrevo "decisão" e sim "responsabilidade", uma vez que o orçamento é um sistema e a decisão sempre colegiada. Mas a participação no centro de custo é de proposição e de controle.

Além de propiciar a participação, a metodologia gera (como pode ser comprovado na prática) o *comprometimento* do pessoal no controle e na melhoria dos resultados.

ORÇAMENTO E CONTROLE ORÇAMENTÁRIO

O orçamento é o componente principal da gestão previsional. Orçar significa prever com antecedência de vários meses (quase sempre de um ano) que receitas e despesas uma organização terá.

Todos os responsáveis participam da elaboração dos orçamentos por meio de seus respectivos centros de custo, embora seja reservado à diretoria o poder de determinar correções em virtude de suas estratégias e políticas.

O orçamento permite obter, com antecedência e precisão da ordem de 5%, o resultado final da organização dali a 12 meses. Assim, a alta administração pode tomar – com segurança – todas as decisões correspondentes (correções de rumo e investimentos). Além disso, possibilita conhecer, em detalhe, seus custos e receitas previsionais, permitindo que medidas corretivas sejam tomadas *antes* que os problemas aconteçam.

Já o controle orçamentário consiste em levantar receitas e despesas realizadas em determinado período, compará-las com os valores orçados para o mesmo período – geralmente de um ano – e fazer correções. Essa comparação é feita calculando-se o desvio entre os valores realizados e os valores orçados, tanto no aspecto custo (desvio de custo) como no aspecto quantidades (desvio técnico). Usando conhecimentos estatísticos, consiste em descobrir e evidenciar as causas sistêmicas e especiais dos desvios técnicos e de custo.

Com o uso dos dois sistemas é possível:

- Prever os resultados com precisão equivalente à qualidade do trabalho de elaboração do orçamento.
- Evidenciar desvios no desempenho de cada setor da organização e no global.
- Analisar as causas desses desvios.
- Obter a participação de um maior número de pessoas, que, em consequência, compartilharão dos objetivos de melhorias.
- Realizar medidas preventivas para evitar maus resultados e/ou para melhorá-los.

RECOMENDAÇÕES PRÁTICAS PARA IMPLANTAR A GESTÃO PREVISIONAL

1. Estudo, por parte da direção da organização, dos conceitos envolvidos e aceitação consciente deles.
2. Formalização da intenção e fixação de regras básicas: a) a aprovação do orçamento é prerrogativa da diretoria; b) tal aprovação não autoriza os responsáveis por centros de custo a efetuar despesas sem autorização do líder imediato; c) os responsáveis por centros de custo devem obrigatoriamente justificar os desvios entre as despesas previstas e as realizadas (mesmo que as últimas sejam inferiores às primeiras).
3. Formalização do tempo: os orçamentos são estabelecidos para o período de um ano-calendário (1º de janeiro a 31 de dezembro). O contro-

le orçamentário é realizado mensalmente, sempre de forma cumulativa (controle sobre o mês n e controle sobre os meses precedentes n-1, n-2 etc.).

4. As receitas provêm das vendas futuras; assim, para prevê-las, é necessário ter um programa previsional de vendas. O ideal é que este seja indicado: a) em quantidade de produtos (ou serviços) a ser vendidos no período orçado; b) com os respectivos preços unitários de venda de cada produto ou serviço; c) com os respectivos prazos de pagamento.

5. As despesas são de dois tipos: as proporcionais e as não proporcionais (fixas total ou parcialmente), devendo ser orçadas em separado.

ETAPAS DA IMPLANTAÇÃO DA GESTÃO PREVISIONAL

Estabelecimento dos centros de custos

1. Cada centro de custo (CC) deve ter um e apenas um responsável.

2. Cada centro de custo é identificado por um número composto por quatro dígitos, contado da esquerda para a direita do número e estruturado da seguinte forma: *1º dígito* – indicativo do local (estabelecimento), se houver mais de um. Se não houver, o número de dígitos pode ser reduzido a três; *2º dígito* – indicativo de uma estrutura organizacional: presidência, diretoria, gerência, departamento, seção etc.; *3º dígito* – indicativo de área gerencial ou atividade específica de uma estrutura organizacional (comercial, industrial, comunicação etc.); *4º dígito* – sequência numérica.

3. Toda e qualquer receita ou despesa é necessariamente relacionada a um, e a apenas um CC.

4. É importante manter uma lista oficial atualizada dos CCs.

5. Sendo as despesas com pessoal um dos fatores mais relevantes das despesas, é preciso especial cuidado: todos os funcionários da organização devem ser devidamente cadastrados por CC na área que administra a folha de pagamento.

Classificação das despesas por natureza

Para analisar as despesas e controlá-las, não basta apenas o respectivo CC. É necessário classificá-las segundo sua "natureza" ou sua utilidade para a empresa. Assim, outra codificação deve acompanhar o número de CC: a natureza de despesa. Cada uma delas pode ser descomposta em sub-rubricas. A tabela a seguir serve como referência, embora a lista possa variar de empresa para empresa:

Natureza de despesa (principal)	Sub-rubrica (secundária)	Código
Honorários/*pro labore*		010
Mão de obra	Contratados CLT – salários	021
	Aprendizes	022
	Encargos sociais – CLT	023
	Encargos aprendizes/estagiários	024
	Despesas trabalhistas	025
	Vale-refeição	026
	Vale-transporte	027
	Outros benefícios	028
Material de escritório		030
Material de higiene/limpeza/copa		040
Serviços públicos: água/luz	Água	051
	Luz	052
Meio de comunicação	Chamadas locais	061
	Chamadas de longa distância	062
	Telefonia móvel	063
	Internet/transmissão de dados	064
	Hospedagem de site/gerenciamento de e-mails	065
	Correio	066
Impostos/taxas		070
Manutenção	Mão de obra	081
	Material	082
Aluguel de imóveis		091

SABEDORIA PROFUNDA EM GERENCIAMENTO

Natureza de despesa (principal)	Sub-rubrica (secundária)	Código
Aluguel de máquinas e equipamentos	Automóveis	101
	Computadores/impressoras/copiadoras	102
Seguros	Automóveis	111
	Notebooks, tablets e outros equipamentos de informática	112
	Predial	113
Leasing		120
Locomoções	Combustível	131
	Viagens	132
	Estadias e refeições	133
	Transporte e pedágios	134
	Outros	135
Serviços de terceiros	Advogados	140
	Motoboy/frete	141
	Segurança patrimonial	142
	Cartórios	143
	Motorista	144
	Consultoria	145
	Assistência técnica/manutenção	146
	Tarifas bancárias	147
	Outros	148
Serviços terceirizados permanentes	Sistemas informatizados	161
Formação/treinamento		170
Melhorias prediais diversas		180
Equipamentos		190
Comunicação/publicidade	Assessoria de imprensa	201
	Site	202
	Gráfica	203
	Feiras e eventos	204
Diversos		400
Produtos para venda		500

Embora a classificação de despesas por natureza não apresente dificuldades na maioria dos casos, ao fim deste capítulo indico algumas regras como referência.

Estabelecimento das hipóteses de base

São assim chamadas as variáveis econômicas e financeiras que fixam a base dos cálculos. Ou seja, como o orçamento é um exercício de previsão, os valores resultantes dependem da previsão dessas variáveis, que são assim chamadas de "hipóteses de base do orçamento". O estabelecimento de tais hipóteses é prerrogativa da diretoria, apoiada em estudos e sugestões de áreas técnicas e/ou de assessores especializados.

As hipóteses de base *obrigatórias* são:

- Taxa de inflação para o período a ser orçado (pode ser expressa em valores mensais, trimestrais, semestrais ou anuais).
- Valor da(s) correção(ões) coletiva(s) de salários (resultante de dissídio, acordo ou decisão da própria empresa) no decorrer do período orçado.
- Taxa de juros a ser aplicada ao capital de giro.
- Projeção (previsão) de crescimento da organização.

Preenchimento das planilhas

Todos os responsáveis por centro de custo devem preencher planilhas, detalhando mês a mês todas as movimentações previstas em quantidade e valor (estes corrigidos em função das hipóteses de base). Tais planilhas indicarão valores para cada natureza de despesa.

Compilação das planilhas e elaboração do pré-orçamento

O coordenador da gestão previsional recolherá todas as planilhas, fazendo as operações necessárias para compor um documento de síntese que chamo de "pré-orçamento", composto das seguintes partes:

1. **Síntese das receitas** – planilha com:
   a. Quantidade dos serviços (ou produtos) a ser vendidos por mês no período orçado.

b. Os respectivos preços unitários de venda de cada produto ou serviço (incluindo reajustes a ser feitos no período).

c. Os respectivos prazos de pagamento.

2. **Síntese das despesas** – conjunto de planilhas com:

a. Valores das despesas por natureza mês a mês, ou seja, a soma de todos os valores indicados nas planilhas por centro de custo para a mesma rubrica. Ficará claro se o insumo que corresponde à despesa é ou não proporcional à quantidade produzida.

b. Valor total para o ano para cada natureza de despesas. (O coordenador terá o cuidado de anotar os centros de custos que estão propondo os maiores valores por natureza de despesa.)

3. **Síntese dos resultados para a organização** – planilha expressa exclusivamente em reais em cujas linhas aparecem os indicadores fundamentais, na seguinte ordem:

a. Total das receitas (REC) mês a mês e para o ano.

b. Total das despesas proporcionais (DP): valor de todos os insumos cujo consumo depende do volume de produção – basicamente matérias-primas, quando se tratar de organizações industriais.

c. Cálculo da margem de contribuição (MC): diferença entre o valor das receitas e o valor das despesas proporcionais mês a mês e no total. Matematicamente, a fórmula é: MC = REC – DP (veja adiante mais informações).

d. Total das despesas não proporcionais (DNP): valor de todos os insumos cujo consumo independe do volume de produção.

e. Cálculo da margem operacional (MOP): diferença entre os valores da margem de contribuição e das despesas não proporcionais. Matematicamente, a fórmula é: MOP = MC – DNP (veja adiante mais informações).

f. Total das despesas financeiras (DF): nesse montante está incluído um valor (geralmente estimado) para o custo do capital de giro (veja adiante mais informações).

g. Cálculo da Ebitda (ou resultado operacional, RO): diferença, mês a mês, entre os valores da MOP e as despesas financeiras. Matematicamente, a fórmula é: Ebitda (ou RO) = MOP – DF (veja adiante mais informações).

Apresentação e análise do pré-orçamento

Terminada essa etapa, o coordenador apresenta as diversas planilhas de síntese à alta administração, com seus comentários. Provavelmente haverá ajustes, como refazer o planejamento de receitas e/ou reduzir as despesas. Cabe à alta administração, dentro do processo participativo, chamar os gerentes/funcionários envolvidos e determinar as correções que devem ser feitas e o prazo para isso.

Correções de planilhas

Esse trabalho é realizado com várias interações entre os responsáveis pelos centros de custo, o coordenador e a própria alta administração. É provável que cálculos de síntese sejam realizados para avaliar a eficácia das correções realizadas.

Introdução de dados especiais para completar o orçamento

A maioria das organizações introduz nessa ocasião alguns dados especiais para tornar o orçamento efetivamente completo:

- O programa de investimentos (Capex, sigla que vem do inglês *"capital expenditure"*).
- As despesas financeiras necessárias para financiar os investimentos.
- O valor do imposto de renda a pagar.
- A diferença entre a Ebitda e os três valores acima citados constitui o que é chamado resultado líquido da organização.

Compilação final das planilhas e elaboração do orçamento

Finalmente, quando a etapa anterior for considerada concluída, o coordenador refará a planilha consolidada na fase de compilação das planilhas e elaboração do pré-orçamento. Igualmente, todas as planilhas revistas passam a fazer parte do orçamento.

Alguns comentários

- Margem de contribuição (MC): mostra a capacidade da empresa de pagar os custos proporcionais, ou de comprar as matérias-primas e as demais despesas proporcionais. A MC permite saber o que sobra para pagar as despesas não proporcionais, das quais a mais importante é a mão de obra.

- Ebitda ou margem operacional: mostra a capacidade da empresa de pagar todos os seus custos. Ebitda maior que zero significa que a empresa tem recursos para pagar (ao menos parcialmente) seu capital de giro e fazer investimentos.

- Resultado líquido: mostra a capacidade da empresa de remunerar os seus sócios ou acionistas.

O controle orçamentário

Consiste em levantar receitas e despesas realizadas em determinado período. *Recomendo que seja feito a cada mês, a cada trimestre e ao fim de cada ano,* sempre comparando os valores reais com os valores orçados para o mesmo período. Essa comparação se faz:

- Para cada centro de custo.
- Calculando os desvios entre os valores realizados e os orçados, tanto no aspecto custos (desvio econômico) como no aspecto quantidades (desvio técnico). O desvio técnico é particularmente calculado para as quantidades orçadas (para efeito de receitas) e para os valores de efetivo (mão de obra) para cada centro de custo.

Na prática, para fazer esse levantamento, há dois caminhos:

- Um sistema informatizado que, ao mesmo tempo, dá entrada no sistema contábil de todo e qualquer documento com valor fiscal e permite indicar (e validar) um centro de custo, enviando-o para um subsistema de gestão previsional.
- Um sistema manual no qual
  - Para cada centro de custo há uma planilha na qual são registradas detalhadamente todas as respectivas despesas.

- Toda nota fiscal ou nota de débito deve ser encaminhada ao coordenador para ser lançada. Os valores de tais notas são lançados sempre na data de emissão delas (ou seja, não se leva em consideração a data de pagamento).

- Ao receber uma nota fiscal ou de débito, o coordenador a classifica por centro de custo e natureza de despesa, lançando-a na planilha respectiva.

- Após esse procedimento, as notas fiscais ou de débito já conferidas pelo coordenador são enviadas à área financeira para as providências cabíveis.

- As despesas sem nota fiscal ou de débito são enviadas pela área financeira ao coordenador por meio de relatórios semanais.

Os **desvios econômicos e técnicos** expressos com a letra grega delta (Δ) são calculados em porcentagem e seguem a seguinte fórmula:

$$\Delta = \{(\text{Realizado} - \text{Previsto})/\text{Realizado}\} - 100$$

O controle orçamentário será realizado mensalmente e o coordenador publicará um relatório (com tabelas e gráficos) contendo comparações de valores, desvios e comentários sobre os dados.

REGRAS ÚTEIS

Definições operacionais

Receita. Na gestão previsional, é igual ao faturamento líquido, que se calcula da seguinte forma: somatório do valor de todas as notas fiscais emitidas no período, deduzido de:

- todos os impostos obrigatórios, que, fora exceções, são proporcionais ao valor da venda;
- todos os eventuais incentivos fiscais;
- todas as despesas de venda: valor do frete pago para entregar o produto ao cliente; valor das comissões pagas a vendedores ou a representantes; custo dos seguros destinados a cobrir o transporte do produto etc.

Custo de estoque. Todo e qualquer material que entra na empresa (matéria-prima, material de consumo etc.) tem um preço de compra, que é o valor líquido (isto é, o valor que a organização vai efetivamente pagar) citado na nota fiscal ou fatura do fornecedor. Para chegar ao custo de estoque é preciso:

- adicionar todos os impostos não recuperáveis, inclusive o imposto de importação, se for o caso;
- adicionar todas as despesas de compra, como fretes e seguros pagos;
- deduzir os eventuais impostos recuperáveis.

Despesas proporcionais. Correspondem ao valor de todos os insumos cujo consumo é proporcional ao volume de produção. Tais insumos são valorizados a custo de estoque.

Despesas não proporcionais. Insumos valorizados pela quantia ou, se for o caso, a custo de estoque.

Estoques de produtos de terceiros. Todo material que entra na empresa e fica estocado (ou simplesmente guardado), à espera de ser transformado ou usado em qualquer trabalho, industrial ou não. A retirada de um produto do estoque é sempre feita mediante documento formal (requisição).

Estoque de produtos semiacabados. Todo material (subconjuntos) que permanecer parado, por qualquer razão, em áreas da empresa.

Estoque de produtos acabados. Todos os produtos fabricados que ainda não foram faturados para um cliente.

Amortização. Valor a ser abatido de uma dívida financeira (geralmente empréstimos bancários/financiamentos). Esse valor é decidido pela diretoria da empresa. O controle de gestão lançará no orçamento os valores que lhe forem informados.

Depreciação. Perda progressiva de valor, legalmente contabilizável, de móveis, utensílios, maquinários, veículos, edificações e instalações da empresa. A depreciação é prevista na legislação fiscal e imposta a todos os bens duráveis que a empresa compra para uso na sua atividade-fim. Conceitualmente, a depreciação corresponde à poupança que a empresa faz para substituir os bens duráveis ao fim da vida útil de cada um deles. Ou seja, a cada mês a empresa guarda contabilmente o valor correspondente a uma fração do valor do bem, correspondendo o somatório dessas frações ao valor total de compra ou de instalação do bem.

Os valores correspondentes às depreciações são fixados pela contadoria da empresa, em função da lista de bens imobilizados no capital e dos prazos mínimos previstos em lei e dedutíveis do imposto de renda. Eventualmente, a alta administração pode decidir fazer a depreciação em prazos maiores do que os previstos em lei. O coordenador lançará no orçamento os valores que lhe forem informados pela direção ou gerência financeira.

Investimentos[1]**.** Serão considerados investimentos:

- a compra de ativos fixos, tais como prédios, máquinas de grande porte, automóveis etc.;
- a manutenção de grande porte em imóveis, instalações e maquinários.

Os valores de investimento a ser colocados no orçamento devem resultar do estabelecimento de uma lista, devidamente valorizada (orçada) e decidida pela diretoria em função dos resultados (especialmente da margem operacional).

ALGUMAS DEFINIÇÕES OPERACIONAIS SOBRE DESPESAS

Regras especiais para a mão de obra

A mão de obra é calculada em etapas:

1. Calcular, para cada centro de custo, a média de salários dos últimos 12 meses de cada funcionário contratado nesse CC.
2. Calcular a porcentagem de encargos para funcionários. Para chegar a esse valor, calcula-se o valor pago pelo empregador ao INSS e ao FGTS (inclusive o FGTS pago sobre demissões) nos 12 meses anteriores ao orçamento, multiplica-se por 100 (para obter valor em porcentagem) e

---

1. Não confundir investimentos com imobilizações. Estas são movidas por critérios fiscais, que não são considerados na gestão previsional.

se divide pelo valor pago aos colaboradores contratados (salário líquido + férias – vale-refeição e vale-transporte) no mesmo período.

> **Exemplo**
> Total de salário pago: R$ 100.000
> Total de encargos pagos: R$ 60.000
> % Encargos: $\dfrac{60.000 \times 100}{100.000} = 60\%$

3. Calcular a porcentagem de benefícios para funcionários: somar o total do valor líquido pago a título de vale-refeição e vale-transporte, multiplicar por 100 e dividir pelo valor da soma do pagamento líquido mais os encargos (INSS e FGTS) no mesmo período.

> **Exemplo**
> Valor de VT e VR: R$ 16.000
> Soma de salários + encargos: R$ 160.000
> % Benefícios: $\dfrac{16.000 \times 100}{160.000} = 10\%$

4. Depois de efetuados esses cálculos, podemos concluir o orçamento de mão de obra para cada centro de custo.

Caso especial de funcionários contratados durante o ano que está sendo orçado:

- Determinar, mês a mês, o número de colaboradores que o centro de custo terá (ou seja, levar em consideração as contratações e as demissões previstas para o período orçado).
- Multiplicar o valor médio de salário do centro de custo pelo número especificado de colaboradores.
- Sobre o valor de salários, calcular a porcentagem referente aos encargos.
- Calcular o valor de benefícios somando os salários aos encargos.
- Acrescentar outros benefícios, se for o caso.

> **Exemplo**
> Salário médio: R$ 500,00
> Número de funcionários para o centro de custo: 15
> Total de salários no mês: R$ 500,00 $\times$ 15 = R$ 7.500,00
> % Encargos: 60% = R$ 7.500,00 $\times$ 60% = R$ 4.500,00
> % Benefícios: 10% = (R$ 7.500,00 + R$ 4.500,00) $\times$ 10%= R$ 1.200,00
> Valor do salário orçado: soma de salários, encargos e benefícios
> = R$ 7.500,00 + R$ 4.500,00 + R$ 1.200.00 = R$ 13.200,00

Outros itens devem ser levados em conta para finalizar o orçamento de mão de obra:

- Dissídio (data e estimativa do valor do reajuste – veja as hipóteses de base).
- Promoções (aumento de salário – veja as hipóteses de base).
- Contratações ou demissões no período (já estipuladas).

Material de escritório

Todo material de escritório é comprado diretamente, sendo anotado no CC específico – salvo se o requisitante indicar uma repartição com outros CCs na própria nota.

Material de limpeza e higiene

O material de limpeza, higiene e copa, de uso geral, deve ser debitado no centro de custo higiene e limpeza.

Água/luz

Pagamento de faturas referentes aos serviços públicos de água e luz.

Meios de comunicação

As faturas são perfeitamente identificadas e classificáveis. Correios: qualquer serviço realizado por esse órgão.

Impostos e taxas

- Impostos e taxas municipais como IPTU, taxas diversas, taxa de incêndio etc.
- Taxas bancárias debitadas pelos bancos nas contas da empresa.

Manutenção

- Mão de obra: valores referentes à mão de obra de serviços de manutenção realizados por terceiros (assistência técnica, manutenção de equipamentos ou predial etc.).
- Materiais: lançamento dos valores correspondentes aos materiais comprados diretamente para um centro de custo e usados na manutenção de máquinas, equipamentos e edificações.

Seguros

Todos os seguros (equipamentos, predial ou outros) são debitados no centro de custo respectivo.

Locomoções

- Combustível: reembolsos de quilometragem e combustível pagos fora da folha de pagamento.
- Viagem/hospedagem: valores gastos em viagens de funcionários, quando pagos ou reembolsados pela organização, são debitados diretamente nos respectivos centros de custo.
- Refeições: valor reembolsado a funcionários referentes a refeições (inclusive com clientes).
- Pedágio: valores reembolsados pagos por funcionários a serviço da organização.
- Outros: todas as outras despesas de locomoção, como táxi, ônibus etc.

Serviços de terceiros

- Advogados: serviços prestados mediante contrato ou por tarefa, sendo sempre debitados mediante nota fiscal de prestação de serviços.
- *Motoboy*: serviços de empresa terceirizada prestado por *motoboys*.

- Segurança patrimonial: despesas com funcionários terceirizados que trabalhem na vigilância (nota fiscal de empresa terceirizada).
- Cartório: todos os serviços prestados pelos cartórios e debitados nos centros de custos solicitantes.
- Consultoria: trabalhos realizados por consultores autônomos ou empresas de consultoria (mediante nota fiscal de prestação de serviços).
- Assistência técnica/manutenção: serviços prestados por terceiros (autônomos ou empresas), debitados mediante a apresentação de notas fiscais ou recibos.
- Tarifas bancárias: valores cobrados pelos bancos para manutenção de contas, cobranças, emissão de boletos, emissão de talões de cheque etc.
- Outros: serviços como fotocópias (quando efetuadas fora da empresa), certidões de órgãos públicos, gorjetas, gratificações a terceiros etc.

Formação e treinamento
Despesas com formação e treinamento, em nível geral ou específico, dados aos funcionários: cursos, seminários, palestras etc. Tais despesas devem ser comprovadas com a apresentação de notas fiscais ou recibos fiscalmente aceitos.

Melhorias prediais diversas
Exemplos: pintura de paredes, limpeza de portas e janelas, limpeza de dutos de ar-condicionado etc.

Equipamentos
Pequenos equipamentos e suprimentos operacionais que não são vistos como investimentos (ou seja, não são imobilizados).

REGRAS ESPECIAIS PARA O CAPITAL DE GIRO
Capital de giro é a quantia em dinheiro de que a empresa necessita para funcionar. Basicamente, esse valor corresponde ao material que precisa manter no estoque e ao financiamento aos clientes (que pagam algum tempo depois que o serviço/produto é realizado/entregue). Por outro lado, a empresa conta com recursos que lhe são "emprestados" por seus fornecedores (prazo de

pagamento) e pela administração pública, que lhe dá um prazo para pagar seus impostos. Assim, o cálculo do valor do capital de giro tem valores positivos (que a empresa precisa saber controlar administrativa e financeiramente) e valores negativos, que lhe são concedidos por terceiros. Sendo um número que muda a cada instante, estabelece-se uma regra para que *o cálculo do valor do capital de giro seja feito uma vez por mês, no último dia útil.*

Cálculo do capital de giro

Crédito do cliente: esse valor é calculado em duas etapas:

1. Valor em número de dias: média em número de dias em que os clientes pagam após a data de emissão da respectiva nota fiscal. Esse valor resulta do cálculo de uma média ponderada:
   - calcular o prazo (número de dias) de pagamento de cada cliente, nota a nota; de forma simplificada, pode-se usar um prazo médio para cada cliente importante.
   - multiplicar esse prazo pelo valor de faturamento líquido respectivo e dividir pela soma do faturamento de todos os clientes.

> **Exemplo**
> Cliente X: prazo de pagamento: 12 dias
> valor líquido de faturamento: R$ 50.000
> Cliente Y: prazo de pagamento: 15 dias
> valor líquido de faturamento: R$ 75.500
>
> Cálculo crédito do cliente em dias: $\dfrac{(12 \times R\$ 50.000) + (15 \times R\$ 75.500)}{(R\$ 50.000 + R\$ 75.500)}$
>
> Cálculo crédito do cliente em dias: $= \dfrac{R\$ 1.732.500 = 14\ dias}{R\$ 125.500}$

2. Valor em reais: multiplicar o número de dias de crédito, calculado como acima indicado, pelo valor total do faturamento líquido para o período e dividir por 30 (correspondente ao número médio de dias de um mês).

> **Exemplo**
> Crédito do cliente = 14 dias
> Dias do mês = 30 dias
> Valor líquido de faturamento = R$ 125.500
> Valor do crédito do cliente: $\dfrac{14 \times R\$\ 125.500}{30} = R\$\ 58.567$

Valor de estoque: todo material que entrar na empresa é sempre considerado pelo seu valor líquido, ou seja, o valor que realmente será pago. Para chegar a esse número é preciso:

- Adicionar ao preço de compra (valor especificado na nota fiscal do fornecedor) todos os impostos não recuperáveis, inclusive o imposto de importação (se for o caso).
- Adicionar todas as despesas de compra, tais como fretes e seguros pagos (se for o caso).
- Deduzir os eventuais impostos recuperáveis.

Crédito do fornecedor: esse valor é calculado em duas etapas:

1. Valor em número de dias: média em número de dias em que a empresa paga seus fornecedores após a data de emissão da respectiva nota fiscal. Esse valor resulta do cálculo de uma média ponderada:
   - Calcular o prazo (número de dias) de pagamento de cada fornecedor, nota a nota; de forma simplificada, pode-se usar um prazo médio para cada fornecedor.
   - Multiplicar esse prazo pelo valor total das notas fiscais respectivas e dividir pela soma do faturamento de todos os fornecedores.

> **Exemplo**
> Fornecedor A: prazo para pagamento: 20 dias
> Valor de compras: R$ 10.000
> Fornecedor B: prazo para pagamento: 30 dias
> Valor de compras: R$ 5.500
> Cálculo crédito dos fornecedores em dias: $\dfrac{(20 \times R\$\ 10.000) + (30 \times R\$\ 5.500)}{(R\$\ 10.000 + R\$\ 5.500)}$
> Cálculo crédito do fornecedor em dias: R$ 365.000/R$ 15.500 = 24 dias

2. Valor em reais: multiplicar o número de dias de crédito, calculado como acima indicado pelo valor total do faturamento líquido para o período e dividir por 30 (correspondente ao número médio de dias de um mês).

> **Exemplo**
> Crédito do fornecedor: 24 dias
> Dias do mês: 30 dias
> Valor das compras mensais: R$ 15.500
> Crédito do fornecedor em reais: $\dfrac{24 \times R\$\ 15.500}{30} = R\$\ 12.400$

Impostos a pagar: os governos dão prazos de cerca de 15 dias após o fim do mês para que os impostos diretamente proporcionais ao valor do faturamento (ISS, PIS e Cofins) sejam pagos. Ou seja, o prazo médio de pagamento é de 30 dias. Assim, o cálculo desse crédito fica facilitado, pois basta somar os valores desses impostos.

Assim, capital de giro = (crédito cliente em valor + valor de estoque) – (crédito fornecedor em valor + impostos a pagar).

Observação final: este capítulo pode parecer árido para alguns leitores. Todavia, na minha experiência, o assunto é muito importante (para não dizer essencial), sobretudo para pequenas e médias organizações. Os conceitos e regras da gestão previsional podem assustar numa primeira leitura, mas o uso contínuo torna-os simples e lógicos. Como em outros processos gerenciais, a gestão previsional só começa a funcionar depois de certo tempo de utilização, nunca inferior a um ano. O prazo ideal para tornar esse instrumento eficiente e eficaz gira em torno de dois a três anos.

12. GERENCIAMENTO POR PROJETOS

INTRODUÇÃO

QUANDO SE FALA EM "projetos" na mídia, em organizações empresariais ou não, na administração pública e entre as pessoas comuns, ouvem-se frases como estas:

- "Não sai nada!"
- "Apesar do projeto, ficou tudo como antes."
- "Projetos sempre atrasam."
- "Têm custo acima do previsto."
- "O resultado foi diferente do previsto."
- "Não foi isto que pedimos."

Por que isso acontece? Muitas teorias tentam explicar o fenômeno. Pessoalmente, acredito naquela que vou apresentar neste capítulo, resultado da minha experiência pessoal.

Em junho de 1991 eu era diretor de Pesquisa & Desenvolvimento de uma empresa francesa. Por ocasião de um evento sobre informação científica patrocinado pelo Ministério Francês de Pesquisa e Tecnologia, o ministro adjunto convidou empresas a se reunir com diretores de institutos de pesquisa oficiais para um estudo sobre projetos. Sucedeu-se uma sequência de dez reuniões (aproximadamente uma por mês, com duração média de quatro horas), das quais participei como representante da empresa para a qual trabalhava. O grupo tinha uma experiência considerável a compartilhar:

eram 11 empresas industriais (das quais três montadoras de carros e três do ramo químico/petroquímico), duas instituições de nível superior e cinco centros de pesquisa gerenciados direta ou indiretamente pelo governo francês.

Durante dois terços do tempo, ouvimos o relato dos representantes das várias organizações presentes. Depois, com muito trabalho individual, formulamos diversas hipóteses e finalmente convergimos para uma conclusão (embora não unânime). Postulamos que o fracasso de projetos era consequência de:

- Erros conceituais (falta de entendimento do que vem a ser um projeto).
- Condições insuficientes para o trabalho dos responsáveis.
- Uso de metodologia inadequada.

Um "livro branco", eufemismo francês para indicar uma publicação que não tem caráter oficial ou científico, deveria ser redigido com base nas anotações pessoais dos vários participantes. Dei a minha contribuição, mas o tal documento nunca foi publicado. Uma explicação possível é a de que na reforma ministerial ocorrida no final de 1992 e após a troca do primeiro-ministro o Ministério que nos congregava mudou até de nome... Coisas da política.

Assim, o valioso trabalho realizado (ao qual doravante vou me referir como Grupo Francês de Estudos, ou GEP) ficou restrito às memórias dos participantes.

O SISTEMA QUE PROPONHO

Com minha experiência pessoal e o aprendizado obtido no GEP, proponho ao leitor um sistema que chamo de gerenciamento por projeto. A palavra "por" enfatiza o conceito sistêmico. Assim, estou me diferenciando do chamado "gerenciamento de projetos". Este pode ser interpretado como uma simples metodologia, não sendo o que está proposto a seguir.

DEFINIÇÃO DE PROJETO

O dicionário Aurélio (Holanda, 1990, p. 1153) informa que "projeto" vem do latim *projectu*, "lançado para diante". Mas completa: "É uma ideia que se forma de executar ou realizar algo, no futuro, plano, intento, desígnio". E ainda: "Empreendimento a ser realizado dentro de determinado esquema".

No contexto da minha proposta, faço a seguinte definição: "Projeto é uma atividade específica que permite estruturar de forma metódica e progressiva a realização de uma intenção futura, fruto de uma decisão estratégica".

EXAME DAS CONDIÇÕES ESTIPULADAS NA DEFINIÇÃO

- **Atividade específica:** gerenciar um projeto não deve ser compartilhado com outra atividade. Refiro-me ao modelo que abordei no Capítulo 7: não é recomendável (para não dizer admissível) que um projeto seja gerenciado por alguém que se ocupe de funções no eixo horizontal (ou seja, gerenciando a rotina e ou trabalhando na melhoria contínua).
- **Estruturação metódica e progressiva:** o projeto tem uma organização que cresce com o desenrolar deste. Tal característica é bem visível na metodologia.
- **Intenção que seja fruto de decisão estratégica:** as causas mais comuns do fracasso de projetos levantadas pelo Grupo Francês de Estudo eram aquelas geradas ou criadas por impulso, ou seja, sem nenhuma reflexão estratégica. Muitas vezes, os projetos eram concebidos em resposta a uma reclamação de cliente; outras, originários de uma visão pessoal de um dirigente etc. O significado de decisão estratégica é igualmente mostrado no modelo descrito no Capítulo 7: um projeto deve sempre resultar dos trabalhos no eixo vertical.

INTENÇÕES QUE NÃO DEVEM SER GERENCIADAS POR PROJETO

Penso que uma definição é mais bem compreendida quando se descreve o que não corresponde a ela. No caso, o que não deve ser gerenciado por projeto:

- Ações de pequeno porte, em duração e em valor. Tais intenções devem ser tratadas com os conceitos, o ambiente e as metodologias específicos das melhorias contínuas.

- Intenções vagas, sem objetivos claros, com características de estudo, esboço, tentativa.

- Ações que visam construir uma estrutura de forma progressiva, na base do PDCA.

- Todo trabalho que tiver duração indeterminada (geralmente conhecido como programa).

AÇÕES ESTRATÉGICAS QUE PODEM SER GERENCIADAS POR PROJETOS

Nas várias ocasiões em que mencionei o gerenciamento por projetos, percebi que muitos gerentes têm dificuldade de fugir ao esquema mental que liga a palavra "projetos" às empresas de engenharia e, de modo especial, à informática. Assim, citarei exemplos reais de projetos que foram gerenciados pelo sistema que proponho e fogem a esses modelos.

- Construção de uma unidade de produção e montagem (caso de uma montadora de carros que partiu do zero no Brasil).

- Concepção de novo modelo de veículo leve de passeio – novo motor, nova carroceria e suspensão – e posterior fabricação (montadora francesa).

- Construção de uma nova unidade fabril em polo petroquímico.

- Montagem de uma exposição artística especial (caso de um museu).

- Transferência de uma unidade de produção (empresa de alta tecnologia que foi obrigada a transferir sua central para outro local na mesma cidade).

- Mudança da sede de uma empresa prestadora de serviços.

- Implantação do sistema de gestão previsional em empresa de médio porte (veja o Capítulo 11).

- Construção de uma praça pública em bairro de São Paulo (por alunos de escola pública de nível médio).

- Implantação de sistema de medição de desempenho profissional em uma unidade de terapia intensiva em hospital particular.

A ESTRUTURA ORGANIZACIONAL SUGERIDA

O gerenciamento por projetos exige uma estrutura organizacional adequada, chamada de não permanente. Esta:

- **Tem processos gerenciais especiais, diferentes da rotina.** Quem participa de um projeto assim organizado tem seu tempo ligado a tarefas e não a horários; não tem tarefas organizacionais, como participar de reuniões operacionais, participar dos processos da gestão previsional etc.
- **Tem recursos com dimensões variáveis ao longo do tempo.** Ou seja, um projeto tem um orçamento próprio, que varia com o desenrolar dele e não com o tempo cronológico.
- **Não faz parte da hierarquia tradicional.** Com efeito, um projeto tem uma estrutura organizacional independente daquela específica do eixo horizontal.
- **Encara a competência como fator mais importante.** Para gerenciar um projeto ou participar dele, as competências são específicas, em geral de caráter técnico. Outras qualificações são menos importantes.
- **Está sujeita a regras econômicas e financeiras especiais.** Regras simples, como a prestação de contas de despesas e a licença prévia para fazê-las, não existem num projeto. Desde que prevista, uma despesa referente a um projeto não depende de licença prévia.
- **Trabalha com unidade de tempo diversa da utilizada na rotina.** O tempo de um projeto está ligado ao seu cronograma físico.

O NOVO AMBIENTE REQUERIDO

A organização deve ser capaz de admitir e executar diuturnamente os processos e regras específicos do gerenciamento por projetos, como os seguintes:

- **Ter chefe(s) de projeto em tempo integral, desligado(s) de qualquer trabalho de rotina.** As organizações que adotaram o gerenciamento por projetos têm dificuldade de manter um ou mais profissionais de alto gabarito como chefes de projeto em tempo integral. Elas precisam ter um estoque de projetos para mantê-los ocupados. Algumas organizações que conheço têm usado o tempo eventualmente disponível entre o fim de um projeto e o início de outro para dar trabalhos paralelos aos chefes de projeto, como o de formador individual (função também conhecida como *coaching*) de outros gerentes.

- **Trabalhar ao mesmo tempo com duas estruturas distintas, a permanente hierarquizada segundo funções e a não permanente, hierarquizada por tarefas.** Na primeira, funções têm rotinas próprias, estruturadas, consolidadas. Na segunda, as rotinas são definidas segundo as necessidades e as circunstâncias; o relacionamento entre pessoas não é estruturado. Muitas organizações que adotaram o gerenciamento por projetos têm dificuldade de gerenciar suas equipes com tal diversidade. Porém, tais dificuldades têm se revelado grandes fontes de aprendizado.

- **Ter sistemas de recompensas especiais para o pessoal de projetos.** Esse ponto, muitas vezes esquecido pelas organizações, é essencial para o sistema de gerenciamento por projetos. Nem sempre a melhor saída é esperar a conclusão do projeto para dar a recompensa.

- **Ter diretores e gerentes dispostos a destinar tempo ao projeto.** Alguns fracassos que conheci na aplicação do sistema de gerenciamento por projetos decorreram do pouco tempo que a alta administração dedicou a acompanhar a evolução do projeto, o que pode ter redundado em equívocos técnicos e organizacionais. O fato de adotar uma estrutura não permanente não elimina nem reduz a exigência de acompanhamento e controle.

- **Valorizar os projetos como fatores determinantes para o crescimento da organização.** Essa é uma dificuldade para as organizações cujo objetivo social é a realização de projetos (caso das chamadas empresas de engenharia); estas muitas vezes não reconhecem suas carências organizacionais.

A NOVA METODOLOGIA RECOMENDADA

Vejamos a seguir os elementos fundamentais da metodologia proposta.

Designação formal de um proprietário da obra (PO)

Trata-se de pessoa ou grupo que gerencia o negócio ou atividade da organização e se responsabiliza pelos encargos financeiros (paga as contas). Cabe ao PO:

- cuidar para que progressivamente os objetivos do projeto sejam bem definidos (estabelecer padrões de desempenho, especificações, características do processo ou produto desejado);
- assegurar que as exigências dos futuros clientes do produto do projeto sejam respeitadas;
- acompanhar ativamente a evolução do projeto: custos, prazos, riscos, alternativas técnicas ou de organização, conflitos de interesse, reações, informações para toda a organização;
- tomar decisões estratégicas;
- analisar os resultados finais;
- fazer o *benchmarking* do processo de gerenciamento.

Designação formal de um chefe de projeto (CP)

Trata-se da pessoa que coordena a equipe que realiza o projeto. Cabe a ela (junto com a equipe):

- elaborar o caderno de encargos (veja definição adiante e um modelo ao final do capítulo);
- analisar os riscos e propor um plano de gerenciamento do projeto, especialmente a divisão em subprojetos e etapas;
- avaliar e negociar com o PO e a estrutura permanente os meios necessários para a realização do projeto;
- definir o plano de trabalho;
- gerenciar o projeto, responsabilizando-se pelo respeito estrito ao caderno de encargos;
- motivar e manter informados todos os membros da equipe do projeto;
- definir o sistema de acompanhamento do projeto (reuniões de ponto, reuniões de revisão, relatórios escritos);

- assegurar o correto funcionamento do sistema matricial do projeto, com membros não permanentes e a respectiva hierarquia;
- manter o PO informado sobre a evolução e os riscos do projeto.

Estabelecimento formal (escritural) do caderno de encargos

Trata-se do documento básico, que estabelece e confirma o "contrato" existente entre a organização (representada pelo PO) e o CP. Veja, ao final deste capítulo, um modelo detalhado do caderno de encargos.

CASOS REAIS

Sem aplicação do processo de gerenciamento por projetos

Caso 1: grande empresa do ramo químico/têxtil – 48% dos projetos de P&D foram abandonados por não terem chance razoável de obter um resultado aceitável.

Caso 2: exposição de obras e peças arqueológicas – atraso de quatro meses na data prevista e custo final 350% acima do previsto.

Caso 3: montadora de carros: mudança profunda em tipo de motor e carroceria do modelo-padrão da empresa – atraso de dois anos e custo 230% acima do previsto.

Caso 4: construção de unidade de produção química – atraso de três anos e custo 190% acima do previsto.

Com aplicação do processo de gerenciamento por projetos

Caso 1: exposição de obras artísticas em museu – prazo cumprido e custo 25% menor do que o previsto.

Caso 2: concepção de novo modelo de veículo leve – prazo cumprido e custos com desvio de 5%, para menos, em relação ao orçado.

Caso 3: transferência de local de unidade fabril dentro da mesma cidade – prazo cumprido e custo com desvio de 3%, para menos, em relação ao orçado. Devido ao sistema de transferência progressiva, a empresa ficou um só dia sem faturar produtos.

Caso 4: fundação, ligada a uma empresa paulista, promoveu nos anos de 2005 a 2008 uma espécie de gincana entre alunos do nono ano do ensino fundamental dos colégios da rede pública do Jardim São Luiz (SP). Consistia em realizar obras de infraestrutura nas respectivas escolas ou em vias públicas vizinhas. Convidado para prestar ajuda aos estudantes, promovi um seminário de quatro horas para cerca de 200 pessoas e ainda mantive contato pessoal com cada grupo (composto por sete a dez jovens). Propus adotarmos o processo de gerenciamento por projetos. Setenta e dois projetos foram inscritos, dos quais 61 executados dentro do prazo previsto no regulamento da gincana e com desvios mínimos em relação ao previsto. O trabalho foi gravado em vídeo, que mostrou jovens entre 14 e 18 anos com conhecimento teórico e prático do gerenciamento por projetos.

OBJEÇÕES À METODOLOGIA

Tanto na época do Grupo Francês de Estudos como posteriormente, ouvi comentários negativos de dirigentes de organizações sobre o processo. Registro resumidamente tais objeções a fim de fazer o leitor pensar sobre a validade delas:

- "Não temos proprietários da obra em nossos projetos, pois isso restringe a criatividade e a inovação; todos os nossos diretores são capazes de orientá-los."
- "Somos uma empresa enxuta; não podemos nos dar ao luxo de ter chefes de projeto em tempo integral."
- "Consideramos o caderno de encargos um procedimento burocrático e não precisamos de formalização detalhada para um projeto."
- "Se o que vocês dizem sobre projetos fosse verdade, todas as empresas que têm essa atividade como objetivo societário estariam falidas."

Meu comentário com relação à última objeção: nem todas essas empresas deixaram de existir, mas conheci pelo menos cinco grandes que faliram entre 2000 e a presente data.

EQUÍVOCOS COMUNS

- Número excessivo de projetos; isso resulta de equívocos no planejamento estratégico (falta de foco) e na dificuldade de estabelecer prioridades.
- Projeto "faz de conta": feito para agradar um parceiro, sócio ou dirigente, mas na realidade a organização sabe que nunca o realizará.
- Projeto "Caramuru" (lembrando o personagem da história do Brasil que atirou num gavião mas, tendo má pontaria, acertou num urubu): acontece nas organizações que se equivocam no estabelecimento do caderno de encargos, especialmente nos seus itens iniciais: "Definição operacional dos objetivos" e "Motivação e vantagem concorrencial visada".
- Ter chefe de projeto apenas nas "horas de folga".
- Não existir quem cobra e acompanha (falta PO).
- Escopo vago ou ambicioso demais.
- Caderno de encargos sem atualização. Esse equívoco comumente é cometido por organizações que não têm por hábito formalizar suas decisões.

EXEMPLO DE CADERNO DE ENCARGOS

Nos seminários que conduzi sobre gerenciamento por projetos, muitos participantes apreciaram o fato de eu ter-lhes mostrado um caderno de encargos adequado. Assim, decidi também incluí-lo neste livro.

Trata-se de um caso fictício – com o nome de minha empresa de consultoria – mas baseado em situações reais e redigido conforme as regras preconizadas por mim e por outros especialistas.

Título do projeto:
Transferência do escritório central da Sieg de São Paulo para Barueri

Proprietário da obra (PO): Luiz Roberto – Diretor administrativo

Chefe de projeto: Alfredo (autor deste documento)

VERSÃO 0 – DATA: 31/1/2007 (entrevista com Luiz Roberto realizada no dia 30/1/2007).

Observação: as versões são numeradas para que apenas a última seja considerada.

CAPÍTULO 1 – Definição operacional dos objetivos

1.1) Mudar todos os móveis não fixos existentes no escritório atual (mesas, cadeiras, arquivos, armários) para o novo local em Barueri (galpão e terreno comprado pela Sieg).

1.2) Montar o novo sistema telefônico no novo local, com três linhas tronco e 20 ramais.

1.3) Transferir todos os computadores existentes e preparar as mesas de trabalho para a instalação de terminais.

1.4) Tomar as medidas necessárias para que os funcionários sejam transferidos para o novo local sem que exista descontinuidade no serviço e sobretudo no atendimento aos clientes.

CAPÍTULO 2 – Motivação e vantagem concorrencial visada

A transferência é motivada pela necessidade de obter melhores condições materiais para fazer reuniões estruturadas com grupos de clientes. Nas novas instalações, contemplaremos as necessidades dos clientes que não dispõem de locais próprios para reuniões de grandes grupos. Além disso, poderemos oferecer melhores condições físicas e instalações que os nossos concorrentes.

CAPÍTULO 3 – Custos e prazos máximos admissíveis

A mudança deve ocorrer até o dia 30 de outubro de 2007, data em que vence o contrato de locação do escritório atual; se atrasarmos 30 dias na liberação do imóvel, pagaremos multa de R$ 100 mil.

A diretoria financeira diz que o orçamento previsto para a transferência é de R$ 800.000, incluindo a compra do novo sistema telefônico e eventuais modificações físicas do local (lembrar que o estacionamento da nova sede não está concluído).

CAPÍTULO 4 – Definição das áreas organizacionais envolvidas

- ▪ Pessoal interno: toda a diretoria e a área de recursos humanos.
- ▪ Pessoal externo: empresas de transporte, empresas prestadoras de serviço para telefonia, construção civil, corretor de seguros.

CAPÍTULO 5 – Etapas e marcos de cada etapa

5.1) Início do projeto: 15 de março 2007, se a diretoria aprovar o pré-orçamento que devo apresentar nesse dia. Até lá, não tenho permissão para fazer nenhuma despesa sem autorização prévia do PO.

5.2) Final do projeto: 15 dias depois de todo o pessoal ter sido transferido, e desde que haja manifestação formal (documento a ser preparado) de todos os funcionários de que as instalações físicas do local estão funcionando normalmente.

5.3) Etapas:

Etapa 1 – Detalhamento das tarefas a realizar em cada fase (marco de início: autorização para realizar o projeto; marco de fim: aprovação em reunião da diretoria).

Etapa 2 – Levantamento das condições do novo local: infraestrutura disponível em serviços, vizinhança, segurança (marco de início: início do projeto; marco de fim: reunião com todos os funcionários para expor essas condições e responder a qualquer dúvida sobre o assunto).

Etapa 3 – Levantamento das necessidades de equipamento e de infraestrutura no novo local (marco de início: final da Etapa 1; marco de fim:

após ter entrevistado todos os funcionários, incluindo os diretores, três clientes e três fornecedores, escolhidos ao acaso).

Etapa 4 – Compra do novo equipamento telefônico (marco de início: fim da etapa 3; marco de fim: cinco dias depois de todos os aparelhos estarem funcionando corretamente, devidamente avaliados, por escrito, por todos os usuários). Essa etapa inclui comunicação ampla dos novos números de telefone a todos os interessados.

Etapa 5 – Regularização do novo escritório: licenças, alvarás, alteração de endereço nos órgãos públicos, seguro (marco de início: data em que se fixar a mudança; marco de fim: toda a documentação pronta, devidamente conferida pelo dr. Abelardo, nosso assessor jurídico).

Etapa 6 – Contratação de seguro para mudança para o novo local (marco de início: data em que se fixar a mudança; marco de fim: apólice de seguro emitida).

Etapa 7 – Contratação de transportadora (marco de início: data em que se fixar a mudança; marco de fim: três dias após a mudança).

Etapa 8 – Contratação das prestadoras de serviços diversos (marco de início: data em que se fixar a mudança; marco de fim: sete dias após a mudança).

Etapa 9 – Informação aos funcionários sobre a mudança (marco de início: data em que se fixar a mudança; marco de fim: encerramento do projeto).

Etapa 10: Preparação do novo local (pintura, limpeza, decoração) seguro (marco de início: data em que se fixar a mudança; marco de fim: encerramento do projeto).

Etapa 11 – Simulação da mudança (marco de início: 30 dias antes da mudança; marco de fim: dia da mudança).

Etapa 12 – Realização da mudança (marco de início: dia da mudança; marco de fim: 24 horas depois que todos os funcionários estiverem trabalhando no novo local).

Etapa 13 – Pós-mudança (marco de início: dia da mudança; marco de fim: encerramento do projeto).

CAPÍTULO 6 – Cronograma físico

Observação: nesta Versão 0, as datas são ainda indicativas, assim como a duração de cada etapa.

Etapa 1 – Detalhamento das tarefas a realizar em cada etapa. Início: 15/3/2007; fim: 29/3/2007. Duração da etapa: duas semanas.

Etapa 2 – Levantamento das condições do novo local: infraestrutura disponível em serviços, vizinhança, segurança: Início: 15/3/2007; fim: 29/3/2007. Duração da etapa: duas semanas.

Etapa 3 – Levantamento das necessidades de equipamento e de infraestrutura no novo local. Início: 18/3/2007; fim: 12/4/2007. Duração da etapa: três semanas.

Etapa 4 – Compra do novo equipamento telefônico. Início: 15/4/2007; assinatura do contrato de compra: 14/6. Observação: fechado verbalmente o pedido de compra, o que deve ocorrer cinco dias antes da assinatura formal do contrato, deve-se fixar a data da mudança; a estimativa prévia de fornecimento do equipamento é de 90 dias (portanto, o equipamento deve ficar pronto para montagem no dia 15/9). Como o prazo de montagem é estimado por nós em três semanas, a data de início da mudança pode ser estimada em 6/10.

Etapa 5 – Regularização do novo escritório: licenças, alvarás, alteração de endereço junto nos órgãos públicos, seguro. Início: 10/6/2007; fim: 6/9/2007. Duração da etapa: três meses.

Etapa 6 – Contratação de seguro para mudança para o novo local. Início: 10/6/2007; fim: 24/6/2007. Duração da etapa: duas semanas.

Etapa 7 – Contratação de transportadora. Início: 10/6/2007; fim: 10/10/2007. Furação da etapa: quatro meses.

Etapa 8 – Contratação das prestadoras de serviços diversos. Início: 10/6/2007; fim: 13/10/2007. Duração da etapa: quatro meses.

Etapa 9 – Informação ao pessoal sobre a mudança. Início: 10/6/2007; fim: 22/10/2007. Duração da etapa: 18 semanas.

Etapa 10 – Preparação do novo local (estacionamento, pintura, limpeza, decoração). Início: 10/6/2007; fim: 22/10/2007. Duração da etapa: 18 semanas.

Etapa 11 – Simulação da mudança. Início: 5/9/2007; fim: 6/10/2007. Duração da etapa: um mês.

Etapa 12 – Realização da mudança. Início: 6/10/2007; fim: 8/10/2007. Duração da etapa: dois dias.

Etapa 13 – Pós-mudança. Início: 6/10/2007; fim: 22/10/2007. Duração da etapa: 15 dias.

CAPÍTULO 7 – Caminhos críticos e inter-relacionamento entre etapas

- Caminho crítico: Etapa 4 (novo equipamento telefônico).
- A realização das Etapas 2 e 3 pode alterar a Etapa 1.
- Atrasar o máximo possível o empenho de despesas relativas ao estacionamento a fim de reduzir os custos do projeto no caso de surpresas com o custo do equipamento telefônico.

CAPÍTULO 8 – Equipe: plano de carga dos membros

Etapa 1 – Detalhamento das tarefas a realizar em cada etapa: apenas CP.

Etapa 2 – Levantamento das condições do novo local (infraestrutura disponível em serviços, vizinhança, segurança): CP + Álvaro (encarregado da segurança; carga de trabalho dele: dois dias inteiros).

Etapa 3 – Levantamento das necessidades de equipamento e de infraestrutura no novo local: apenas CP (mas vou precisar entrevistar todos os funcionários durante uma hora cada um).

Etapa 4 – Compra do novo equipamento telefônico: apenas CP.

Etapa 5 – Regularização do novo escritório (licenças, alvarás, alteração de endereço nos órgãos públicos, seguro): CP + Antunes (encarregado administrativo; carga de trabalho dele: quatro meios dias).

Etapa 6 – Contratação de seguro para mudança para o novo local: apenas CP.

Etapa 7 – Contratação de transportadora: apenas CP.

Etapa 8 – Contratação das prestadoras de serviços diversos: CP + Álvaro (carga de trabalho dele: dois meios dias) + Antunes (dois meios dias).

Etapa 9 – Informação ao pessoal sobre a mudança: apenas CP (mas vou precisar realizar aproximadamente três reuniões com todos os funcionários, cada uma com duração de uma hora).

Etapa 10 – Preparação do novo local (estacionamento, pintura, limpeza, decoração): Antunes (carga de trabalho de um mês em tempo integral para supervisionar os empreiteiros no novo local).

Etapa 11 – Simulação da mudança: CP + Álvaro + Antunes (tempo integral durante cinco dias pouco antes da simulação).

Etapa 12 – Realização da mudança: CP + Álvaro + Antunes + Amália – supervisora operacional (tempo integral dos três durante cinco dias, dos quais dois antes do início da mudança).

Etapa 13 – Pós-mudança: CP + Antunes (tempo integral durante 15 dias).

Resumo das cargas de trabalho:

- Álvaro: dois dias inteiros em março; dois meios dias em junho/julho; dez dias inteiros entre setembro e outubro.
- Antunes: quatro meios dias em abril; dois meios dias em julho; tempo integral a partir de 10 de setembro.
- Amália: cinco dias inteiros em outubro.

CAPÍTULO 9 – Cronograma financeiro
(plano de empenhos e desembolsos)

Observação: nesta Versão 0, os valores são estimativas grosseiras.

Custos previstos:

- Mão de obra interna: salários e encargos do CP e de membros da equipe do projeto: R$ 22.500,00.
- Equipamento telefônico: R$ 480.000,00 (pagamento de 30% no pedido, 30% na entrega e 40% 60 dias após a entrega).
- Despesas de locomoção do CP e da equipe do projeto (táxi, combustível): R$ 700,00.
- Despesas com material de escritório (pesquisa, cópias etc.): R$ 2.200,00.
- Seguros: R$ 1.800,00.
- Transporte de móveis, equipamentos e utensílios: R$ 10.500,00.
- Transporte do pessoal (ônibus): R$ 2.500,00.

- Preparação do novo local (estacionamento, pintura, limpeza, decoração): R$ 99.000,00.
- Exercício simulado: R$ 5.500,00.
- Imprevistos: 10% (R$ 47.500,00).

Custo estimado do projeto: R$ 687.200,00

Cronograma financeiro estimado:

Mês	R$
Março/07	4.500
Abril	7.200
Maio	8.000
Junho	162.000
Julho	50.500
Agosto	18.500
Setembro	162.000
Outubro	82.500
Novembro:	192.000
TOTAL	687.200

CAPÍTULO 10 – Análise de riscos e de alternativas

10.1) Risco de atrasos do cronograma físico: compra e entrega do equipamento telefônico. Providências a tomar: considerar o prazo um ponto importante na negociação com o fornecedor; colocar cláusula com multa por atraso. Temos apenas 24 dias de margem em relação ao vencimento do contrato de aluguel do prédio atual.

10.2) Risco relativo ao custo: 70% do custo total do projeto refere-se ao equipamento telefônico. Como nossa estimativa atual dos custos é de -10 % / +20%, o custo total pode variar entre R$ 620.000 e R$ 825.000. Todavia, não podemos ultrapassar o limite, previsto no orçamento anual, de R$ 800.000. Ou seja, o risco de que o custo seja 20% maior do que a estimativa atual é inaceitável.

10.3) Alternativas para os riscos relativos ao prazo: fazer a mudança no mais tardar até o dia 25 de outubro, mesmo sem telefones definitivos; podemos alugar rádios e celulares por um custo inferior à multa de R$ 100.000.

10.4) Alternativas para o "risco custo":

- reduzir o número de ramais internos; eliminar a decoração do local;
- deixar o estacionamento incompleto.

CAPÍTULO 11 – Plano de acompanhamento

11.1) Reuniões entre PO e CP:

- de março a agosto: quinzenais, às quintas-feiras, das 14h às 14h30;
- de agosto até a mudança: semanais, às quintas-feiras, das 14h às 14h30.

11.2) Reuniões do CP com a diretoria: mensais (última sexta-feira), das 17h às 17h30.

11.3) Relatórios escritos, inclusive com parte financeira (pagamentos e empenhos): mensais, a publicar até o dia 10 do mês seguinte, com cópia para todos os diretores.

11.4) Informações urgentes: o CP deve avisar o PO imediatamente (em até duas horas) sobre todo fato capaz de provocar atrasos superiores a 15 dias na data da mudança ou de gerar aumento do custo total superior a 20%.

CAPÍTULO 12 – Regras de tomada de decisão/decisões estratégicas e táticas (divisão de responsabilidades)

12.1) Decisões que podem ser tomadas pelo CP sem consulta prévia ao PO:

- realizar despesas, inclusive compras, para todos os itens do projeto, exclusive o equipamento telefônico, desde que não ultrapassem um valor 20% maior do que o fixado no Capítulo 9;
- negociar com as respectivas chefias sobre a liberação dos membros da equipe do projeto;
- marcar e realizar reuniões com todo o pessoal;
- contratar seguros e prestadores de serviços.

12.2) Decisões que devem ser tomadas em conjunto pelo PO e pelo CP:

■ fechamento da compra do equipamento telefônico;

■ revisão do projeto caso o custo de qualquer etapa ultrapasse 20% do previsto no Capítulo 9;

■ data da mudança e, em consequência, do simulado;

■ mudanças de objetivo do projeto e adoção de alternativas;

■ escolha do processo a ser usado para saber se tudo está funcionando corretamente no novo local (marco de encerramento do projeto).

CAPÍTULO 13 – Avaliação e conclusão

O projeto será considerado encerrado quando houver aprovação *unânime* de todos os funcionários sobre o funcionamento no novo local e estiverem resolvidos todos os problemas pessoais dos funcionários relativos a transporte e refeições.

Relatório final: o CP deve elaborar relatório final até cinco dias após o encerramento do projeto, com cópia para todos os diretores.

Reunião de avaliação: deve ser realizada em até 15 dias após o encerramento do projeto, com a presença de todos os diretores e membros da equipe do projeto.

13. ALGUMAS RECOMENDAÇÕES ORGANIZACIONAIS

INTRODUÇÃO

NESTE DERRADEIRO CAPÍTULO, QUERO trazer ao conhecimento do leitor dois assuntos que considero de grande importância para o gerenciamento. Ambos são sistemas que conferem qualidade intrínseca às organizações e estão integrados ao que chamo de administração da rotina (conforme modelo mostrado no Capítulo 7).

Curiosamente, nenhum dos dois sistemas está conectado especificamente a um dos cinco princípios da sabedoria profunda, mas a meu ver são fundamentais para a prática deles. Tais sistemas existem há muito tempo, e até hoje não pude identificar sua autoria. Eles parecem ter surgido naturalmente, em consequência de trabalhos de vários especialistas.

SISTEMA CENTRO DE DOCUMENTAÇÃO

Conceito

Toda documentação, seja gerada interna ou externamente (por meio de livros, revistas, normas técnicas, internet), é de fundamental importância para uma organização e para seus funcionários.

Na grande maioria delas, não há regras para a emissão de documentos gerados internamente (tanto em papel quanto na forma eletrônica). Cada emitente estabelece regras próprias, às vezes copiadas por outro setor, mas sem que exista algo mais sistêmico.

Outro problema organizacional relacionado à documentação surge quando se tenta localizar algum documento, mesmo sabendo sua origem e data de emissão. Em geral, não se encontra o que é procurado. Não existindo um sistema de armazenamento de documentos, corre-se ainda o risco de que um documento simplesmente desapareça com a troca de um computador ou o afastamento de um funcionário.

Quanto a livros, revistas, normas técnicas etc., grande número de organizações não tem regras a esse respeito; assim podem surgir dificuldades em distinguir o que foi comprado pela organização do que foi adquirido por funcionários. Em alguns casos, existem locais para guardar livros e revistas, que podem ou não funcionar como biblioteca.

As organizações certificadas pela norma ISO 9001 conhecem a importância da documentação submetida à avaliação dos órgãos certificadores. Nelas há um sistema para arquivar documentos, mas não necessariamente um sistema completo para a formalização destes.

Outra norma, a ISO 15489-1, de 2001, veio reforçar a ideia de que a documentação organizacional precisa ser tratada de forma sistêmica. Ela estabelece diretrizes para a chamada "gestão documental" e recomenda estabelecer uma organização capaz de assegurar a supervisão e a auditoria do sistema.

É exatamente este o meu propósito agora: recomendar uma organização completa para a gestão documental. Chamo-a de "centro de documentação" (CD).

Justifico: em toda a minha vida profissional, em especial quando trabalhando como consultor, percebi como é difícil gerenciar sem documentos; e, quando os temos, há enorme dificuldade de encontrá-los com a presteza desejada. Assim, tenho sistematicamente recomendado que as organizações com as quais interajo estruturem um centro de documentação.

Regras básicas de um centro de documentação

- **Existência de um local físico.** É indispensável existir tal local para registro e guarda dos documentos concernentes (pode ser uma sala, um armário, um computador etc.). O registro normalmente será eletrônico e a guarda, em boa parte, também.

- **Definir os documentos que o compõem.** É preciso: a) identificar os documentos gerados internamente (cada organização deve especificá-los e não deixar que sejam gerados ao acaso – veja comentário a seguir); b) identificar livros e revistas relevantes para a empresa (desde que não exista uma biblioteca interna); c) incluir normas ou documentos técnicos (desde que não exista uma área específica para armazená-los, conforme previsto nos manuais específicos da norma ISO 9000).
- **Estabelecer a formatação detalhada dos documentos gerados internamente.** Para permitir uma gestão adequada, tais documentos terão uma formatação obrigatória preestabelecida (documentos chamados "mestres"). A justificativa é a mesma utilizada na comunicação em geral: a identidade visual é alcançada por padrões visuais, que devem ser necessariamente respeitados e seguidos.
- **Definir responsabilidades.** Tanto os emitentes de documentos quanto o responsável pelo CD terão atividades bem definidas. Cabe ao responsável pelo CD codificar, arquivar e tornar disponíveis aos interessados todos os documentos que o compõem, de acordo com regras previamente estabelecidas.

Documentos típicos gerados internamente por toda organização

Recomendo adotar, em toda organização, uma sequência lógica de documentos (os estudiosos chamam-na de "política sequencial"): primeiro os documentos que estabelecem os princípios e os valores da empresa, depois os que definem as principais regras para aplicação desses princípios e valores e, por fim, os procedimentos. Como complemento, todos os documentos que demonstram de que forma a empresa se organiza nos eixos horizontal e vertical (veja o modelo no Capítulo 7).

Vejamos quais são esses documentos:

- **Valores e princípios (VAL).** Aquilo que os líderes consideram ser essencial para realizar a missão da organização. É tudo que se acredita ser importante para ela. São formulações para as quais não se admitem questionamentos.

- **Políticas (POL).** Regras básicas que serão aplicadas para chegar à visão de futuro da organização. Decorrem da aplicação dos valores a todas as partes dela. São geralmente numerosas. O conjunto das políticas de uma organização representa o mesmo papel que a Constituição exerce para um país, isto é, as regras básicas às quais se obrigam todos os cidadãos. As políticas são formalizadas (escritas) com o uso dos verbos "ser" e "estar" sempre no presente do indicativo, para sinalizar que o que está escrito é praticado (ou deve sê-lo imediatamente). Os verbos "poder" ou "dever" não são adequados.

- **Procedimento (PRO).** Detalhamento de todas as ações planejadas, incluindo o "como fazer", identificando o responsável pelo fazer, quando e onde fazer. Cada política dá origem a um ou mais procedimentos. Ao redigi-los, é preciso mencionar a respectiva política. Toda e qualquer ação referida no procedimento deve necessariamente indicar o nome do órgão, setor ou estrutura organizacional responsável pela execução da ação. Diferentemente do que acontece com as políticas, a redação dos procedimentos acata os verbos "poder" e "dever". O conjunto dos procedimentos de uma organização representa o mesmo papel exercido pela regulamentação de leis e decretos diante de um país, isto é, as obrigações decorrentes das leis (políticas), que devem ser cumpridas por todos os cidadãos, e o modo de cumpri-las.

- **Estrutura organizacional (ORG).** Documento que estabelece, de forma gráfica, a ligação hierárquica e funcional entre as funções organizacionais. Sugiro que as funções sejam representadas como nuvem, para ressaltar que cada uma tem responsabilidades estratégicas, devendo as tarefas exercidas se adequar às necessidades da empresa – ou seja, mudando em decorrência da estratégia adotada.

- **Ata de reunião de comitês (Atac).** Documento que indica todos os assuntos tratados em cada reunião (ordinária ou extraordinária) de comitês de gerenciamento, assim como as decisões tomadas. Cada organização dará o nome que julgar adequado (por exemplo: comitê de direção, de diretoria etc.).

- **Decisão da direção (DD).** Documento que resulta de decisão tomada pela direção em casos: a) referentes a nomeações de funcionários para o exercício de determinada função; b) de interpretação ou alteração provisória de políticas e procedimentos; c) considerados decorrentes de fatos especiais; d) de decisões preliminares à espera de redação de novas políticas e procedimentos; e) de outras comunicações, a critério do diretor. (Uso aqui as palavras "direção" e "diretor" para indicar a alta administração e/ou o primeiro executivo da organização. Cada empresa adotará o título que melhor lhe convier.)

- **Descrição de função (DEF).** Documento formal que estabelece a importância estratégica de cada função organizacional, a relação das principais atividades, as características relacionais e o ambiente em que ela atua. As atividades e tarefas descritas são as mais relevantes, mas não as únicas a ser exercidas ou executadas; outras podem se incorporar sem que a função descrita seja modificada. Em outras palavras, a descrição de função não é uma simples relação de atribuições.
- **Outros documentos.** Cada organização adicionará outros documentos que queira adotar como estratégicos para o seu gerenciamento.

Mais adiante apresentarei modelos de todos esses documentos.

REGRAS PARA OS DOCUMENTOS INTERNOS

Faço a seguir algumas recomendações que, a meu ver, são muito importantes para dar consistência ao CD.

Redação

É de responsabilidade da área organizacional interessada no documento e, em casos excepcionais, de terceiros autorizados pelo diretor. Em caso de modificações (implicando nova redação), o redator deve ser sempre o mesmo, salvo quando o líder da área organizacional envolvida assim o autorize.

Emissão e controle

Todos os documentos são inicialmente estabelecidos pelo redator no modelo-padrão (documento mestre), que obrigatoriamente leva em conta as regras relativas ao CD (uma política e um procedimento), e submetidos à avaliação prévia do CD no que se refere à sua classificação e ao seu formato.

Aprovação

Todos os documentos são aprovados pelo diretor, podendo alguns deles, conforme definição do respectivo procedimento, ter igualmente a aprovação do gerente da área organizacional responsável ou interessada no assunto.

Revisão/versão

Sempre que um documento tiver de ser revisto, uma nova versão deve ser emitida. São indispensáveis uma explicação sucinta do motivo da nova versão, a data de aprovação, os nomes e as respectivas funções de quem os redigiu e os aprovou. Um documento original, em papel, conterá as assinaturas reais de duas pessoas, o redator e o diretor/gerente da área (conforme definido no respectivo procedimento).

Conhecimento e acessibilidade

Cada documento terá um nível de acessibilidade definido no momento de sua aprovação, considerando sua importância estratégica e o nível de confidencialidade requerido para as informações nele contidas. O conhecimento dos documentos se dá pela forma impressa ou por meio eletrônico. Quando a divulgação se der por meio eletrônico, as assinaturas do redator e de quem o aprovou não será obrigatória, em função da formatação adotada. Os documentos destinados a amplo conhecimento de todos os funcionários têm acessibilidade máxima. Quando isso não ocorre, o nível de acessibilidade é indicado. Define-se, *a priori*, que todos os funcionários, uma vez enquadrados no nível de acessibilidade de um documento, não podem alegar desconhecimento dele, deixando de cumprir o que ele determina ou regula.

Guarda/arquivo

Os documentos são guardados de duas formas: o original em papel e uma cópia digitalizada. A guarda e manipulação desses documentos, inclusive no que se refere a cópias autênticas, são de responsabilidade do CD. Na medida em que nova versão de um documento é editada e aprovada, a versão anterior será guardada apenas no CD, sendo apagada dos demais arquivos eletrônicos de usuários e destruídas as eventuais cópias distribuídas em papel. O uso de versões anteriores é proibido, podendo ser considerado falta grave, nos termos da legislação trabalhista vigente. A responsabilidade pela destruição de versões obsoletas fica a cargo do detentor da cópia física.

Uso externo de documentos

É vedado o uso de qualquer documentação pertencente ao sistema de documentação da organização a título particular, sendo sempre exigida a aprovação do diretor para uso dela em qualquer atividade ou ação fora da empresa.

REGRAS PRÁTICAS PARA DOCUMENTOS MESTRES

Ao me referir às regras básicas de um CD, escrevi que, para geri-lo adequadamente, todos os documentos devem ter uma formatação obrigatória preestabelecida (documentos mestres). Descrevo a seguir tais regras práticas que recomendo.

Apresentação: padrões

Todos os documentos gerados internamente devem ter o mesmo padrão no que se refere à formatação. Recomendo as seguintes diretrizes:

- Tamanho da folha (documento): A4.
- Fonte de cabeçalho, rodapé e texto: Arial corpo 12, exceto o quadro "Acessibilidade", que terá Arial corpo 10.
- Espaçamento antes e depois de cada linha: zero ponto.
- Espaço entre linhas: simples.
- Espaço entre parágrafos: uma linha (podendo ser maior, a critério do CD, para efeito estético ou para facilitar a leitura).

Título e numeração

São colocados no canto superior direito do cabeçalho, da seguinte maneira:

- Em primeiro lugar, a sigla do documento, conforme estabelece a política de documentação.
- A seguir, após um hífen, um número de três dígitos, indicando o número do documento; adota-se um número sequencial, controlado pelo CD.
- Em seguida, separado do número por um espaço, a letra do alfabeto, iniciando-se pela letra A, correspondendo à revisão (versão).

Registro das revisões

- Na coluna "Revisão" é anotada a versão do documento com letra maiúscula, iniciando-se com A para a "Versão inicial" (deve ser escrito assim).
- Na coluna "Data", anota-se a data de revisão (versão), com formato dd/mm/aa.
- A coluna "Descrição breve da revisão" deve ter um texto contendo no máximo 60 caracteres (com espaços).

Aprovações

- Na coluna da esquerda, indicam-se na primeira linha o nome e a função do redator (usando letra maiúscula apenas nas primeiras palavras de cada parte), de modo completo ou simplificado, desde que sua identificação seja inequívoca. Na segunda linha, o redator deve assinar. Nos documentos "Descrição de função" (DEF) e "Estrutura organizacional" (ORG), não haverá identificação do redator; na coluna da esquerda constarão o nome e a função do Líder N-1, ou seja, o diretor ou gerente da área retratada.
- Na coluna da direita ("Aprovação"), indicam-se o nome e a função do "aprovador" na primeira linha, que assina na segunda linha. O aprovador é definido na política de documentação. O nome dele deve ser escrito usando letra maiúscula apenas nas primeiras palavras de cada parte, de forma completa ou simplificada, desde que sua identificação seja inequívoca.

Responsabilidade pela identificação

Cada redator deve realizar a identificação de cada documento conforme as regras mencionadas. A numeração é de responsabilidade exclusiva do CD, que estabelecerá e manterá atualizada, por tipo de documento, uma relação contendo o título e os respectivos número e versão em uso naquele momento. Cabe ao CD zelar para que a identificação seja corretamente estabelecida, tendo autoridade para corrigir anormalidades ou erros cometidos pelo redator.

Acessibilidade

É indicada no retângulo apropriado que consta do cabeçalho dos documentos. Os seguintes níveis de acessibilidade são recomendados, embora isso varie de uma organização para outra:

- Máxima: acessível a todos os níveis da organização. É indicado pela letra M (maiúscula).
- Nível direção: acessível apenas aos diretores e gerentes. É indicado pela letra D.

Forma de acesso

Diretoria, gerentes e funcionários acessarão os documentos no servidor da empresa ou no site (indicar o "caminho de acesso" em ambos os casos).

Texto do documento[1]

- O documento será numerado a cada item, a partir do número 1, no qual obrigatoriamente se indicarão os documentos de referência. O item nº 2, separado do item 1 (assim como nos demais) por um espaço entre linhas, conterá o objetivo do documento, caso este não esteja evidente no título.
- O item nº 3 do documento poderá indicar as áreas organizacionais às quais o documento se aplica, se isso também não ficar evidente no título. Nesse caso, o item 3 terá como título: "Áreas de aplicação".

---

1. As regras esclarecidas nesse item não se aplicam ao documento "Descrição de função" (DEF), que tem um roteiro específico predeterminado (veja nos modelos a seguir).

JOSÉ RICARDO DA SILVEIRA

- A partir do item n.º 4, a redação será sequencial, sem títulos predeterminados, e enquadrados fisicamente segundo o critério do redator. A sequência poderá ser questionada pelo CD, quando a este for submetido o documento proposto ainda na forma de rascunho.
- A responsabilidade pela execução e pelo controle de cada atividade deverá estar claramente indicada na redação do documento. O CD poderá sugerir um item específico, caso julgue necessário.
- O uso de letras maiúsculas para títulos de itens e subitens é facultativo, devendo o CD zelar pela estética do documento.

Difusão

- A cada emissão e/ou revisão de documento, o CD notificará, conforme documento específico, as áreas envolvidas.
- Os documentos serão disponibilizados, respeitados os níveis de acessibilidade, em PDF (para evitar que sofram modificações). Nesse formato, os documentos não conterão as assinaturas, mas o nome de quem os aprovou é inequivocamente indicado. A disponibilização dos documentos é de responsabilidade do CD.
- A formatação dos documentos difundidos não será exatamente aquela do documento original (arquivado no CD), que sempre será, em caso de qualquer dúvida, o único e exclusivo documento válido sobre o assunto que aborda.
- Em casos excepcionais, a critério exclusivo do CD, por orientação da alta administração, a difusão poderá ser feita em papel; nesse caso, tratar-se-á de uma cópia autêntica do original.

Armazenamento

O CD manterá um arquivo físico com as cópias originais aprovadas em sua última versão. As cópias obsoletas dos documentos serão armazenadas eletronicamente, apenas e exclusivamente pelo CD.

Restituição/acesso aos documentos

O acesso aos documentos originais, controlados pelo CD, é exclusivo da alta administração ou dependente de sua autorização. A emissão de cópias, em papel, de documentos originais será possível, desde que autorizada pelo diretor.

Documentos técnicos tratados fora do CD

Recomendo relacionar os documentos que não estarão compreendidos entre aqueles tratados pelo CD. Em grande número de organizações certificadas pelas normas ISO, regras de caráter técnico (sujeitas a auditorias de certificação) estão fora de organizações tipo CD. Em geral, tais documentos têm um sistema especial, que precisa ser formalmente descrito.

Exclusão

Documentos gerados por uma área organizacional interna para uso exclusivo, que não forem tratados pelo CD, devem ser relacionados nominalmente, evitando incertezas e inseguranças.

Formulários

Os formulários em papel (quando existentes), impressos em gráficas fornecedoras externas ou gerados internamente, deverão fazer parte de um procedimento específico. Nesse caso, eles serão oficializados como anexos de um procedimento oficial do CD. O controle de tais formulários será igualmente afeto ao CD, que fixará uma numeração (com algarismos arábicos) sequencial para eles, sempre precedida da sigla FOR.

Formação e treinamento

Quando um novo documento for introduzido no sistema do CD e o gerente da área envolvida julgar necessário, caberá a ele realizar, com apoio eventual da área de recursos humanos, ações de formação e/ou de treinamento específicas. O CD não deve se envolver nesse tipo de atividade ou tarefa.

JOSÉ RICARDO DA SILVEIRA

Modelos de documentos mestres

Valores (VAL)

Logo	VALOR	VAL–00x A
		Página: 1 de
		Acessibilidade:

Registro de revisões		
Revisão	Data	Descrição
A		Versão inicial

Assinaturas	
Redator	Aprovação

1) **OBJETIVO:**

Políticas (POL)

Logo	POLÍTICA	POL–00x A
		Página: 1 de
		Acessibilidade:

Registro de revisões		
Revisão	Data	Descrição
A		Versão inicial

Assinaturas	
Redator	Aprovação
	Diretor

1) **DOCUMENTOS DE REFERÊNCIA:**
   1.1)
   1.2)
2) **OBJETIVO:**

SABEDORIA PROFUNDA EM GERENCIAMENTO

Procedimento (PRO)

Logo	PROCEDIMENTO	PRO-00x A
		Página: 1 de
		Acessibilidade:

Registro de revisões

Revisão	Data	Descrição
A		Versão inicial

Assinaturas

Redator	Aprovação
	Diretor

1) **DOCUMENTOS DE REFERÊNCIA:**
   1.1)
2) **OBJETIVO:**

Ata de reunião do comitê (Atac)

Logo	ATA DE REUNIÃO DO COMITÊ XXX (data)	Atac -00x A
		Página: 1 de
		Acessibilidade:

1) **PRESENTES:**
2) **ASSUNTOS TRATADOS:**
APROVAÇÃO DO DIRETOR

Decisão da direção (DD)

Logo	DECISÃO DA DIREÇÃO (data)	DD-00x A
		Página: 1 de
		Acessibilidade:

1) **ASSUNTO:**
2) **REFERÊNCIA:**
3) **DECISÃO:**
4) **DATA DE APLICAÇÃO DESTA DECISÃO:**
ASSINATURA DO DIRETOR

Descrição de função (DEF)

Logo	DESCRIÇÃO DE FUNÇÃO XXXX	DEF–00x A
		Página: 1 de
		Acessibilidade:

Registro de revisões

Revisão	Data	Descrição breve da revisão
A		Versão inicial

Assinaturas

Redator	Aprovação

1) IDENTIFICAÇÃO DA FUNÇÃO

1.1) ÁREA:

1.2) TÍTULO DA FUNÇÃO:

1.3) LÍDER (responsável hierárquico – título da função):

1.4) RESUMO DA FUNÇÃO

[Razão da existência da função; resultados finais ou produtos que o ocupante deverá obter. Pergunta que pode ajudar a obter essa definição: para que a função existe?]

2) DIMENSÕES DA FUNÇÃO

2.1) Número de liderados:

2.2) Valor aproximado do orçamento gerenciado (pessoal + despesas operacionais):

2.3) Qual é a influência ou o impacto da função nos resultados? (faturamento, perdas, resultados financeiros etc. – dar indicações qualitativas):

3) AMPLITUDE ESTRUTURAL DA FUNÇÃO

3.1) Funções que se reportam ao titular:

[Título das funções e número de liderados; é muito importante que exista uma correlação direta e inequívoca com os organogramas oficiais.][2]

---

2. Muitas organizações não têm o hábito de manter sua estrutura organizacional atualizada, gerando títulos não oficiais e, em consequência, situações potencialmente desagradáveis para seus ocupantes.

4) AMPLITUDE DE ATUAÇÃO DA FUNÇÃO

[Descrever as principais atribuições, atividades ou tarefas que estarão sob a responsabilidade dessa função. Usa-se uma tabela com três colunas. Na primeira delas, identifica-se o que é feito e para que é feito. Nesse item é fundamental especificar a autonomia que o ocupante tem, ou seja, se precisa de autorização do líder para realizar a atividade descrita. Autonomia é "liberdade de atuar por si mesmo sem recorrer ou escolher leis preestabelecidas". Na segunda coluna, deve ser identificado o cliente da atividade; exceto casos especiais, o cliente é sempre o líder da função. Na terceira coluna, indicam-se os conhecimentos especiais que o ocupante deve ter para realizar a atividade ou tarefa prevista.] Observação: o estabelecimento da autonomia do ocupante é essencial para saber avaliar a importância estratégica da função. Quanto mais estratégica for a função, mais autonomia o funcionário deverá ter.

Atribuições, atividades ou tarefas	Cliente	O que é preciso saber?
1)		
2)		
3)		
4)		
5)		
6)		
7)		
8)		
9)		
10)		
11)		
12)		
13)		
14)		
15)		
16)		
17)		
18)		
19)		

5) HABILIDADES REQUERIDAS

[Habilidade é "ter aptidão para alguma coisa"; é sinônimo de "competente" e "capaz". Segundo a norma ISO, as habilidades têm de ser medidas e comprovadas. Assim, não é possível indicar como "habilidade" algo não mensurável como "capacidade de negociação".]

6) ATITUDES REQUERIDAS

7) INSTRUÇÃO/EXPERIÊNCIA

7.1) Instrução mínima (tanto no nível da educação formal como de formação complementar ou especializada):

7.2) Tempo de experiência exigida (quantos anos o ocupante deve ter de experiência em atividades semelhantes àquela que está sendo definida):

7.3) Outros conhecimentos (indicar se existem conhecimentos específicos exigidos):

8) CARACTERÍSTICAS DOS CONTATOS

[Relate os principais contatos necessários para o exercício das responsabilidades da função.]

8.1) Internos.

8.2) Externos.

9) AMBIENTE ONDE A FUNÇÃO ATUA

[Descreva sumariamente os cenários conjunturais, internos ou externos à empresa, que podem interferir no desempenho da função, influenciando os resultados esperados.]

10) DESAFIOS

[Descreva os resultados ou produtos do trabalho dessa função que exijam especial desempenho e dedicação, já que enfrentam obstáculos mais difíceis que os habituais.]

11) PONTOS-CHAVE DA FUNÇÃO

[Descreva as exigências fundamentais da função – no máximo seis –, indicando o que deve ser realizado e como deve ser realizado. É interessante pinçar de diversos itens, especialmente o de número 4, fatores de sucesso para a função.]

12) OUTROS PONTOS A OBSERVAR – CONDIÇÕES ESPECIAIS REQUERIDAS

Modelo de organograma (ORG)

Logo	ESTRUTURA ORGANIZACIONAL XXXX	ORG-00x A
		Página: 1 de
		Acessibilidade:

Registro de revisões			
Revisão	Data	Descrição breve da revisão	
A		Versão inicial	

Assinaturas	
Redator	Aprovação
	Diretor

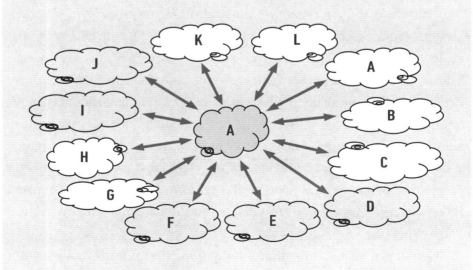

SISTEMA DESCRIÇÃO DE FUNÇÃO

Conceito

Assim como no assunto precedente, foi depois de alguns anos de gerenciamento que percebi a importância de ter uma clara e inequívoca descrição do que um funcionário deve fazer dentro de uma organização.

Tendo entendido um pouco mais de gente, percebi que, para descrever a contribuição que uma pessoa poderia dar a uma organização, era necessário ter visão estratégica e levar em consideração aspectos que não eram contemplados nas chamadas descrições de cargo.

O próprio uso da palavra "cargo" mostra um paradigma que eu gostaria de evitar. Com efeito, "cargo" deriva (ou está conectado a) de "encargo"; ora, penso que uma pessoa tem muito mais do que encargos numa organização. Na realidade, ela tem ações próprias, inteligentes e naturais, sendo exatamente com essas palavras que o dicionário define a palavra "função".

Assim, comecei a me referir a "descrições de função". Depois, quando me dediquei a estudar outros subsistemas específicos do gerenciamento de pessoas – formação e treinamento, desenvolvimento pessoal e plano de carreira, remuneração –, percebi que uma das bases para tais subsistemas era ter uma boa descrição de função.

Com efeito, se o gerente estiver pensando nas ações próprias, inteligentes e estratégicas que espera de um funcionário direto, poderá ter em tal descrição um excelente recurso para aperfeiçoar sua competência para lidar com as pessoas. Todavia, era preciso ter um bom guia para fazer esse trabalho. É esse guia, aperfeiçoado com base em alguns modelos existentes, que pretendo descrever aqui.

O modelo que proponho já foi mencionado no tópico "Centro de documentação". Ele é composto de 11 itens, que devem ser redigidos pelo gerente da função, eventualmente ajudado por um especialista, ou seja, pessoa formada e treinada para tal tipo de tarefa. Tal especialista será capaz fazer as sínteses necessárias e redigir frases que retratem adequadamente o que se deseja expressar.

Com o propósito de facilitar o entendimento, transcrevo abaixo uma descrição de função real.

Função: Coordenador de serviços internos

Resumo: facilitador e provedor de serviços de infraestrutura e apoio administrativo/logístico. A função existe para evitar que outras áreas organizacionais (especialmente assistentes/secretários) realizem tarefas fora de suas atribuições. Nesse contexto, a função exerce atividades de manutenção de prédios administrativos (excluídos prédios industriais) e áreas comuns (inclusive ruas e jardins), zela pelo fornecimento de todos os insumos básicos de funcionamento da empresa (material de escritório, energia elétrica, água, esgoto, telefonia, equipamentos de copia/reprodução de uso coletivo, condicionamento de ar em salas e em escritórios administrativos, máquinas de fornecimento de café etc.). Supervisiona os trabalhos de terceiros na vigilância patrimonial, exigindo destes o respeito às clausulas contratuais e aos procedimentos internos.

Dimensões da função
- Número de liderados: nenhum
- Valor aproximado do orçamento gerenciado (pessoal + despesas operacionais): R$ 300 mil por ano.
- Influência ou impacto da função sobre resultados: a função dá apoio ao bom andamento das atividades da empresa, sobretudo as administrativas.

Amplitude estrutural da função
Funções que se reportam ao titular: nenhuma

Amplitude de atuação da função

Atribuições, atividades ou tarefas	Cliente	O que é preciso saber?
Seleciona fornecedores dos insumos pelos quais é responsável, com o apoio do setor de manutenção geral e compras, e obtém aprovação do diretor para oficializá-los como fornecedores habituais.	Diretor	
Participa, com o setor de compras, de cotações de preços para os fornecimentos sob sua responsabilidade, informando o diretor sobre anormalidades.	Diretor	Procedimentos de compras da organização
Insere, no sistema informatizado, requisições de compras de insumos sob sua responsabilidade, mantendo o diretor informado.	Diretor	Conhecimento básico do sistema informatizado adotado
Confere as notas fiscais de fornecedores, confirma fisicamente o fornecimento e solicita aprovação para pagamento no sistema informatizado.	Diretor	
Mantém, em local sob sua guarda, estoque de material de escritório, devidamente aprovado pelo diretor.	Diretor	
Fornece, mediante requisição escrita, material de escritório sob a sua responsabilidade, informando o diretor sobre anormalidades.	Diretor	
Supervisiona os trabalhos realizados pelos agentes da empresa terceirizada que exerce a função de segurança patrimonial, observando o desempenho destes e solicitando à referida empresa a substituição de agentes despreparados.	Diretor	
Mantém todos os fornecedores sob sua coordenação, devidamente informados sobre os procedimentos estabelecidos na empresa, especialmente quando forem modificados.	Diretor	
Zela para que todos os funcionários das empresas fornecedoras se apresentem devidamente uniformizados e com apresentação pessoal adequada.	Diretor	
Inspeciona regularmente todas as ruas, fachadas e os recintos de uso comum (exceto áreas industriais), verificando atentamente se há serviços de manutenção a fazer (inclusive pintura). Propõe a execução dos serviços ao diretor, elabora orçamentos e obtém aprovação do diretor para execução, supervisionando a execução dos serviços aprovados.	Diretor	
Inspeciona diariamente os locais administrativos comuns, para verificar se o fornecimento de água, café, ar condicionado, telefonia etc. está adequado, fazendo as correções necessárias.	Diretor	

SABEDORIA PROFUNDA EM GERENCIAMENTO

Atribuições, atividades ou tarefas	Cliente	O que é preciso saber?
Atende as comunicações de gerentes e de outros funcionários sobre carências ou mau funcionamento de equipamentos sob sua responsabilidade, tomando as providências necessárias para correção.	Diretor	
Contrata, com aprovação prévia do diretor, fornecedores para serviços de manutenção dos insumos sob sua responsabilidade.	Diretor	
Contrata (para posterior aprovação pelo diretor), em momentos de emergência, fornecedores para realizar trabalhos de manutenção.	Diretor	
Zela pela limpeza das ruas internas, das instalações sanitárias e de outras áreas de uso comum.	Diretor	
Controla a qualidade da água fornecida pela fornecedora pública e dos demais insumos de consumo. Certifica-se permanentemente de que não há desperdícios ou uso inadequado, tomando as providências necessárias para corrigir irregularidades, sempre informando o diretor.	Diretor	
Controla a iluminação de ruas e áreas de uso comum (não industrial), providenciando a substituição de lâmpadas queimadas e informando ao diretor anormalidades.	Diretor	
Recebe, analisa e propõe o pagamento de contas de fornecedores de uso não industrial.	Diretor	
Recebe, analisa e propõe o pagamento de impostos e de outras despesas não ligadas ao uso industrial.	Diretor	
Mantém os procedimentos da sua área atualizados, a fim de atender às exigências do sistema da garantia da qualidade.	Diretor – Gerente de qualidade	Normas ISO
Participa, eventualmente, como avaliador do processo de avaliação de desempenho profissional, a pedido do diretor.	Diretor e funcionários	
Faz anualmente o orçamento de seu centro de custo.	Controle de gestão	Conceitos e metodologia da Gestão Previsional
Zela pela conservação e pelo uso adequado dos equipamentos que lhe foram confiados.		
Mantém-se pessoalmente atualizado em relação aos conhecimentos relativos à documentação.		

Habilidades requeridas

Nenhuma em especial.

Atitudes requeridas

- Ser solícito com os funcionários que lhe pedem ajuda ou a prestação de serviços.
- Ser firme no seu posicionamento, evitando a pressão por ações de "quebra-galho".
- Ser capaz de interagir, manter a paciência e negociar com todos os fornecedores, mesmo quando as condições de negociação demonstram estar esgotadas.
- Ter paciência para explicar regras, administrar problemas, eliminar dúvidas e resolver conflitos.
- Ser disponível para atender quem o procura, buscando dar respostas rápidas e orientações.

Instrução/experiência

- Instrução mínima: ensino médio completo.
- Tempo de experiência exigida: dez anos.
- Outros conhecimentos: noções de manutenção predial e de segurança patrimonial.

Características dos contatos

- Internos: com todos os funcionários.
- Externos: fornecedores (gerentes e diretores); agentes de empresas concessionárias de serviços públicos; agentes de órgãos governamentais.

Ambiente em que atua

Tensões potenciais decorrentes da necessidade de efetuar compras com preços, qualidade e prazos adequados aos interesses da empresa, tendo resistência dos fornecedores na aceitação dessas condições.

Desafios

- Manter um relacionamento correto e adequado com todas as áreas da empresa.
- Saber dizer "não" de forma elegante, mas firme.

SABEDORIA PROFUNDA EM GERENCIAMENTO

- Vencer a tendência de "deixar para lá" ou de fazer as coisas "mais ou menos".

- Efetuar compras dos materiais confiados à sua área de atuação, otimizando a relação preço/prazo/qualidade.

- Conhecer bem o mercado e detectar as oportunidades de melhorias em prazo, preço e qualidade.

- Desenvolver fornecedores parceiros que proporcionem melhores condições de compra.

- Saber enfrentar com paciência e objetividade as pressões internas relativas a atrasos no fornecimento de material.

- Saber lidar com várias prioridades.

Não realizar trabalhos ou tarefas não previstas ou não autorizadas pelo diretor.

Pontos-chave da função

- Zelar para que a infraestrutura dos locais administrativos e de uso comum da empresa seja mantida de forma adequada ao andamento dos trabalhos e assegurado o bem-estar dos funcionários que neles trabalham.

- Realizar as atividades preliminares (seleção, cadastramento de fornecedores, cotação de preços) e complementares de compra (o ato de compra) dos insumos definidos como de sua responsabilidade, sempre com o controle e a aprovação do diretor.

- Atender às solicitações de gerentes e funcionários para assegurar o correto e adequado funcionamento da infraestrutura da empresa.

- Supervisionar o funcionamento dos serviços de segurança patrimonial, assim como aqueles dos demais fornecedores de serviços (não industriais), zelando para que as obrigações contratuais e os procedimentos internos sejam respeitados.

■ REFERÊNCIAS

ADIZES, I. *Os ciclos de vida das organizações*. São Paulo: Pioneira, 1990.

BARNARD, Chester. *As funções do executivo*. São Paulo: Atlas, 1971.

BLAKE, R.; MOUTON, J. S. *O grid gerencial III*. São Paulo: Pioneira, 1995.

BOHM, D. *On dialogue*. Londres: Routledge, 2004.

BOSSIDY, L.; CHARAN, R. *Execução: a disciplina para atingir o sucesso*. Rio de Janeiro: Elsevier, 2004.

BRACEY H. *et al. Managing from the heart*. Nova York: Delacorte Press, 1990.

CAPRA, F. *O ponto de mutação*. São Paulo: Cultrix, 1982.

_____. *A teia da vida*. São Paulo: Cultrix, 2006.

CHURCHMAN, C. W. *Introdução à teoria dos sistemas*. Petrópolis: Vozes, 1972.

COLLINS, J. *Empresas feitas para vencer*. Rio de Janeiro: Campus, 2002.

COLLINS, J. C.; PORRAS, J. I. *Feitas para durar – Práticas bem-sucedidas de empresas visionárias*. Rio de Janeiro: Rocco, 1996.

COVEY, S. R. *Liderança baseada em princípios*. Rio de Janeiro: Campus, 1994.

DE BONO, E. *O pensamento lateral*. Rio de Janeiro: Record, 1967.

DEMING, W. E. *Qualidade: a revolução da administração*. São Paulo: Marques Saraiva, 1990.

DEPREE, M. *Leadership is an art*. Nova York: Dell, 1989.

FOSTER, R. N. *Innovation*. Nova York: Summit Books, 1986.

FRITZ, R. *Corporate tides*. São Francisco: Berrett-Koehler, 1996.

GOLDRATT, E. M.; COX, J. *A meta – Um processo de aprimoramento contínuo*. São Paulo: Educator, 1994.

GUEST, R. H., P.; BLANCHARD, K. H. *Mudança organizacional através da liderança eficaz*. São Paulo: MTE, 1980.

HAMMER, M.; CHAMPY, J. *Reengenharia*. Rio de Janeiro: Campus, 1993.

HERSEY, P. B., K. H. *Psicologia para administradores de empresa*. São Paulo: EPU, 1974.

_____. *Management of organizational behavior: utilizing human resources*. Englewood Cliffs: Prentice Hall, 1977.

HOLANDA, A. B. de. *Minidicionário Aurélio da Língua Portuguesa*. 2. ed. Rio de Janeiro: Nova Fronteira, 1990.

ISHIKAWA, K. *What is total quality control?* Nova Jersey: Prentice-Hall, 1985.

KATZENBACH, J. R.; SMITH, D. K. *Equipes de alta performance*. Rio de Janeiro: Campus, 2002.

KAUFFMAN, D. L. *Systems one: an introduction to systems thinking*. Minneapolis: Carlton, 1980.

KEPNER, C. H.; TREGOE, B. B. *O administrador racional*. São Paulo: Atlas, 1976.

KILMANN, R. H. *Gerenciando sem recorrer a soluções paliativas*. Rio de Janeiro: Qualitymark, 1991.

KONDO, Y. *Human motivation – A key factor for management*. Tóquio: 3A Corporation, 1989.

KUHN, T. S. *A estrutura das revoluções científicas*. São Paulo: Perspectiva, 1990.

MASLOW, A. H. *Introdução à psicologia do ser*. São Paulo: Eldorado, 1988.

MCGREGOR, D. *The human side of enterprise*. Nova York: McGraw-Hill, 1960.

PASCALE, R.; MILLEMANN, M.; GIOJA, L. "Changing the way we change". *Harvard Business Review*, nov. 1997.

PEGUY, C. *Oeuvres poetiques*. Paris: Gallimard, 1955.

PESSOA, F. *Livro do desassossego*. Lisboa: Assírio & Alvim, 2006.

PIRSIG, R. M. *Zen e a arte de manutenção das motocicletas*. Rio de Janeiro: Paz e Terra, 1984.

PORTER, M. *L'avantage concurrentiel*. Paris: InterEditions, 1986.

REASON, J. *Human error*. Cambridge: Cambridge University Press, 1990.

ROBBINS, A. *Poder sem limites*. Rio de Janeiro: Best Seller, 1987.

SANT'ANNA, I. *Caixa-preta*. Rio de Janeiro: Objetiva, 2000.

SCHEIN, E. H. *Organizational culture and leadership*. Nova York: Jossey--Bass, 1988.

SCHKENBARCH, W. W. *O caminho de Deming para a qualidade e produtividade*. Rio de Janeiro: Qualitymark, 1990.

SCHOLTES, P. *Times da qualidade*. Rio de Janeiro: Qualitymark, 1992.

SEAGAL, S.; HORNE, D. *Human dynamics: um novo contexto para compreender pessoas e realizar o potencial de nossas organizações*. Rio de Janeiro: Qualitymark, 1998.

SENGE, P. *A quinta disciplina*. Rio de Janeiro: Best Seller, 1990.

SIMON, Herbert. *Comportamento administrativo*. Rio de Janeito: Fundação Getúlio Vargas, 1965.

SINK, D. S.; TUTTLE, T. C. *Planejamento e medição para a performance*. Rio de Janeiro: Qualitymark, 1993.

SWAIN, A. D.; GUTTMANN, H. E. *Handbook of human reliability analysis*. Albuquerque: Sandia National Laboratories, 1983.

WALTON, M. *O método Deming de administração*. Rio de Janeiro: Marques Saraiva, 1986.

WEISBORD, M. R. *Discovering common ground*. São Francisco: Berrett--Koehler, 1992.

WEISBORD, M. R.; JANOFF, J. *Future search*. São Francisco: Berrett-Koehler, 1995.

FILMES

Almas em chamas (*Twelve o'clock high*, Estados Unidos, 1949; direção Henry King).

Arquitetura da destruição (*Undergångens arkitektur*, Suécia, 1989; direção Peter Cohen).

2 filhos de Francisco (Brasil, 2005; direção Breno Silveira).

12 homens e uma sentença (*12 angry men*, Estados Unidos, 1957; direção Sidney Lumet).

Feitiço do tempo (*Groundhog day*, Estados Unidos, 1993; direção Harold Ramis).

Uma secretária de futuro (*Working girl*, Estados Unidos, 1988; direção Mike Nichols).

■ AGRADECIMENTOS

ESTE LIVRO FOI CONCEBIDO num almoço – ocorrido em 29 de junho de 2012 – em uma churrascaria do bairro da Lapa, em São Paulo. André Liberali (que escreve o Prefácio), autor do convite, perguntou-me: "Por que você não escreve um livro relatando tudo que sabe?" Apesar de sempre ter gostado de escrever, tendo mesmo uma profunda admiração pela crônica jornalística, minha primeira reação foi negativa. Na realidade, penso que estava imaginando algo como uma autobiografia, que sempre considerei uma "façanha" de mau gosto. Dizia a mim mesmo: "Como minha vida pode ser interessante aos outros?" Na realidade, presenciei muitos casos de pessoas que publicaram sua história de vida esperando que ela pudesse revolucionar o mundo, mas tais obras nem sequer serviram aos próprios filhos e parentes. Também assisti a grandes lançamentos de livros, celebrando a glória de ilustres presidentes de empresa, que eram jogados no lixo logo que eles se afastavam...

Dias depois, pensei em outra opção: por que não um livro sobre o que aprendi na minha vida profissional?

Anos atrás, quando voltei da França, após um período profissional vivido naquele país, pretendi contar o que tinha aprendido lá. Mas, tendo submetido a ideia a alguns amigos, não percebi nenhum estímulo para fazê-lo. Assim, na ocasião, não me senti capaz de levar algum conhecimento novo aos leitores.

Comecei então a pensar no que eu podia difundir, comparando com o que estive vendo (e lendo) nos últimos anos, no que se refere à literatura destinada a profissionais dirigentes, gerentes ou executivos de organizações empresariais ou não. E finalmente concluí que eu poderia propor, aos eventuais leitores, conhecimentos úteis.

André Liberali foi muito importante novamente, pois tendo lhe submetido alguns textos preliminares, recebi dele o estímulo para continuar.

Julgo também imperativo prestar, neste momento, um tributo a um dos meus mestres: André Leite Alckmin. Ele era meu amigo desde o tempo do Instituto Tecnológico de Aeronáutica (ITA). Mais jovem que eu, André foi admitido na escola um ano depois de mim, em 1956. Começamos a conviver nas reuniões da Juventude Universitária Católica (JUC), pequeno núcleo que foi criado na universidade para ajudar a nossa vivência cristã. Esse núcleo era subsidiado pelo capelão da escola, o padre Jairo de Moura, homem de excepcional cultura humanística e religiosa. A brilhante inteligência de André já se manifestava incisivamente naquela época, embora camuflada no jeito simples, quase simplório, de se vestir e de se apresentar. Tendo me formado um ano antes, tive a chance de recomendá-lo para trabalhar na mesma empresa que eu, onde convivemos por 15 anos. Depois seguimos por caminhos profissionais diversos. Trabalhamos em diferentes unidades, mas sempre no mesmo grupo empresarial. Enquanto eu fazia uma carreira gerencial, André, usando de sua enorme competência e inteligência, dedicou-se, num primeiro momento, a atividades de caráter técnico, e posteriormente à formulação conceitual de um programa de qualidade para toda a empresa.

Em 1990, numa conversa de amigos, aventamos a hipótese de trabalhar juntos após a aposentadoria compulsória (aos 58 anos de idade, segundo as regras da companhia em que atuávamos); percebemos que nossos conhecimentos e experiências eram complementares! Ele disse: "Vamos fazer uma boa dupla!"

Assim, em 1994, fundamos a Sociedade Internacional para a Excelência Gerencial (Sieg), por meio da qual pretendíamos continuar aprendendo sobre gerenciamento ao mesmo tempo que prestávamos o que chamamos de "consultoria de processos" visando à alta gerência de empresas.

Desde então, atuamos em mais de 80 empresas, em algumas de forma muito superficial (alguma palestra ou reunião), em outras de modo aprofundado.

Em 2007, André começou a sofrer os terríveis sinais da doença que o vitimou. Ele bravamente resistia, até que um acidente doméstico levou-o a uma cirurgia, da qual não se recuperou. Quando estava na UTI, seu filho – o Andrezinho – teve a ideia de coletar palavras dos amigos do pai, que pudessem ser a ele transmitidas mesmo no estado inconsciente em que se encontrava. Pessoalmente, eu não sabia se isso era possível, mas resolvi escrever o que se segue, como meu tributo ao amigo enfermo: "Admiro-o pela sua extraordinária inteligência, a mais brilhante dentre as pessoas que conheci e convivi. Admiro-o pela imensa capacidade de entender e interpretar o mundo e os homens. Admiro-o pela competência de formar pessoas, criando discípulos, entre os quais me incluo. Admiro-o pela paixão com que abraça tudo aquilo que deseja fazer e criar. Tenho enorme honra em tê-lo como sócio. Que Deus o ajude!"

André me abriu inúmeras portas no mercado profissional, recomendando-me para trabalhos importantes e me incentivando a me aprofundar no estudo do que hoje denomino de sabedoria profunda em gerenciamento.

Finalmente, devo agradecer àqueles que me possibilitaram viver segundo a minha fé e ter uma vida sadia e feliz. Em primeiro lugar, à minha mulher, Marici, com quem me casei em 1959. Nesses 54 anos de casados, ela foi meu apoio em todos os momentos e me ensinou muito do que sei da vida. Depois, aos meus filhos, Carlos Alberto, Evely, Luiz Roberto e Renata, que representaram a alegria e o grande estímulo de minha vida e me deram nove netos.

www.summus.com.br